Eckhard Türk

DIE ZEUGEN JEHOVAS KOMMEN

STREITPUNKTE

ARGUMENTE

KLÄRUNGEN

LAHN-VERLAG LIMBURG

Die Deutsche Bibliothek – CIP-Einheitsaufnahme

Türk, Eckhard:
Die Zeugen Jehovas kommen:
Streitpunkte, Argumente, Klärungen /
Eckhard Türk. – Limburg: Lahn-Verlag, 1996
ISBN 3-7840-3135-8

© 1996 Lahn-Verlag, Limburg
Lektorat: Dr. Stefan Ohnesorge
Design: Theo Rosenfeld
Filmbelichtungen: ScanComp, Walluf
Druck: Athesia, Bozen
Abdruck, auch auszugsweise, nur mit
Genehmigung.
Trotz größter Sorgfalt konnten die Urheber
des Bildmaterials nicht alle ermittelt werden.
Wir bitten gegebenenfalls um Mitteilung.

ISBN 3-7840-3135-8

S.2: DIE „STUMMEN"
WACHTTURM-MISSONARE GEHÖREN
ZUM VERTRAUTEN STRASSENBILD
DER INNENSTÄDTE
Foto: Andreas Heddergott,
Bilderdienst Süddeutscher Verlag

DURCHBLICK

DAS NAHENDE ENDE DES 2. JAHRTAUSENDS löst bei vielen Menschen Endzeitgefühle aus. Die globale Rezession und die ökonomischen und ökologischen Krisen verschaffen den Propheten des Untergangs einen deutlichen Konjunkturschub. Mitunter finden sich auch religiöse Sektierer, die dem Ende der Welt mit ihren Mitteln nachhelfen wollen. Manche geben vor, den apokalyptischen Fahrplan zu kennen. Unheilsprediger schüren Hysterie. In eine solche Reihe der Endzeitstimmungsmacher reihen sich die Zeugen Jehovas nahtlos ein. Bekannt geworden sind sie durch ihre biblische Arithmetik, die das Ende aller Nicht-Zeugen-Jehovas auf eine Jahreszahl festlegen will. Sie beanspruchen christliche Originalität und glauben, die einzig wahren christlichen Zeugen zu sein, die allein am Jüngsten Tag gerettet werden.

Gewiß, der christliche Glaube ist im Kern endzeitlich ausgerichtet. Christen erwarten das Kommen Gottes, sie berechnen es jedoch nicht. Vorläufig müssen Christen aber mit dem Kommen der Zeugen Jehovas rechnen. Der Zeitpunkt der Hausbesuche der Zeugen Jehovas und der Verlauf der Gespräche mit ihnen sind häufig unberechenbar. Mancher, der ihnen begegnet, wird hierbei mit Argumenten, den christlichen Glauben betreffend, konfrontiert, die ihm neu und fremd, manchmal sogar plausibel vorkommen. Zeugen Jehovas sprechen Punkte an, die sich im Gespräch sehr schnell auch als Streitpunkte entpuppen können. Deshalb tut Klärung und Aufklärung not: „Die Zeugen Jehovas kommen. Streitpunkte – Argumente – Klärungen" möchte konkrete Hilfen für die Auseinandersetzung mit den Zeugen Jehovas bieten. Zeugen Jehovas sind optimal für das Gespräch an den Haustüren oder in den Fußgängerzonen geschult. Christen haben dem oftmals wenig entgegenzusetzen. Viele sind verunsichert angesichts der vermeintlichen Glaubensstärke und Bibelfestigkeit, die ihnen in den präparierten Zeugen Jehovas begegnen. Auf Gespräche mit den Zeugen Jehovas sollte man sich ohne eine gewisse Vorbereitung nicht einlassen. Mir ist bewußt, daß in katholischen oder evangelischen Gemeinden niemals eine allzu intensive Vorbereitung stattfinden kann. Trotzdem möchte das Buch eine Arbeitshilfe für das argumentative Gespräch mit denen sein, die die Wachtturm-Gesellschaft vertreten.

Im Buch werden sechs Themenkreise angesprochen. Am Anfang steht der Versuch, Sensibilität und ein Gespür für die Menschen zu entwickeln, die der Gemeinschaft der Zeugen Jehovas anhängen. Die weiteren Kapitel befassen sich mit der Geschichte, der Organisation, dem Bibelverständnis, den Endzeitvorstellungen und der Praxis der Zeugen Jehovas. Jedes Thema greift Originalzitate aus den Wachtturm-Schriften auf, die einen Streitpunkt markieren. Es werden Argumente und Gegenargumente verdeutlicht und behandelt. Solche zentralen Argumentationsgänge Pro und Kontra sind im Text meist graphisch hervorgehoben, so daß man hier den „Originalton" der Diskussion mitbekommt. Schließlich beziehe ich Stellung und versuche, theologisch Verantwortbares und für den christlichen Glauben Zentrales zusammenzufassen.

In einem Anhang befinden sich Arbeitsblätter zu den einzelnen Kapiteln, die größtenteils in der Erwachsenenbildung erprobt sind. Ein sinnvoller Gebrauch dieser Blätter setzt für die Gesprächsleiterin oder den Gesprächsleiter ein gewisse Vertrautheit mit den Inhalten der jeweiligen Themenkreise voraus. Bei den Arbeitsblättern handelt es sich um Textvergleiche, Bildbetrachtungen, Merkblätter u.a. Sie können jeweils unterstützend, wiederholend, gesprächsanregend, informierend ... in den einzelnen Themeneinheiten eingesetzt werden. Als günstig hat sich in der Bildungsarbeit ein Curriculum von mindestens drei Seminareinheiten herausgestellt: I. Organisation und Geschichte der Zeugen Jehovas, II. Bibelverständnis und Endzeit, III. Praxis.

Wer das Buch in einer Art Selbststudium verwendet, kann mit den Arbeitsblättern eine Wiederholung, Vertiefung und Vergewisserung bestimmter Fragestellungen erreichen. Das Buch behandelt nicht alle die Zeugen Jehovas betreffenden Fragestellungen. Die dargelegten Argumentationsfiguren sind leicht auf andere Themen übertragbar.

Diesem Buch liegt nicht die Verarbeitung biographischer Erfahrungen mit den Zeugen Jehovas zugrunde. Weder ich selbst noch jemand aus meinem familiären oder sozialen Umfeld gehört den Zeugen Jehovas an. Eine solche Problemdistanz hat Vorteile und auch Nachteile. Ich hoffe, daß die Vorteile die Nachteile aufwiegen. Hintergrund meiner Beschäftigung mit den Zeugen Jehovas ist meine Beratungsarbeit für Betroffene im Referat für Sekten- und Weltanschauungsfragen in der Diözese Mainz. Am häufigsten werde ich von Menschen, die sich selbst oder deren Angehörige sich den Zeugen Jehovas zurechnen, um Rat gefragt. Meist geht es dabei um innerfamiliäre Probleme mit den Kindern. In dieser Arbeit bin ich von Anfang an gezwungen gewesen, meine Erfahrungen nicht bloß für mich selbst zu registrieren, sondern sie in vielen Bildungskontexten (Schule, Jugendarbeit, Erwachsenenbildung, Gemeindekatechese, Mitarbeiterfortbildung ...) weiterzuvermitteln. Das Buch ist eine Zusammenfassung dieser Vermittlungsarbeit. Ich möchte argumentieren und mit Argumentationsgängen vertraut machen. Ich möchte aber auch zu den entsprechenden Sachverhalten aus der Haltung des christlichen Glaubens heraus kritisch Stellung beziehen.

Die Darstellung der Sachverhalte und die kritische Stellungnahme dazu kann sich nicht nur auf Textdokumente beschränken. Die Literatur, die die Zeugen Jehovas in großer Menge publizieren, ist reich bebildert. Zur Veranschaulichung werden zahlreiche Beispiele aus der Originalliteratur wiedergegeben. Diese Beispiele zeigen einen ganz eigenen, geschlossenen Bereich, dokumentieren die Bildwelt der Zeugen Jehovas. Die argumentativ-kritische Haltung des Buchs wird auch gegenüber dieser Bildwelt durchgehalten.

Ich hoffe, daß sich der Leser/die Leserin nach der Lektüre dieses Buchs ein besseres Bild davon machen kann, was es heißt, den Zeugen Jehovas anzugehören und unter der Ideologie der Wachtturm-Gesellschaft zu leben.

DIE MENSCHEN

Ansichten

Wer Zeugen Jehovas begegnet, bekommt Kontakt mit einer ganz eigenen Anschauungswelt, mit einer Lehre und Ideologie, geprägt durch die „Wachtturm Bibel- und Traktatgesellschaft". Das ist die leitende Organisation, die hinter den Zeugen Jehovas steht. Gleich zu Beginn schon ist deutlich zwischen dem System der Wachtturm-Gesellschaft und den Menschen, die von diesem System „überwacht" werden, zu unterscheiden. Die den Zeugen Jehovas vermittelte Weltsicht prägt ihr Gottes- und Menschenbild so stark, daß selbst Zeugen Jehovas, die sich von der Gemeinschaft getrennt haben, noch lange danach an den Ansichten und Gebräuchen der Wachtturm-Gesellschaft festhalten. Vor allem aber bedeutet der Kontakt mit den Zeugen Jehovas die Begegnung mit konkreten Menschen, die sich dieser Religionsgemeinschaft zurechnen. Vor aller Theorie steht also die Praxis der Begegnung.

Zeugen Jehovas: Kontakt mit dem System der Wachtturm-Gesellschaft

Für viele ist dies der erste Eindruck, den sie von den Zeugen Jehovas gewinnen. Aus der Begegnung, dem Gespräch an der Haustür oder in den Fußgängerzonen, beziehen sie ihre Ansichten über die Zeugen Jehovas. Oft wird dabei von dem hinter den Zeugen Jehovas stehenden System der Lehre und der Schulung nur wenig deutlich und bewußt. Zeugen Jehovas sind in vielem darauf geschult, die Begegnung möglichst spontan und authentisch erscheinen zu lassen, um bei ihrem Gegenüber einen positiven Eindruck zu erzeugen. Wenig wird dabei dem Zufall überlassen. Was den einzelnen Zeugen wirklich bewegt, was ihn motiviert, sich so stark für seine religiöse Gemeinschaft zu engagieren, erfährt man meist nicht. Oftmals kann ein Zeuge Jehovas über seine innersten Gedanken erst dann sprechen, wenn er den Druck und die Kontrolle der Versammlung und der Gemeinschaft nicht mehr hat, das heißt, wenn er – in der Sprache der Zeugen Jehovas – ein „Abtrünniger" geworden ist.

Zeugen Jehovas: Kontakt mit konkreten Menschen

FREIHEIT DER SÖHNE GOTTES IM PARADIES
AUF ERDEN (FRAUEN INBEGRIFFEN)
Ewiges Leben in der Freiheit der Söhne
Gottes, 1967, S. 1

Marianne K.
(53 Jahre)

„Für mich war das totaler Einsatz. Ich dachte, das ist die Wahrheit. Und die muß ich der Welt bringen. Denen, die sonst ausgerottet werden. Für die Wahrheit habe ich auch die Ablehnung der Menschen an den Haustüren in Kauf genommen. Auch Jesus hat ja schon gesagt: ‚Ihr werdet um meinetwillen verfolgt‘.“

Eugen R.
(58 Jahre)

„Die Zeugen Jehovas haben mir kostenlos ein Bibelstudium ermöglicht. Ein so gutes Studium bekommt man sonst nirgendwo geboten. Bei den Katholiken oder den Protestanten muß man ja Professor sein, um die Bibel überhaupt zu verstehen.“

Hans A.
(60 Jahre)

„Der Bezirkskongreß und überhaupt Zeuge-Jehovas-sein, das ist mein Leben. Von klein auf kenne ich gar nichts anderes. Das macht mich froh. Hier ist alles so sauber. Nicht wie da draußen in der Welt. Dort ist alles Lüge und Unehrlichkeit.“

Christiane W.
(43 Jahre)

„Ich fand gut, daß sich die Zeugen Jehovas persönlich um mich gekümmert haben. Vieles ist heute so anonym. Hier habe ich Menschen gefunden, die mich ernst nehmen.“

Jelena K.
(41 Jahre)

„Ich habe viel Unmenschlichkeit erlebt. Die konnte ich nicht wahrnehmen, als ich noch dazugehörte. Die Unmenschlichkeit will bei den Zeugen Jehovas eigentlich keiner. Die Zeugen sind nett. Es ist das System, das zum Zwang und zur Unmenschlichkeit führt.“

Ilona S.
(27 Jahre)

„Die waren alle sehr freundlich zu mir. Ich kam zum erstenmal in den Königreichssaal, und sofort kümmerte sich jemand um mich. Man erklärte mir alles und kümmerte sich auch um meine Probleme. Nicht wie in der katholischen Kirche, wo man von mir gar keine Notiz nahm. Die waren viel zu sehr mit sich selbst beschäftigt.“

Willi Z.
(71 Jahre)

„Es gibt keinen Grund, warum man mit der Gemeinschaft der Zeugen Jehovas Schwierigkeiten haben muß. Abtrünnige lügen meistens, und es ist religiöser Haß, der sie gegen die Zeugen Jehovas kämpfen läßt. Es ist wie in den ersten Tagen der Christenheit, wo die Christen auch durch religiöse Eiferer verfolgt wurden.“

„Als ich und meine Familie von den Zeugen Jehovas weggingen, da hatte ich für lange Zeit das Gefühl, daß wir verloren sind. Wir hatten auch niemand mehr, der uns auf andere Gedanken bringen konnte. Den Freundeskreis außerhalb der Zeugen gab es nicht mehr. Und wir konnten nur noch so denken, wie wir es dort gelernt hatten. Das war eine schreckliche Zeit. Wir haben aber dann doch Christen getroffen, die uns die Bibel in einem neuen Licht gezeigt haben."

Rüdiger S.
(37 Jahre)

„Am Anfang habe ich den Kontakt meines Sohnes zu den Zeugen Jehovas nicht ernstgenommen. Ich hielt die Zeugen Jehovas für harmlos. Als er sich dann taufen ließ und keine Familienfeste mehr mitfeierte, habe ich meinen Sohn kritisiert. Das hat dazu geführt, daß sich mein Sohn und seine Familie von mir getrennt haben. Ich gelte als der schlimmste Feind. Selbst meine Enkel haben keinen Kontakt mehr zu mir."

Elisabeth M.
(60 Jahre)

Was sind das für Menschen, die sich den Zeugen Jehovas anschließen, von dieser Gemeinschaft begeistert sind, ihr Leben ganz und gar nach der Wachtturm-Lehre richten, vielleicht aber auch nach einer gewissen Zeit Probleme mit dieser Organisation bekommen und die Trennung, meist verbunden mit großen materiellen und psychischen Opfern, wagen? Natürlich nehmen Zeugen Jehovas auch schon Kinder mit in ihre Königreichssäle. Etwa 30% der Anhänger sind unter 14 Jahren. Der Altersdurchschnitt liegt aber zwischen 26 und 45 Jahren. In der „Sozialstudie"[1] der Wachtturm-Gesellschaft sollen die Zeugen Jehovas als eine Gemeinschaft aus Durchschnittsbürgern dargestellt werden. Was den Frauenanteil betrifft, unterscheiden sie sich kaum von anderen religiösen Gruppen: 61% weibliche und 39% männliche Anhänger. Tatsächlich kann man sagen, daß in ihren Reihen kaum Besserverdienende sind und signifikant weniger Personen mit einer akademischen Ausbildung. Im Fragebogen der Sozialstudie wurde auch gefragt: „Wie empfindest Du das persönliche Interesse von Glaubensbrüdern an Dir?" Angeblich haben 88,9% der Befragten positive Empfindungen gegenüber diesem Interesse und nur 6,5% negative Empfindungen geäußert. So unüberprüfbar diese Erhebung auch sein mag (der Datenbestand wurde nicht allgemein zugänglich veröffentlicht), so scheint diese prozentuale Verteilung doch ein wichtiges Motiv widerzuspiegeln, das Menschen

---

1 Jehovas Zeugen – Menschen aus der Nachbarschaft. Wer sind sie?, Selters 1995.

bewegt, sich den Zeugen Jehovas zuzuwenden. Gesucht wird von vielen das aufmerksame Interesse, das ihnen eine Gruppe entgegenbringt. Den Zeugen Jehovas scheint es zu gelingen, ein solches Bedürfnis bei Menschen anzusprechen und dieses Bedürfnis auch zu befriedigen. Von einer solchen „persönlichen Ansprache" ausgehend, lassen sich auch die Phasen einer Konversion zu den Zeugen Jehovas erklären: „Am Anfang steht die emotional befriedigende Beziehung zu einer Vertrauensperson." [2]

Phasen des Übertritts

Es gibt unterschiedliche Konversionsbiographien. Sieht man einmal von den Fällen ab, in denen ein Mensch in eine Familie der Zeugen Jehovas hineingeboren wird, so liegt vielen, nicht allen Fällen eines Übertritts zu den Zeugen Jehovas eine soziale und individuelle Destabilisierung zugrunde.

Die offene Gesellschaft erzeugt Unsicherheiten

Eine solche Destabilisierung wird sehr häufig als krisenartig erfahren. Bestimmte Sicherheiten, die ein Leben sinnvoll machen, brechen weg. Durch den Tod eines geliebten Menschen, durch eine Ehescheidung oder einfach nur durch den berufsbedingten Umzug in eine andere Stadt können solche Destabilisierungen hervorgerufen werden. Wo etwas aus dem Gleichgewicht gerät, da brechen grundsätzliche Fragen auf. Solche Fragen sind immer auch religiöser Natur. Verschüttetes, vielleicht lange Jahre Zurückgestelltes, Fragen nach dem wirklich Tragenden im Leben stellen sich plötzlich wieder neu. (Solche destabilen Aufbruchserfahrungen sind auch in einer modernen Industriegesellschaft trotz eines ausdifferenzierten Versicherungswesens gar nicht so selten.) Die Chance, in einer solchen Situation auf das Angebot der Zeugen Jehovas zu treffen, ist gerade durch die flächendeckende und systematische Missionsarbeit der Zeugen Jehovas nicht selten. Die antrainierte Sicherheit, mit der Zeugen Jehovas an den Haustüren auftreten, wirkt auf das verunsicherte Gegenüber sehr häufig stabilisierend. Auf dem angebotenen Fundament der Bibel scheinen sich nun plötzlich all die vorher so verworrenen Fragen zu klären. Es gibt nichts, worauf die Zeugen Jehovas in dem geschlossenen System ihrer Lehre nicht eine klare, feste, sichere und unhinterfragbare Antwort hätten. Woher diese sichere Ausstrahlung kommt und was daran echt und was künstlich und bewußte Fassade ist, wird im Kapitel über die Glaubenspraxis der Zeugen

---

2 Vgl. Baer, Harald: Wer geht wohin? Versuche, die psychologische Landkarte zu vermessen, in: KSA Jugend & Gesellschaft, Alles fängt mit der Sehnsucht an, Hamm 2/96, S. 10-13.

Jehovas näher behandelt (siehe S. 165ff.). Zunächst einmal wirken diese bekennenden Menschen, mit denen man meist über religiöse Fragen ins Gespräch kommt, sicher, bibelfest und glaubwürdig. Zweck dieser Begegnung ist aus der Sicht der Zeugen Jehovas der Aufbau eines Vertrauensverhältnisses. Es soll der Eindruck vermittelt werden: Diesem Menschen kann man vertrauen. Ein solcher Eindruck überträgt sich sehr schnell auf einen suchenden und unsicheren Menschen. Er bekommt dadurch auch das Gefühl vermittelt, an dieser Sicherheit vertrauensvoll teilhaben zu können. Viele Menschen, die zu den Zeugen Jehovas konvertierten, berichten, daß sie am Anfang etwas von dieser sicheren Orientierung der Zeugen abhaben wollten. Sie wollten beispielsweise lernen, genauso mit der Bibel umzugehen.

Die geschlossene Wachtturm-Gesellschaft erzeugt Sicherheit

Ist dieses erste Interesse geweckt, dann folgt in der Regel das konkrete Angebot eines „Buchstudiums". Dies wird meist noch zu Hause, in der vertrauten Umgebung der betroffenen Person vorgenommen. So wird der Erstkontakt vertieft und gesichert. Man lernt das verblüffend konsistente System der Zeugen Jehovas kennen, das auf „jeden Topf einen Deckel hat". Durch den individuellen und persönlichen Kontakt wird ein Vertrauensbonus aufgebaut. Man kommt mit dem sehr reich bebilderten und deshalb anschaulichen Buchmaterial der Zeugen Jehovas in Kontakt und wird für Lernfortschritte überschwenglich gelobt. Gerade die reiche Bebilderung der Zeugen-Bücher sollte man nicht unterschätzen. Viele theologisch abstrakte Sachverhalte werden hier für Menschen visualisiert und damit überhaupt erst nachvollziehbar gemacht. Die Ältesten in den Versammlungen der Zeugen Jehovas sind durch interne Dienstanweisungen dazu angehalten, in den Versammlungen die Aufmerksamkeit und die Zuwendung besonders auf die „Neuen" zu lenken.

Aufbau eines persönlichen Vertrauensverhältnisses

Wenn Neue zum erstenmal in den Königreichssaal kommen, fühlen sie sich vielleicht fremd; wir möchten ihnen dieses Gefühl nehmen und ihnen statt dessen das Gefühl herzlicher Freundschaft vermitteln.

Wenn du bemerkst, daß ein Neuer allein dasteht oder sich nur mit dem unterhält, der mit ihm studiert, dann ergreife die Initiative, geh hin und begrüße ihn, und mache ihn mit anderen bekannt.

Weist die Ordner an, Neue zu begrüßen, und erinnert sie gelegentlich daran. Lehrt alle Brüder und Schwestern, von sich aus Neue anzusprechen und mit ihnen bekannt zu werden …

Ihr könnt auch bei anderen Gelegenheiten mit Neuen Gemeinschaft pflegen, indem ihr sie vielleicht zu Hause besucht oder sie zu euch einladet. Durch dieses persönliche Interesse erkennen sie, daß unter Jehovas Volk echte Liebe herrscht (Joh. 13:35). Dadurch wird auch das Vakuum ausgefüllt, das entsteht, wenn sie frühere Bekanntschaften und weltliche Unterhaltungen aufgeben. [3]

Gruppengefühl
vertieft
Bindung

Es tritt das ein, was Hugo Stamm für alle Gruppen mit vereinnahmenden Tendenzen folgendermaßen beschreibt: „Wer sich von den Ängsten und Einsamkeitsgefühlen befreit fühlt, ist überzeugt, endlich den wahren Lebenssinn gefunden zu haben. Von der ganzen Gruppe umschwärmt, laufen die geköderten Personen schon nach kurzer Zeit Gefahr, in einen Gefühlstaumel zu fallen und süchtig nach den emotionalen Flashs zu werden … Die Gruppen mit vereinnahmenden Tendenzen wirken in der ersten Phase der Indoktrination durch ihre antrainierte kollektive Glückseligkeit verführerisch. Sie erwecken bei den Novizen oder neuen Anhängern den Eindruck einer großen, glücklichen Gemeinschaft, die verspricht, die Urbedürfnisse nach der verlorenen Geborgenheit befriedigen zu können. Die Gruppen suggerieren, die ideale Gemeinschaft zu verkörpern. Außenstehende sind oft hingerissen von der scheinbar perfekten Harmonie. Alle Mitglieder wirken beseelt von der überwältigenden Idee, das Heil zum Wohl der Menschheit und im Auftrag einer höheren Macht umzusetzen." [4]

Zur Psychologie der Zugehörigkeit

Sprachgrenzen
sind
Weltgrenzen

Zeuge-Jehovas-sein bedeutet vor allem das Erlernen einer vollkommen abgeschlossenen Weltsicht. Durch das „Studieren" (z.B. Wachtturm-Studium, Heimbuch-Studium) wird der Anfänger nach und nach in eine eigene Sprachwelt hineingezogen. Da sich einem Menschen die Welt über seine Sprache erschließt und seine Sprachgrenzen auch seine persönliche Welt begrenzen, kommt durch diesen Sprachaustausch auch eine Begrenzung der sozialen Kontakte zustande. Die Zeugen Jehovas können sich im Prinzip nur noch in ihrer Gruppe verständigen und werden von der Wachtturm-Gesellschaft auch zum ausschließlichen Umgang mit anderen Zeugen ermuntert. Ihr Missionsdienst von Tür zu Tür ist keine wirkliche Öffnung auf die Begegnung mit anderen Menschen und deren Weltsicht, sondern der

---

3 Gebt acht auf euch selbst und die ganze Herde, Selters 1991, S. 22f.
4 Stamm, Hugo: Sekten. Im Bann von Sucht und Macht, Zürich 1995, S. 92.

Versuch, diese Menschen ebenfalls in die Sprachwelt der Zeugen hineinzu- *Die zweigeteilte*
ziehen. Mit der Dauer seiner Zugehörigkeit wird für einen Zeugen Jehovas *Welt der*
die Welt zweigeteilt. Da gibt es den Innenraum der Gruppe. Dies ist der *Zeugen Jehovas*
Raum der Wahrheit, der Sicherheit, der Rettung und des gegenseitigen Verstehens. Und der Rest ist die „Welt Satans" – eine Welt der Lüge, der
Orientierungslosigkeit, des Untergangs und der Propaganda gegen die Zeugen Jehovas. Die Organisationsgrenze ist die Wahrheitsgrenze. Glauben bedeutet für einen Zeugen Jehovas nicht das Antworten auf die Gnade Gottes
in den jeweiligen Lebensumständen. Glauben meint hier das starre Ange-
paßtsein an die Vorgaben der Wachtturm-Gesellschaft. Glaubensstark ist
derjenige, der fraglos und loyal die Verhaltensregeln befolgt, die der „treue
und verständige Sklave" in Brooklyn, d.i. die Leitende Körperschaft der
Wachtturm-Gesellschaft in den USA, ihm zu tun vorgibt. An vielen Stellen
werden die Zeugen Jehovas eindrücklich zur Loyalität aufgefordert. Auch
im Liedgut geht es der Wachtturm-Gesellschaft immer wieder um das
„Loyalitätsbekunden":

Zur Versammlung Gottes auch loyal zu sein ist uns Gebot. Standhaft laßt uns *Zwei psychologische*
zu ihr halten, selbst in Zeiten großer Not, ihr Interesse schützen, daß sie leide *Momente der*
kein' Harm; wenn wir sie gefährdet wissen, geben wir Alarm. *Zugehörigkeit:*
  Sei loyal zu deinen Brüdern; Neuen steh mit Sanftmut bei. Hilf im Dienste
beim Studieren, denn die Wahrheit macht uns frei. So wie im Familienkreis bekun-
den wir Loyalität: Nie mißtrauen wir einander, jeder treu zum Bruder steht. [5]

Hier wird familiäre Loyalität besungen und eingefordert. Daß Anhänger *Loyalität*
illoyal sein könnten, stellt eine der immer wiederkehrenden Ängste der
Wachtturm-Gesellschaft dar. Den Zeugen Jehovas wird empfohlen, nicht an
Äußerungen in den Wachtturm-Publikationen, die sie nicht verstehen oder
mit denen sie nicht übereinstimmen, Anstoß zu nehmen. Auf gar keinen Fall
sollten sie die Organisation verlassen. Die Devise lautet: Abwarten, bis der
„treue und verständige Sklave" neue Erklärungen abgibt.

Loyalität gegenüber der sichtbaren Organisation Jehovas bedeutet auch, Ab-
trünnige vollkommen zu meiden. Loyale Christen werden nicht aus Neugier
wissen wollen, was solche Personen zu sagen haben. Diejenigen, die Jehova Gott
gebraucht, um sein Werk auf der Erde zu leiten, sind zugegebenermaßen nicht

---

5 Lied Nr. 38, in: Singt Jehova Loblieder, Selters 1986.

vollkommen. Doch wozu werden wir in Gottes Wort aufgefordert? Gottes Organisation zu verlassen? Nein. [6]

Gehorsam

Das innere Moment der Mitgliedschaft bei den Zeugen Jehovas ist der Gehorsam. Dieser Gehorsam ist durch verschiedene Faktoren beeinflußt. Der einzelne Zeuge Jehovas übergibt während der Dauer seiner Zugehörigkeit mehr und mehr seine Verantwortung an die Autorität der mächtigen Wachtturm-Gesellschaft. Aus psychologischen Experimenten weiß man, daß Menschen dann besonders gehorsam sind, wenn der Befehlende in unmittelbarer Nähe ist. [7] Für diese Nähe der jeweiligen Direktiven der Wachtturm-Gesellschaft ist bei den Zeugen Jehovas bestens gesorgt. Nicht umsonst heißen die Kontrollfunktionäre „Aufseher". Sie sind hierarchisch gestuft vom „Zonenaufseher" bis zum „Versammlungsaufseher" und gewährleisten eine direkte Nähe der jeweiligen Befehle. Für den Gehorsam der Mitglieder ist ebenfalls entscheidend, daß die Führung der Wachtturm-Gesellschaft in der Lage ist, ihre Mitglieder zu bestrafen oder zu belohnen. Der Wachtturm vom 1. Juli 1992 mit dem Artikel „Ihr Ältesten, richtet mit

Bestrafung und Belohnung

Gerechtigkeit", führt noch einmal jedem Mitglied die Bestrafungs- und Belohnungsmechanismen der Zeugen Jehovas vor Augen. Die Leitende Körperschaft übt unter anderem ihren Einfluß dadurch aus, daß sie die einzige Instanz ist, die einen nicht hinterfragbaren Expertenstatus hat. Dieser behält auch dann seine Gehorsam einklagende Autorität, wenn ganz unterschiedliche und sich sogar widersprechende Lehräußerungen veröffentlicht werden. Die höchste Autorität wird im Grunde von Gott direkt abgeleitet. Sie ist so stark, daß sie sogar den einzelnen Zeugen Jehovas vorschreiben kann, was sie zu fragen haben. Echte Fragen, gar Zweifel, dürfen nicht ausgesprochen werden. Diese könnten die Autorität der Wachtturm-Gesellschaft untergraben.

Ein Leben nach dem Ausstieg

Trotz der starken Reglementierung in der Wachtturm-Gesellschaft gibt es Gründe, die eine Loslösung aus dieser einengenden Gemeinschaft begünstigen und anstoßen. Besonders bestimmte emotionale Dissonanzerfahrungen können, selbst bei langjähriger Zugehörigkeit, der Anlaß sein, um die

---

6 Wachtturm vom 15. März 1996, S. 16f.
7 Vgl. Forgas, Joseph P.: Soziale Interaktion und Kommunikation. Eine Einführung in die Sozialpsychologie, Weinheim, 2. Aufl. 1994, S. 244ff.

Gemeinschaft in Frage zu stellen. Die Loslösung geschieht häufig in einem schleichenden Prozeß, der irgendwann, besonders wenn die innere emotionale „Kosten-Nutzen-Rechnung" nicht mehr aufgeht, zur Trennung von der Wachtturm-Gesellschaft führt. Die Prozesse, die zu einem Einstieg bei den Zeugen Jehovas und zu einer Persönlichkeitsveränderung im Sinne der Zeugen Jehovas geführt haben, sind durchaus rückgängig zu machen.

Die Anstöße zu einem solchen Ausstieg können vielfältig sein:

❖ Manchem Zeugen Jehovas fällt nach Jahren der Zugehörigkeit auf, wie *Gründe für* routiniert und normiert seine Tätigkeit im Haus-zu-Haus-Dienst war. *den Ausstieg* Meistens korreliert mit dieser Routine der Eindruck einer gewissen Erfolglosigkeit. (Natürlich tut die Wachtturm-Gesellschaft einiges, um die Anhänger mit Erfolgsmeldungen „bei Laune zu halten".)

❖ Der Zeitdruck, unter den die Zeugen Jehovas gesetzt werden, führt bei sehr vielen zu psychischen und körperlichen Anspannungen, die sich in den unterschiedlichsten Krankheiten ausdrücken.

❖ Die vielen Regeln und Gesetze, die ein Zeuge Jehovas nach und nach einzuhalten lernt, erzeugen einen ständigen moralischen Perfektionsdrang, den viele auf Dauer nicht durchhalten.

❖ Die Wachtturm-Gesellschaft hat kein Interesse an Zeugen Jehovas mit hohem Selbstbewußtsein. Personen mit geringem Selbstwertgefühl neigen aber sehr leicht zu depressiven Verstimmungen und emotionalen Problemen.

❖ Wiederholte Fehlprognosen und Lehränderungen, aber auch Unstimmigkeiten im Lehrgebäude der Wachtturm-Gesellschaft, erhöhen die Unsicherheiten und die Loslösungsbereitschaft unter den Zeugen Jehovas.

❖ Auch die Wachtturm-Gesellschaft wird in den nächsten Jahrzehnten einen Generationskonflikt (Leitende Körperschaft ↔ Jüngere Berater) erleben.

Mit dem Ausstieg beginnen aber erst die Probleme. Die Arbeit in der Wachtturm-Organisation bleibt nicht ohne Spuren bei den Betroffenen. Solche Spuren reichen bis tief in die Persönlichkeitsstruktur.

Da ich mein ganzes Leben lang ein sehr eifriger Zeuge war, habe ich gelernt, mein Leben auf eine ganz besondere Weise zu führen. Ich war ständig sehr stark beschäftigt und habe mich stets bei allem, was ich tat, nach dessen Zweck gefragt ...

Der regelmäßige Besuch der Zusammenkünfte (fünf Stunden jede Woche, dazu die Fahrzeit und das obligatorische Beisammensein hinterher) erforderten gewöhnlich zehn bis zwölf Stunden wöchentlich. Zur Vorbereitung waren weitere fünf Stunden nötig. Der Predigtdienst machte noch einmal sechs Stunden aus, so daß insgesamt mehr als zwanzig Stunden herauskamen ...

Da blieb wenig Zeit für einen selbst übrig. Und weil Sport und andere Erholung verpönt war (zumindest regelmäßige Betätigung), habe ich kaum Entspannung gesucht, bin fast nicht ins Kino gegangen und habe keine Bücher oder Zeitschriften gelesen. Nicht einmal ferngesehen habe ich.

Zeuge Jehovas sein prägt ein Leben lang

Darum dann auch die große Leere, als ich die Zeugen verließ. Ich hatte ja kein klares Ziel mehr. Jetzt mußte ich mich selbst um andere Tätigkeit bemühen, und dabei habe ich mich genau wie vorher verhalten. Ich stelle noch heute fest, daß ich, um geistig stabil zu bleiben, die meiste Zeit beschäftigt sein muß, sonst überkommen mich Ziellosigkeit, Depression und andere Probleme. Und doch bringe ich es kaum fertig, derart zielstrebig zu leben, wie ich es als Zeuge gewohnt war. [8]

Die meisten Zeugen Jehovas, die sich von ihrer bisherigen Gemeinschaft getrennt haben, berichten übereinstimmend, daß sie danach in eine große und gefährliche „Leere" geraten sind. Die bisherige Sinnbestätigung in der Tätigkeit der Haus-zu-Haus-Mission bricht weg, das soziale Umfeld der Zeugen Jehovas ist nicht mehr vorhanden, und es zeichnen sich nicht sofort und eindeutig neue Ziele und Betätigungsfelder ab. Der Konformitätsdruck der Wachtturm-Gesellschaft hatte für den einzelnen auch eine stabilisierende Funktion. Diese Stabilität ist nun vollständig weggebrochen. Für keinen Ehemaligen ist es möglich, nach einer solchen Zugehörigkeitserfahrung einfach zur Tagesordnung überzugehen, weil es keine Tagesordnung mehr gibt. Die ehemalige amerikanische Zeugin Jehovas Gaila Noble spricht bei diesem Zustand von einem „Nach-Jehovas-Zeugen-Syndrom" [9], eine Mischung aus Angst, Depressivität, Scham, Verzweiflung, Wut, Aggression und Gereiztheit. Wie gefährlich dieser Trennungszustand für den einzelnen ist, hängt von sehr individuellen Bedingungen ab. Wie lange war die Person

Nach-Jehovas-Zeugen-Syndrom

---

8 Zit. nach: Bergmann, Jerry R.: Jehovas Zeugen und das Problem der seelischen Gesundheit, München 1994, S. 38.
9 Noble, Gaila: Shattered Dreams and New Awakenings: A Recovery Manual for Jehovah`s Witnesses, 1983.

bei den Zeugen Jehovas, wie stark war der Bruch mit dem familiären und sozialen Umfeld, gab es psychische Vorschädigungen vor der Anhängerschaft, sind noch Familienangehörige in der Wachtturm-Organisation? Von der Beantwortung solcher Fragen hängt die Prognose für ein Leben nach dem Ausstieg ab. Wie lange ein möglicher Genesungs- und Umstellungsprozeß dauern kann, hat der Psychologe und Ex-Zeuge-Jehovas, Jerry R. Bergmann, in einer Formel zusammengefaßt:

Um grob abzuschätzen, wie lange die Hauptphase der Umstellung dauern wird (so richtig vollständig erholt sich wohl keiner sein Leben lang), multipliziere man die Zahl der Jahre der Zugehörigkeit zu den Zeugen mit zwei und ziehe dann die Wurzel ($\sqrt{}$2).

Beispiel: Wenn jemand acht Jahre bei den Zeugen war, dauert die Genesung etwa vier Jahre. (Berechnung: Zweimal acht ist sechzehn; daraus die Quadratwurzel ergibt vier.) [10]

Sehr häufig ist bei Aussteigern eine medizinische und psychotherapeutische Begleitung angezeigt. Für Depressionen sollte man auch eine medikamentöse Behandlung in Betracht ziehen, immer in Kombination mit psychotherapeutischen Verfahren. Als besonders effektiv haben sich verhaltenstherapeutische Methoden und Methoden der kognitiven Umstrukturierung herausgestellt. Sich mit etwas beschäftigen, was man sich bisher nicht getraute, Urlaub machen, neue Kontakte suchen und aufbauen, z.B. in Vereinen, und vor allem das Entdecken neuer, bisher nicht geahnter Lebensziele stellen sich als die wichtigsten Maßnahmen zur Überbrückung der Trennungsschwierigkeiten heraus. In vielen Fällen läßt sich vor Ort auch in einer Selbsthilfegruppe für ehemalige Zeugen-Jehovas-Anhänger ein verständnisvolles Umfeld finden, das für die Verarbeitung der gemachten Erfahrungen wertvolle Hilfe bieten kann. Kontakt zu solchen Gruppen kann man über die im Anhang angegebenen Adressen erfragen (siehe S. 256).

Von den kirchlichen Gemeinden ist eine besondere Sensibilität gefordert. Kaum ein Aussteiger bei den Zeugen Jehovas will sich auch gänzlich vom christlichen Glauben und der Bibel abwenden. Kirchliche Gemeinden sollten sich überlegen, wie sie auf Menschen mit solchen tiefgreifenden Verletzungen zugehen und ihnen wieder eine Heimat für ihren Glauben anbieten können.

---

10 Bergmann, Jerry R.: aaO., S. 64.

CHARLES TAZE RUSSELL:
EIN ERNSTER BIBELFORSCHER?
Der Wachtturm, 1. Mai 1996, S. 13

DIE GESCHICHTE

Zu der aktuellen Situation der Zeugen Jehovas und der Wachtturm-Gesellschaft wird man erst dann einen Zugang bekommen, wenn man sich ein wenig mit der Historie dieser Gemeinschaft befaßt.

Die Geschichte der Zeugen Jehovas ist nur auf dem Hintergrund der Geschichte der Vereinigten Staaten von Amerika und hier noch einmal ganz besonders auf dem Hintergrund der sogenannten Erweckungsbewegungen zu verstehen. Es gab in der Religionsgeschichte der Vereinigten Staaten zu verschiedenen Zeiten, besonders aber in der zweiten Hälfte des vergangenen Jahrhunderts Gruppen, die von ihren Mitgliedern eine persönliche Bekehrung und hohe missionarische Aktivitäten erwarteten und die vor allem von einer baldigen Wiederkunft Christi ausgingen. Besonders in der Adventbewegung (lat. adventus = Wiederkunft), kam es auch immer wieder zur Berechnung der Wiederkunftsdaten Christi.

Zeugen Jehovas: Teil der Adventbewegung

Wie wichtig der Wachtturm-Gesellschaft ihre Sichtweise der eigenen Geschichte ist, erkennt man u.a. daran, daß sie 1993 ein 750 Seiten starkes Geschichtswerk mit dem Titel „Jehovas Zeugen – Verkündiger des Königreiches Gottes" millionenfach unter den Zeugen Jehovas verbreitet hat. Dieses Buch will vor allem die Sicht der Wachtturm-Gesellschaft vorstellen. Denjenigen, die über die Geschichte der Zeugen Jehovas geschrieben haben, wird unterstellt, daß sie nicht alle Fakten kannten und deshalb nicht unvoreingenommen über die Zeugen Jehovas schreiben konnten. Dieser Vorwurf richtet sich natürlich auch gegen die Wachtturm-Gesellschaft selbst. Sie ist ebenfalls nicht unvoreingenommen, sondern hat die Fakten für ihre Geschichtsschreibung zurechtgedeutet, so daß man im von ihr vorgelegten Geschichtswerk keine umfassende und objektive Information zur historischen Entwicklung der Zeugen Jehovas vermittelt bekommt. Der Verdacht der Geschichtsklitterung, besonders in kritischen Phasen der Zeugen-Geschichte, legt sich nahe. Ich habe im folgenden viele Informationen von

Zeugen Jehovas selbst, aber auch von Nicht-Zeugen-Jehovas oder von solchen, die sich von der Wachtturm-Gesellschaft losgesagt haben, berücksichtigt und versucht, ein objektives Bild der Geschichte der Zeugen Jehovas zu erschließen.

Ernste Bibelforscher

Charles T(aze) Russell wurde im Februar 1852 in den Vereinigten Staaten, in Allegheny/Pennsylvania geboren. Russells Eltern waren presbyterianisch geprägt, und er wurde dementsprechend erzogen. Später schloß er sich einer Kongregationalistenkirche an.

Russell: Geschäftsmann und religiöser Sucher

Um 1870 trat er zu einer adventistischen Splittergruppe, den „Second Adventists" über. Sowohl die Kongregationalisten als auch die Adventisten prägten seine religiösen Vorstellungen bleibend. Russell war dank seines Vaters, eines Geschäftsmanns der Textilbranche, ein nicht unvermögender Kaufmann. Er genoß eine kaufmännische Ausbildung, und seine kaufmännischen Kenntnisse kamen ihm später bei der Verbreitung seiner Ideen zugute. Russell war anscheinend auch ein religiös suchender Mensch. So befaßte er sich mit dem Hinduismus und dem Buddhismus und setzte sich vor allem mit den in den Vereinigten Staaten weit verbreiteten Anschauungen des Calvinismus auseinander. Besonders stark reflektierte er die Prädestinations- und Höllenvorstellungen Calvins. Laut Wachtturm-Gesellschaft soll Russell damals so argumentiert haben:

Ein Gott, der seine Macht dazu gebrauchen würde, menschliche Wesen zu erschaffen, von denen er wußte, ja die er im voraus dazu bestimmte, daß sie ewig gequält werden sollten, konnte weder weise noch gerecht oder liebevoll sein. Seine Handlungsweise stände so tiefer als die vieler Menschen. [11]

DAS EHEPAAR RUSSELL:
DIE EHE ENDETE MIT EINEM
SCHEIDUNGSPROZESS
Jehovas Zeugen - Verkündiger des Königreiches
Gottes, 1986, S. 646

Diese Argumentationsweise Russells möchte man den Zeugen Jehovas angesichts ihrer heutigen Gottesvorstellung ebenfalls empfehlen. Weiter unten wird auf die Gottesbilder der Wachtturm-Gesellschaft näher eingegangen (siehe S. 117ff.).

Das Jahr 1870 kann als das Gründungsjahr der Zeugen Jehovas gelten, obwohl sie diesen Namen erst unter ihrem zweiten Präsidenten Rutherford angenommen haben. In diesem Jahr traf Russell sich mit einigen Bekannten aus der adventistischen Szene und gründete einen Kreis zur Erforschung der Bibel. Am Gründungsbeginn steht das Motiv der Enttäuschung. Der Gründer der „Ernsten Bibelforscher", Charles Taze Russell, war enttäuscht von den Fehlprognosen der „Second Adventists". Der Name „Ernste Bibelforscher" war Programm. Man wollte ernsthafter als die anderen Gruppen an die Bibel herangehen. Aber im großen und ganzen blieben auch Russel und sein Kreis von Getreuen dem adventistischen Gedankengut verhaftet.

Der Kreis lebte wesentlich vom Charisma des jungen Russell. Die Gruppe um Russell verstand sich zunehmend als die Gruppe der einzigen ernsthaften Bibelforscher, die die in der Christenheit verstreuten Wahrheiten über die Bibel wieder zur Geltung bringen müßten. Pastor Russell, wie er sich nannte, war in seinen Gemeinschaftsvorstellungen noch geprägt durch seine Erfahrungen bei den Kongregationalisten. Das Prinzip der kongregationalistischen Kirche, die Unabhängigkeit der christlichen Gemeinde und die Ablehnung jeglichen Kirchenregiments, stand anfangs deutlich im Vordergrund seiner Vorstellungen von einer christlichen Gemeinschaft. Heute will sich, wie mir scheint, in der Wachtturm-Gesellschaft daran niemand mehr erinnern. Die „Ernsten Bibelforscher" hatten offensichtlich in ihrer Entstehungszeit ansatzweise eine Art demokratische Verfassung. So traf man sich, las bestimmte Textstellen aus der Bibel vor und besprach sie miteinander. Die „Ernsten Bibelforscher" diskutierten zumindest in ihren Anfangszeiten viel miteinander über ein korrektes Verständnis der jeweiligen Bibelstellen – eine Umgangsweise, die heute in den Versammlungen der Zeugen Jehovas gänzlich verpönt ist. Die Wachtturm-Gesellschaft ordnet heute das Jahr 1870 in ihr Geschichtsbild als das Jahr ein, in dem endlich die biblische Wahrheit wieder zutage gefördert worden sein soll, während die gesamte Zeit von der Urchristenheit bis zu Charles Taze Russell als Geschichte des Abfalls von der Wahrheit interpretiert wird.

Ursprung im Kongregationalismus

11 Jehovas Zeugen – Verkündiger des Königreiches Gottes, Selters 1993, S. 42.

Ein solches Geschichtsverständnis, das davon ausgeht, den „roten Faden" der Geschichte gefunden zu haben, birgt eine Unmenge Gefahren in sich. Den Schlüssel zum bisherigen und kommenden Verlauf der Geschichte der Menschheit besitzt niemand. Menschen oder Gruppen, die trotzdem einen solchen Anspruch erheben, stehen in der latenten Gefahr, diese ihre Meinung mit allen Mitteln, also auch mit totalitären, durchzusetzen. [12]

Eine solche gefährliche, totalitär-ideologische Entwicklung läßt sich nicht nur an den Zeugen Jehovas, aber hier eben doch besonders gut, beobachten.

Die „Ernsten Bibelforscher", die eigentlich Pastor Russells Bibelkreis waren, propagierten vor allem eine Abkehr von den „heidnischen Irrlehren und Philosophien". Die wichtigsten Ideen, die Russell und seine Bibelforschergruppe, die ohne jegliche Bevormundung die Bibel auslegen wollten, zu dieser Zeit vertraten, sind: die Sterblichkeit der menschlichen Seele, das Loskaufopfer Christi, die unsichtbare Wiederkunft Jesu als Geistperson und die Rettung nur der Gehorsamen. Die Hölle wurde bei den „Ernsten Bibelforschern" als Zustand ohne jegliches Bewußtsein aufgefaßt; die Trinitätslehre wurde abgelehnt.

Literatur-
produktion als
geschäftliches
Standbein

1879 war ein entscheidendes Jahr für Russell und seine jungen „Ernsten Bibelforscher". Der 27jährige heiratete eine adventistische Autorin, Maria Frances Ackley. Ursprünglich hatte auch Russells Frau ein Mitspracherecht in geschäftlichen Angelegenheiten und verfaßte auch Artikel für die jeweiligen Zeitschriften. Er gründete mit ihr eine für die Ausdehnung der neuen Glaubensgemeinschaft wichtige Zeitschrift, „Zion's Watch Tower" (Zions Wacht-Turm), die ab 1909 nur noch „Watch Tower" (Wacht-Turm) hieß.

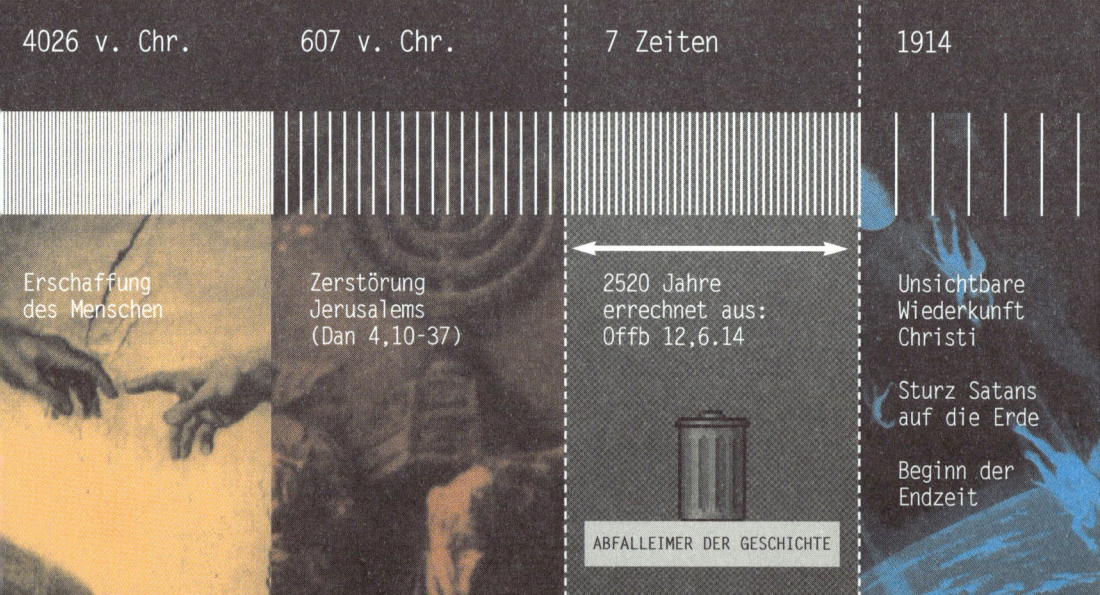

| 4026 v. Chr. | 607 v. Chr. | 7 Zeiten | 1914 |

Erschaffung des Menschen

Zerstörung Jerusalems (Dan 4,10-37)

2520 Jahre errechnet aus: Offb 12,6.14

ABFALLEIMER DER GESCHICHTE

Unsichtbare Wiederkunft Christi

Sturz Satans auf die Erde

Beginn der Endzeit

Die Ehe wurde 1907 geschieden. Offensichtlich war Russells Frau nicht bereit, die zunehmend autokratischen Vorstellungen ihres Mannes zu akzeptieren. Die heutige Wachtturm-Gesellschaft stellt den Scheidungsgrund so dar, daß Maria Russell mehr Entscheidungsrechte für die Veröffentlichungen im Wachtturm beansprucht hätte. Die Wachtturm-Gesellschaft mokiert gleichzeitig, daß die „Ernsten Bibelforscher" damals noch nicht gewußt hätten, daß eine Frau nicht als Mitherausgeberin des Wachtturms fungieren und schon gar nicht Artikel in einem Publikationsorgan verfassen durfte. [13]

Russell selbst führte regelrechte „Feldzüge für die Wahrheit" durch. Für den Druck seiner Zeitschrift kaufte er Gebäude in Brooklyn, wo das spätere Weltzentrum der Zeugen Jehovas seinen Standort fand. Nach und nach entstand ein religiöses Unternehmen, für das Russell das nötige Startkapital mitbrachte. 1881 gründete Russell den Kern des späteren Schriftenkonzerns, die „Zion's Watch Tower Tract Society", die er auch als Aktiengesellschaft registrieren ließ. Russell hielt von 600 Aktionären zeitlebens die meisten Anteilsscheine. Die Aktienmehrheit sicherte ihm auch eine entsprechend einflußreiche Position im Vorstand der Literaturvertriebsfirma „Zion's Wachtturm Traktat Gesellschaft". Eine solche Firma war die Basis für einen effizienten Vertrieb der Bibelforscherliteratur. Russell, zunächst ehrenamtlich tätig, wurde der erste Präsident der „Watch Tower Bible and Tract Society".

Ziel des ganzen Unternehmens war es, die Einsichten und Botschaften der „Ernsten Bibelforscher" und besonders diejenigen Russells in

Aktien des Schriften-konzerns

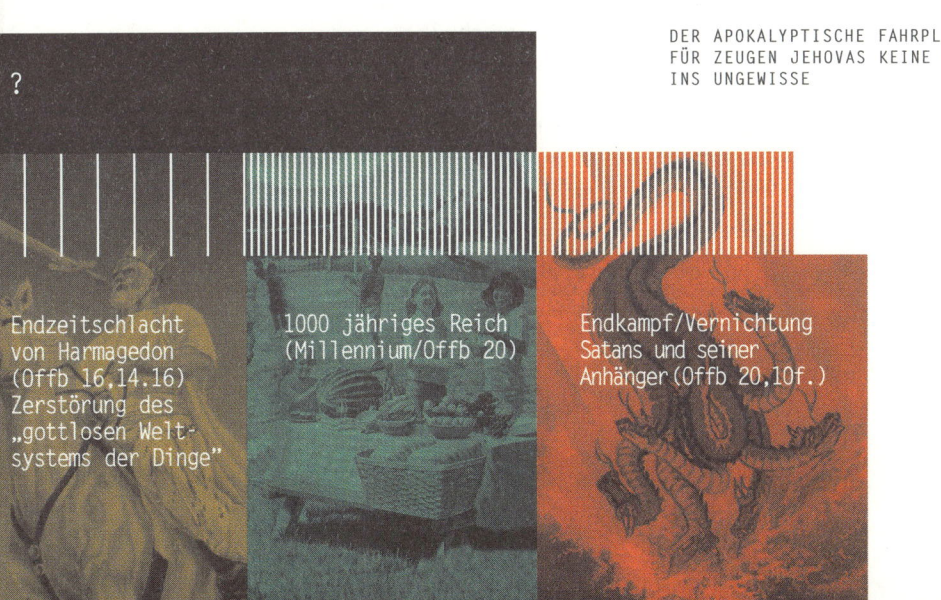

? DER APOKALYPTISCHE FAHRPLAN:
FÜR ZEUGEN JEHOVAS KEINE FAHRT
INS UNGEWISSE

Endzeitschlacht von Harmagedon (Offb 16.14.16) Zerstörung des „gottlosen Weltsystems der Dinge"

1000 jähriges Reich (Millennium/Offb 20)

Endkampf/Vernichtung Satans und seiner Anhänger (Offb 20,10f.)

Traktatform an die Menschen zu verkaufen. Die Mitarbeiter Russels sollten mit dem Vertrieb der Literatur durchaus ihren Lebensunterhalt bestreiten. Russell war von Anfang an bestrebt, die Herstellungskosten für die Literaturerzeugnisse möglichst gering zu halten. Nach und nach brachte er die Auflagenzahlen in die Höhe. Von knapp 5000 Exemplaren des Wachtturms am Anfang seines Erscheinens war die Zahl bis zum Tode Russells 1916 auf das zehnfache gestiegen. Russells Engagement in dieser Zeit zeigte sich in einer rastlosen und weltweiten Vortragstätigkeit. In aller Herren Länder suchte er nach Absatzmöglichkeiten seiner Literatur.

Sympathie für den Zionismus Russell war der Meinung, daß Gott in den letzten Tagen das Volk Israel wieder in sein Land führen werde, und von daher der zionistischen Bewegung sehr zugetan. Nach seiner Meinung mußten die Juden, als das auserwählte Volk, nicht mehr missioniert werden. Diese Haltung sollte sich unter den späteren Präsidenten der Wachtturm-Gesellschaft ändern – wie überhaupt bestimmte Lehrinhalte, die heute für die Zeugen Jehovas als klares Unterscheidungskriterium vom Rest der Christenheit gelten, von den „Ernsten Bibelforschern" völlig unproblematisch anerkannt waren. So distanzierten sich die „Ernsten Bibelforscher" und Russell keineswegs von den christlichen Festen. Für sie war Jesus fraglos an einem Balkenkreuz gestorben und nicht an einem Pfahl, wie die heutigen Zeugen es behaupten. Solche Ansichten wurden sogar in einem handcolorierten Film, den die „Watch Tower Bible and Tract Society" mit Hilfe einer Finanzspritze Russells herstellen ließ, auf Celluloid gebracht. (Der Film, der von der Erschaffung der Welt bis zur Himmelfahrt Christi eine Chronologie der Weltgeschichte zeigte, trug den Titel: „Das Photodrama der Schöpfung".) Auch hatten die „Ernsten Bibelforscher" noch keine Ahnung davon, daß Bluttransfusionen verboten sein sollten. 1886 erschien der erste Band des Hauptwerks Russells, die sogenannten Schriftstudien. Insgesamt sind davon sechs Bände erschienen. Die Schriftstudien hatten damals eine ungleich höhere Verbreitung als der Wachtturm und waren wohl eher für die Öffentlichkeit bestimmt, während der Wachtturm eine interne Schulungsbroschüre darstellte. Heute scheint es genau umgekehrt zu sein. An die Schriftstudien kommt man nur noch schwer heran, während der Wachtturm eine massenhafte Verbreitung besitzt. [14]

Der Titel „Pastor" ist im Bezug auf Russell ein wenig irreführend. Russell war in theologischen Fragen ein völliger Autodidakt. Er besaß auch

---

12 Vgl. Popper, Karl R.: Das Elend des Historizismus, Tübingen 4. Aufl. 1974.
13 Jehovas Zeugen – Verkündiger des Königsreiches, aaO., S. 645.
14 Vgl. Stuhlhofer, Franz: Charles T. Russell und die Zeugen Jehovas,
     Berneck 3. Aufl. 1994, S. 35f.

nur geringe Kenntnisse in den biblischen Ursprachen Hebräisch und Griechisch. Gerade in seiner manchmal einfachen und ungeschickten theologischen Auffassung und Argumentation lag für viele Zeitgenossen Russells seine Anziehungskraft. In den Schriftstudien wurden die Anschauungen und die Bibelauslegung, besonders aber der „Plan der Zeitalter" (Bd. 1) zusammengefaßt. In diesem Werk wurde auch deutlich, daß Russell die Grundlage seiner Endzeitberechnung aus einer gänzlich bibelfremden Quelle, nämlich den Längenmaßen der Cheopspyramide, zu stützen versuchte.

Russell war angesteckt von der damaligen allgemeinen Euphorie nach der Entdeckung der großen Pyramide in Gizeh. Auf fast 70 Seiten im dritten Band der Schriftstudien erklärte er, daß Gott die Pyramide so bemessen hätte, daß sie die Wahrheit der Bibel verkünde. In irgendwelche „abwärtsführenden Passagen" der Pyramide geheimniste Russell Endzeitdaten hinein, die dann in späteren Ausgaben der Schriftstudien verändert werden mußten, ohne daß dabei angegeben werden konnte, ob die Pyramiden inzwischen einer baulichen Veränderung unterworfen wurden.[15] Die genaue Berechnung kann hier nicht vorgeführt werden.[16] Jedenfalls war das Ergebnis der Zahlengeheimnisse verschiedener Längenmaße unterirdischer Gänge der Cheopspyramide nach Pastor Russels Idee das Jahr 1874. Dieses Jahr sollte der Beginn der „Zeit der Trübsal" sein. Damit griff Russell auf eine Endzeitberechnung der Adventisten zurück. Er deutete allerdings die durch die Adventisten angekündigte, aber dann nicht eingetretene Schlacht von Harmagedon kurzerhand um. 1874 wurde nicht mehr als das Jahr des Kommens Christi angesehen, sondern – durch die Übersetzung des griechischen Wortes „parousia" mit „Gegenwart" – als das Jahr seiner zweiten Gegenwart, die von Russell zunächst als unsichtbare Präsenz angenommen wurde. Russell übernahm diese Erklärung von N.H. Barbour, einem Geschäftsfreund aus der adventistischen Szene. Beide gaben, bis zu einem Zerwürfnis gerade über die korrekte Interpretation des Jahres 1874, die Zeitschrift „The Herald of the Morning" (Der Verkünder des Morgens)

Endzeit-
berechnung
aus den
Pyramiden-
maßen

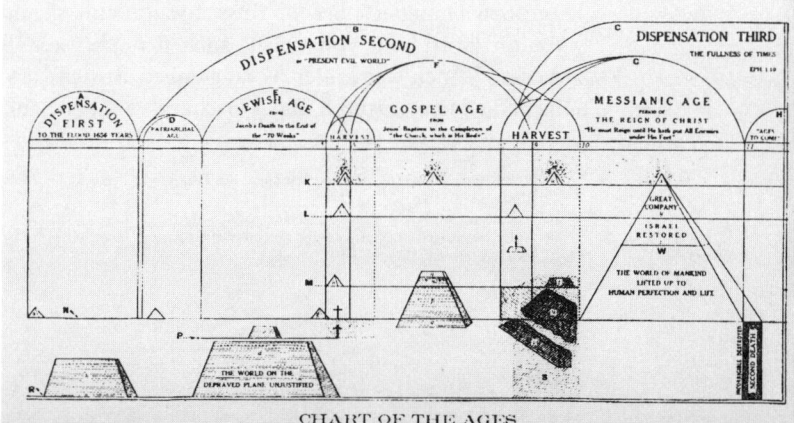

DIE PYRAMIDE,
DIE GEOMETRIE
UND DIE ENDZEIT
Jehovas Zeugen - Verkündiger
s Königreiches Gottes, 1986,
S. 162

heraus. Für Russell galt nun: Seit 1874 hatte Christus seine „zweite Gegenwart" begonnen und würde seine Auserwählten sammeln. Das „große Erntewerk", eine Annahme der Adventisten, hatte damit auch in der Anschauung Russells begonnen. Es ging ihm dann nur noch um eine terminliche Feinabstimmung. Da Jesus bei seiner ersten Gegenwart auf der Erde etwa 3 1/2 Jahre predigte, rechnete Russell in etwa mit einer gleichen Aufenthaltsdauer bei seiner zweiten Gegenwart. Dementsprechend würde Christus 1878 die „Ernte" einfahren und seine Auserwählten zu sich nehmen.

Erste Fehlschläge in der Berechnung

Das entscheidende und berechnete Jahr 1878 kam. Einige der „Ernsten Bibelforscher" dachten, sie würden direkt in den Himmel entrückt. Aber so wie es kam, so ging das Jahr auch vorüber, ohne daß ein vorausgesagtes Endzeitereignis eingetreten wäre. Russell beharrte trotz des Fehlschlags darauf, daß Christus sein Königreich errichtet habe, nun allerdings unsichtbar im Himmel. Russell erklärte, daß der Herr seine göttliche Macht an sich gezogen habe und seine Erwählten „im Geiste auferstanden" seien. Die ersten Ausgaben seiner Zeitschrift trugen deshalb im Titel: „Zion's Watch Tower" den Zusatz „and Herald of Christ's Presence" (Zions Wachtturm und Verkünder der Gegenwart Christi).

Seit 1892 gab es monatlich zwei Ausgaben der Zeitschrift. Diesen Erscheinungsturnus hält die Wachtturm-Gesellschaft auch heute noch ein. Russell baute ein ausgeklügeltes Vertriebssystem auf. In einzelnen Orten ließ er lokale „Ekklesias" gründen, die die Literatur abnahmen und für den Weiterverkauf sorgten. Solche örtlichen Gruppen wurden von sogenannten „Pilgern" kontrolliert und unterstützt. Wie man heute sieht, hat die Wachtturm-Gesellschaft beide Ideen von Russell übernommen. Die Ekklesias heißen heute „Königreichssäle" und die pilgernden Kontrolleure sind heute die „Kreis- und Bezirksaufseher".

Erst geraume Zeit später kam Russell zu der Überzeugung, daß 1914 das Ende der „Zeiten der Nationen" gekommen sein werde. Russell nahm an, daß Gott 1914 sein tausendjähriges Reich auf der Erde endgültig errichten würde. Für ihn hatte der Vorgang der Errichtung dieses tausendjährigen Reiches schon begonnen. Harmagedon (Offb 16,14.16), also die Zeit der „großen Drangsal", lief für Russell schon eine geraume Zeit vor 1914 als Aktion Gottes an, von vielen, auch den „Ernsten Bibelforschern" unbemerkt. [17] Auch war in den Vorstellungen Russells das Überleben derer, die nicht zu den „Ernsten Bibelforschern" zählten, auf einer vollkommenen

---

15 Vgl. Russell, Charles T.: Die Schriftstudien, Bd. 1-6, (engl. Originaltitel: „Millenial Dawn"), 1886-1904, S. 327.
16 Vgl. dazu ausführlich: Stuhlhofer, Franz: aaO., S. 43.
17 Vgl. Alan, Rogerson: Viele von uns werden niemals sterben. Geschichte und Geheimnis der Zeugen Jehovas, Hamburg 1971, S. 32.

Erde durchaus möglich. Einzig die Obrigkeiten und die „falsche Religion" sollten wohl wie „Töpfergeschirr" zerschmettert werden.

Von allen diesen Gedankensprüngen und außerbiblischen Offenbarungsweisheiten erfährt man in der Geschichtsschreibung der Wachtturm-Gesellschaft nichts oder nur bei genauer Lektüre „zwischen den Zeilen". In zweifacher Hinsicht verbiegt die Wachtturm-Gesellschaft die Anschauungen Russells. 1914 wird als das Jahr der Errichtung der unsichtbaren Herrschaft Christi im Himmel angesehen. Russell ging aber vom Jahr 1878 aus. Außerdem malt die Wachtturm-Gesellschaft die Endzeitschlacht von Harmagedon in so drastischen Farben aus, daß eine Rettung nur für ihre Anhänger als möglich angesehen wird. Ein solcher Rigorismus war Russell fremd. Die Gründe für diese historischen Verbiegungen und blinden Flecken im sonst so detailreichen Geschichtswerk der Wachtturm-Gesellschaft liegen auf der Hand. Das Eingeständnis einer falschen Endzeitprognose wird man der Wachtturm-Gesellschaft nicht abringen können. Im Grunde hat die Wachtturm-Gesellschaft unter dem zweiten Präsidenten Rutherford mit dem Jahr 1914 eine ähnliche Umdeutung vorgenommen, wie sie Russell mit den (Fehl-)Deutungen der Adventisten vornahm. Auch heute muß wieder wegen dieses Schicksalsjahrs eine Uminterpretation der Lehre vorgenommen werden (siehe S. 61ff., 133ff.). Historische Erinnerungen daran, was man alles schon mit einem solchen Datum unternommen hat, wären dabei nur störend.

1878 – 1914 – oder was?

Charles Taze Russell jedenfalls beharrte auf dem Datum Oktober 1914 und war sich bis zuletzt sicher, daß hier das Ende aller Ungehorsamen kommen werde. Der Ausbruch des Ersten Weltkriegs im August 1914 schien die Prophezeiungen zu bestätigen; jedenfalls wuchs die Spannung unter den „Ernsten Bibelforschern". Russell selbst muß sich wohl in einer gewissen euphorischen Stimmung befunden haben [18] – obwohl er in seinen Äußerungen immer kleinlauter wurde, je näher das Jahr 1914 rückte. Er hatte ja schon mehrfach das Ausbleiben seiner Endzeitberechnungen miterlebt. Instinktiv spürte Russell wohl, daß ein Ausbleiben seiner Prognosen die „Ernsten Bibelforscher" und die „Wachtturm-Gesellschaft" in eine tiefe Krise stürzen würde, ähnlich der, die er selbst bei den „Second Adventists" erfahren hatte. „Es mußte die Frage aufbrechen, ob nicht der Glaube an die Berechenbarkeit der Endzeitdinge überhaupt ein Grundirrtum der Wachtturm-Gesellschaft war." [19] Und tatsächlich trat eine solche Krise nach 1914

18 Vgl. Wachtturm vom 15. August 1983, S. 16.
19 Twisselmann, Hans Jürgen: Der Wachtturm-Konzern der Zeugen Jehovas. Anspruch und Wirklichkeit, Gießen 1995, S. 74.

auch ein. Russel wurde scharf kritisiert, und seine gesamten Bemühungen wurden in Frage gestellt. Viele „Ernste Bibelforscher" waren zutiefst verunsichert und verließen die Gemeinschaft. Russell schrieb selbst im Wachtturm vom 1. Februar 1916:

„Bruder Russell, wie denkst du aber über die Zeit unserer Verwandlung? Warst du nicht enttäuscht, daß sie nicht zu der Zeit eintrat, als wir sie erhofften?" werdet ihr fragen. Wir antworten mit Nein, wir waren nicht enttäuscht. ... Brüder, wer von uns Gott gegenüber die rechte Einstellung hat, der ist über keine seiner Handlungsweisen enttäuscht. Wir wünschten ja nicht, daß unser Wille geschehe; als wir daher feststellten, daß wir für Oktober 1914 etwas Falsches erwarteten, waren wir glücklich, daß der Herr nicht um unseretwillen seinen Plan änderte. Wir wünschten nicht, daß er es tue. Wir wünschen nur, seine Pläne und Absichten erfassen zu können. [20]

Enttäuschung am Ende — Russell starb während einer Missionsreise im Oktober 1916. Er hinterließ eine tief enttäuschte Gruppe von Menschen, die mit einem trotzigen „Dennoch" weiter in der Bibel ernsthaft nach neuen Möglichkeiten der Berechnung von Endzeitdaten zu forschen bemüht war. Und die Frage der „Ernsten Bibelforscher" lautete jetzt: Würde sich jemand finden, der sie aus der religiösen Krise und Infragestellung, dieser Misere von 1914, herausführen könnte, oder würden die Bibelforscher des Charles Taze Russel eine geschichtliche Episode bleiben?

„Gesalbte" und „andere Schafe"

Russell selbst hatte für seine Nachfolge eine testamentarische Vorsorge getroffen. Neben ein siebenköpfiges Direktorium wollte er ein fünfköpfiges Komitee setzen, das für die Herausgabe des Wachtturms zuständig sollte. Der Vorstand der „Watch Tower Bible and Tract Society" gründete aber einen dreiköpfigen geschäftsführenden Vorstand, dem u.a. Joseph Franklin Rutherford angehörte. Trotz aller Bestürzung bei den „Ernsten Bibelforschern" auf Grund von Russells Tod gab es doch auch viele Richtungen und Parteiungen, die jetzt erst richtig miteinander in Konflikt gerieten. In der Selbstdarstellung der Zeugen Jehovas heute wird diese Zeit etwas ver-

20 Zit. nach: Zeugen Jehovas – Verkündiger des Königreiches Gottes, Selters 1993, S. 62.

JOSEPH FRANKLIN
RUTHERFORD:
DER RICHTER,
GROSS UND STARK
Jehovas Zeugen –
Verkündiger des
Königreiches Gottes,
1986, S. 66

harmlosend folgendermaßen umschrieben:

Der Wacht-Turm erschien weiterhin und enthielt Artikel, die Russell vor seinem Tod geschrieben hatte. Doch als sich die Jahresversammlung näherte, kamen Spannungen auf. Manche betrieben sogar eine gewisse Wahlpropaganda, um zu erreichen, daß ihr Favorit zum Präsidenten gewählt würde. Andere schienen wegen ihrer großen Achtung vor Bruder Russell mehr darum bemüht zu sein, seine Eigenschaften nachzuahmen und eine Art Kult um ihn aufzubringen. [21]

Rutherford, der erst 1906 die Zeugentaufe vollzogen und bisher als Rechtsberater der Wachtturm-Gesellschaft gearbeitet hatte, machte aber nicht nur Wahlpropaganda. Hinter den Kulissen zog er die Fäden seines Einflusses so geschickt, daß seine Präsidentschaft schon vor der Wahl als eine ausgemachte Sache galt. Am 15. Januar 1917 wurde der damals 47jährige Rutherford auf einem Kongreß in Pittsburgh zum Präsidenten der Wachtturm-Gesellschaft gewählt. Rutherford, der aus einem strengen und kinderreichen Baptistenelternhaus in Missouri stammte, hatte sich schon immer in seinem Leben durchsetzen müssen. Mit 16 Jahren hatte er seinen Wunsch, Jura zu studieren, gegen den Willen seiner Eltern verwirklicht. Er schlug sich als Vertreter für Enzyklopädien durch und war lange Zeit Protokollführer an einem Gericht. Ab 1892 ließ er sich als Anwalt nieder.

21 Ebd., S. 65

Obwohl er nur als Staatsanwalt und kurze Zeit als Hilfsrichter eingesetzt war, trug ihm diese Vergangenheit bei den Bibelforschern doch den Beinamen „Richter" ein. „Richter" Rutherford muß eine imposante körperliche Erscheinung von 1,88 Meter Größe und 108 Kilo Körpergewicht gewesen sein.

Allein diese stattliche Figur an der Spitze der Wachtturm-Organisation brachte in solchen schwierigen Zeiten ein stabilisierendes Moment für die Bibelforscher. Allerdings nicht für alle. Besonders im Hauptbüro opponierte man gegen die Machtfülle, die „Richter" Rutherford an sich gerissen *Rutherford:* hatte und die nicht im Sinne des verstorbenen Russell gewesen war. *Konfliktlösung* Rutherford forderte die Opponenten zum Gehen auf. Außerdem suchte er *mit starker* 1918 eine Kampfabstimmung mit seinen Gegnern. Aus über 800 *Hand* Gemeindegruppen der „Ernsten Bibelforscher" wurde der „Richter" in den Vereinigten Staaten mit fast 11.000 Stimmen als Präsident bestätigt. [22]

Seine Kontrahenten Ritchie, Hirsch, Hoskins und Wright wurde bei dieser Abstimmung weit abgeschlagen. Die Bibelforscher, die noch auf der Linie von „Pastor" Russell lagen, waren damit entmachtet. Die Wachtturm-Gesellschaft versuchte die Streitigkeiten um die Nachfolge Russells auf eine kleine irregeleitete Gruppe von Vorstandsmitgliedern zu reduzieren. Tatsächlich aber führten diese Nachfolgekämpfe allein in Nordamerika zu einer großen Zahl abgespaltener und sich befehdender Splittergruppen der „Ernsten Bibelforscher", die bis in unsere Tage hinein existieren. In solchen Abspaltungen haben sich noch russellitische Elemente erhalten, die bei den Zeugen Jehovas durch Rutherford aufgegeben wurden. Man kann auch sagen, daß das, was wir heute als Zeugen Jehovas kennen, eigentlich nicht mehr in der Entwicklungslinie Russells, sondern als Produkt Rutherfords anzusehen ist. Die Kontinuität, die die Wachtturm-Gesellschaft heute zwischen Russell und Rutherford mühsam aufzuzeigen versucht, hat historisch

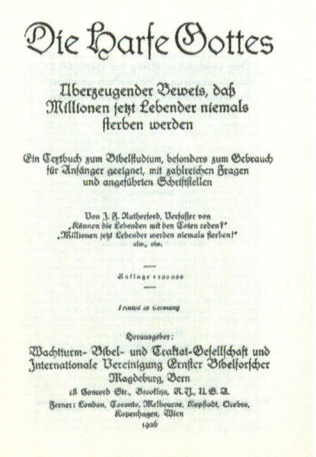

DIE HARFE GOTTES:
RUTHERFORDS BEWEISE
DER UNSTERBLICHKEIT
SEINER ZEUGEN
Die Harfe Gottes,
1926, S. 2-3.

nie bestanden. Ein Günstiges hatte der Konflikt allerdings für die Organisation: Der Streit ließ die „Ernsten Bibelforscher" das Desaster über die Fehlprognose von 1914 vergessen. Viele von ihnen hatten sich schon so radikal der Organisation verschrieben, daß sie aus Ermangelung einer religiösen Alternative kurzerhand in der Gefolgschaft Rutherfords blieben.

Rutherford betrieb in dieser Zeit eine starke antistaatliche und antikirchliche Propaganda. 1918 kam so zu der inneren Krise auch noch ein Konflikt mit dem Staat hinzu. Im Mai dieses Jahres wurden Rutherford und einige seiner engsten Mitarbeiter inhaftiert. Ob Rutherford diesen Konflikt bewußt oder instinktiv provoziert hatte, mag dahingestellt bleiben. Eines bewirkte diese Inhaftierung jedoch. Sie brachte ein sicheres gruppendynamisches Gesetz zur Wirkung: Je stärker der Außendruck auf eine Gruppe wirkt, um so deutlicher schließt sich diese Gruppe nach innen zusammen. Genau das war es, was die „Ernsten Bibelforscher" damals brauchten. Und tatsächlich wird diese Zeit auch heute noch von der Wachtturm-Gesellschaft als eine Zeit der Verfolgung und der „babylonischen Gefangenschaft" dargestellt. Rutherford konnte aus dem Gefängnis heraus von seinem „Märtyrerstatus" profitieren. Die Watchtower-Mitarbeiter wurden nach einer Gerichtsverhandlung zu einer langjährigen Gefängnisstrafe verurteilt, jedoch 1919 gegen Kaution wieder freigelassen. Später wurde das Urteil aufgehoben und dann auch das ganze Verfahren eingestellt.

Der Druck von außen erhöht den Zusammenhalt

Rutherford mußte ideologisch vor allem die Falschberechnung von 1914 ummünzen. Er konnte dabei auf die bei den „Ernsten Bibelforschern" schon durch Russell erprobten Umdeutungsmuster zurückgreifen: Christus hat seinen Thron im Himmel bestiegen und dort das Königreich Jehovas aufgerichtet. Der Satan wurde dabei auf die Erde geschleudert. Das sichtbare Zeichen für diesen Satanssturz war der Beginn des Ersten Weltkriegs. Diese neue Deutung des Jahres 1914 besaß fortan Geltung und wird heute noch so von den Zeugen Jehovas weiterverbreitet. Rutherford rechnete offensichtlich mit dem kurzen Gedächtnis der Bibelforscher, die tatsächlich sehr schnell die vorher verkündeten Endzeitdaten vergessen hatten. Historisch ist in diesem Zusammenhang interessant, daß auch Rutherford nicht ohne eine konkrete Angabe auskam, wann denn nun all das, was eigentlich für 1914 erwartet worden war, eintreten sollte. Rutherford errechnete einen neuen Termin für die Endzeitschlacht: Diesmal sollte es das Jahr 1925 sein. Er kam auf diese Jahreszahl durch eine Berechnung aus dem

22 Vgl. Rogerson, Allan: aaO., S. 51.

Neue
Berechnungen

„Jubel-Jahr-System" Israels, nach dem 70 Jubeljahre im Abstand von 50 Jahren gehalten werden sollten. Die Einrichtung dieses Systems war nach Rutherford angeblich 1575 v. Chr. geschehen. Nachdem er also 3500 Jahre von diesem absoluten Datum her hochrechnet hatte, kam er auf das Jahr 1925. [23]

Das Geschehen, das nun für 1925 erwartet wurde, sollte diesmal keineswegs unsichtbar sein, sondern Jehova würde die Glaubenstreuen, die vor der Kreuzigung Christi gestorben waren, als „Fürsten" und Herrscher hier auf die Erde zurückkehren lassen. Wie ernst es Rutherford mit dieser Prophezeiung war, kann man daran erkennen, daß er diesen „Fürsten" ein Haus in San Diego/Kalifornien bauen ließ. Dieses „Beth-Sarim", „Haus der Fürsten", sollte ein greifbarer Beweis für die Rückkehr von Abraham, Isaak, Jakob, Joseph, David u.a. sein.

In dieser doch sehr feudalen Sommerresidenz hat allerdings niemand anderes als Rutherford selbst gewohnt. Sie war ein Mosaikstein der Vorliebe Rutherfords für schöne Häuser, die er im ganzen Land anmietete und kurzzeitig bewohnte. Später wurde die Villa aus Kostengründen verkauft. Heute sieht die Wachtturm-Gesellschaft ein, daß man mit Immobilienbau, wie etwa „Beth-Sarim", die Erfüllung von Endzeitberechnungen nicht erzwingen kann. Der Gedanke, daß mächtige und feudale Prachtbauten der Wachtturm-Gesellschaft ein eindeutiger Hinweis auf die beginnende Endzeit sind, ist bis heute noch nicht gänzlich aufgegeben worden. [24] Die Wachtturm-Gesellschaft schien aber auch selbst nicht an das Rutherfordsche Datum von 1925 zu glauben, da man zur selben Zeit die Ausbaupläne für die Druckerei in Deutschland faßte. [25]

Neue
Fehlschläge

Rutherford jedenfalls überspielte mit starker Hand seine Fehlprognose für 1925. Danach legte er sich auf keine Jahreszahl mehr fest. Heute sieht die Wachtturm-Gesellschaft den Fehlschlag folgendermaßen:

In manchen Versammlungen in Frankreich und der Schweiz ging der Besuch der Zusammenkünfte nach 1925 drastisch zurück ... Ein Grund dafür war ohne Zweifel die Enttäuschung über das Datum, aber in manchen Fällen lag das Problem tiefer ... Trotz allem war die Zahl der Abtrünnigen relativ klein. Obwohl diese Prüfungen zu einer Sichtung führten und einige wie die Spreu waren, die vom Weizen getrennt und weggeblasen wird, blieben andere standhaft. [26]

---

23 Vgl. Twisselmann, Hans Jürgen: aaO., S. 110, und Rutherford, Joseph Franklin: Millionen jetzt Lebender werden nie sterben, 1920, S. 79ff.

24 Vgl. Jehovas Zeugen – Verkündiger des Königreiches Gottes, aaO., S. 76; vgl. auch Marten, D.: Was war Beth-Sharim?, in: Aus Christlicher Verantwortung, Nr. 3/94, S. 27f.

25 Vgl. Rogerson, Alan: aaO., S. 60.

26 Jehovas Zeugen – Verkündiger des Königreiches Gottes, aaO., S. 633.

Nach seiner Machtfestigung ging der „Richter" Rutherford daran, die Organisationsstrukturen der Wachtturm-Gesellschaft ebenfalls radikal umzubauen. Der Ton, den Rutherford gegenüber den „Ernsten Bibelforschern" anschlug, ist der Ton des „starken Mannes":

Glaubt ihr, daß der König der Herrlichkeit seine Herrschaft begonnen hat? Dann zurück in das Feld, o ihr Söhne des höchsten Gottes! Umgürtet euch mit eurer Waffenrüstung! Seid besonnen, seid wachsam, seid tätig, seid tapfer! Seid treue und glaubensstarke Zeugen für den Herrn! Geht vorwärts in dem Kampfe, bis jede Spur Babylons wüst und öde gemacht ist! Verkündet die Botschaft weit und breit! Die Welt muß wissen, daß Jehova Gott ist und daß Jesus Christus König der Könige und Herr der Herren ist! Dies ist der Tag aller Tage. Seht, der König regiert! Ihr seid seine öffentlichen Verkündiger. Deshalb verkündet, verkündet, verkündet den König und sein Königreich. [27]

Dieser Aufruf Rutherfords während eines Kongresses 1922 ist durchaus vergleichbar mit der Rede eines Feldherrn an seine Soldaten. Der Aufruf macht etwas von der Stimmung deutlich, die Rutherford auf die Wachtturm-Gesellschaft übertragen wollte. Rutherford formte aus einer lockeren Organisation von örtlichen Versammlungen ein einheitliches und zentral gesteuertes System. Vor allen Dingen erteilte er von der Zentrale aus klare Anweisungen an die Mitarbeiter in der Wachtturm-Gesellschaft vor Ort. Rutherfords Pläne zielten auf eine Expansion nicht nur in den Vereinigten Staaten, sondern auch in Europa. Er war sich vor allem bewußt, daß zu einer solchen Expansion eine klare Profilierung seiner Organisation gegenüber Gruppen mit einem ähnlichen Endzeitglauben notwendig war. Alle Bemühungen Rutherfords lassen sich deshalb auch in Richtung einer solchen Profilierung verstehen.

Rutherfords Profilierungszwang

Rutherford führte gegenüber seinem Vorgänger eine entscheidende Änderung der Auffassung der Endzeitschlacht von Harmagedon ein: Russell verhieß noch Hoffnung für jeden. Für Rutherford aber gab es eine „himmlische Klasse der Gesalbten" und eine „irdische Klasse der anderen Schafe". Alle anderen, die nicht der Organisation zugerechnet wurden, sollten nach den Auffassungen Rutherfords in Harmagedon elendiglich umkommen. In den dreißiger Jahren wuchs die Anzahl der Anhänger der „Ernsten Bibelforscher" so stark an, daß die Zahl der 144.000 Gesalbten

---

27 Zit. nach: ebd., S. 72.

VERKÜNDIGERDIENSTKARTE

Name:

Adresse:

Telefon: Geburtsdatum:

Datum der Taufe: Gesalbter oder „anderes Schaf":   ☐ Ältester   ☐ D.-Geh.   ☐ Allgemeiner Pionier

19	BÜCHER	BROSCH.	STUNDEN	ABOS	ZEITSCHR.	RÜCK-BES.	BIBEL-STUDIEN	BEMERKUNGEN
SEPT.								
OKT.								
NOV.								
DEZ.								
JAN.								
FEBR.								
MÄRZ								
APRIL								
MAI								
JUNI								
JULI								
AUG.								
INSG.								

S-21-X   6.72   Printed in Germany

DER KLEINE, ABER ENTSCHEIDENDE UNTERSCHIED: GESALBTE ODER ANDERES SCHAF.

der Johannesapokalypse (Offb 14,1), für die sich die Bibelforscher hielten, erreicht wurde. Außerdem hatte man den Eindruck, daß die neu und in den letzten Jahren hinzugekommenen Bibelforscher zu wenig über die Bibel und endzeitliche Fragen Bescheid wüßten, als daß sie mit Christus im Himmel herrschen könnten. Folglich mußte man sich für die „große Volksmenge" ein anderes Heilsziel ausdenken. Sie mußten mit einem ewigen Leben auf einer paradiesischen Erde zufrieden sein. Die Trennung in „Gesalbte" und „andere Schafe", eine religiöse „Zweiklassengesellschaft", wird bei den Zeugen Jehovas bis auf den heutigen Tag aufrechterhalten. So muß dieser feine, aber entscheidende Unterschied auch auf der jeweiligen Verkündigerdienstkarte eingetragen werden.

Rutherfords Zweiklassengesellschaft

Da alle, die der Wachtturm-Gesellschaft nicht angehören, vernichtet werden, stellt das Leben in einem irdischen Paradies für die Zeugen Jehovas eine Belohnung dar. Rutherford setzte möglicherweise dieses religiöse Belohnungsdenken bewußt für seine organisationsstrategischen Ziele ein. Allerdings müssen die „anderen Schafe" nach der Schlacht von Harmagedon, die große Verwüstungen auf der Erde bringen wird, einiges an Aufbauarbeit für das irdische Paradies leisten. Rutherford kam auf die „große Volksmenge" durch die Johannesapokalypse (Offb 7,9-11):

Nach diesen Dingen sah ich, und siehe, eine große Volksmenge, die kein Mensch zählen konnte, aus allen Nationen und Stämmen und Völkern und Zungen stand vor dem Thron und vor dem Lamm, in weiße lange Gewänder gehüllt, und Palmzweige waren in ihren Händen. (Neue-Welt-Übersetzung)

Die „große Volksmenge" wird von Rutherford auch als die „anderen Schafen" bezeichnet. Auf diese Begrifflichkeit kam er durch die Auslegung von Johannes 10,16:

Und ich habe andere Schafe, die nicht aus dieser Hürde sind; auch diese muß ich bringen, und sie werden auf meine Stimme hören, und sie werden eine Herde werden [unter] einem Hirten. (Neue-Welt-Übersetzung)

Unter Präsident Russell war die Auslegung dieser Bibelstellen noch strittig. Der Streit ging darum, ob die „große Volksmenge" einen zweiten Rang im Himmel bezeichnete oder ob es sich um Menschen mit irdischen Hoffnungen handeln sollte. Rutherford hatte nun aus den genannten Gründen die zweite Annahme endgültig favorisiert. Aber selbst nach dem Text der Neue-Welt-Übersetzung wird für die „große Volksmenge" und die „anderen Schafe" keine ausschließlich „irdische Berufung" in einem weltlichen Paradies deutlich. Auch sie stehen vor dem Thron Gottes und bilden eine Herde unter Christus. Es kann also keine Rede von einer Zweiklassen-Gesellschaft sein.

Zwischen 1931 und 1935 wurde also die Zahl der „Gesalbten", die mit Christus im Himmel herrschen werden, erreicht, so daß alle Anhänger, die danach zur Wachtturm-Gesellschaft gestoßen sind, als „andere Schafe" zu gelten haben. Heute begegnet man, eben als Relikt dieser Einteilung durch Rutherford, in der Haus- und Straßenmission fast ausschließlich den sog. „anderen Schafen". Von den 144.000 „Gesalbten der himmlischen Klasse" leben die meisten nicht mehr. Weltweit werden bei den Zeugen Jehovas noch etwa 8.000 Personen als „Gesalbte" geführt, die auch als „Überrestmitglieder" bezeichnet werden.

Von den Gesalbten lebt nur noch ein „Überrest"

1931 brachte Rutherford die Profilierung seiner Organisation gegenüber den bisherigen „Ernsten Bibelforschern" auf den Punkt. Er gab ihr einen anderen Namen: Jehovah's Witnesses, Jehovas Zeugen. Eine solche Terminologie erwies sich insofern als günstig, als man damit in den Schriften biblische „Zeugen Gottes" als „Zeugen Jehovas" vereinnahmen konnte. Rutherford profilierte weitere lehrmäßige Inhalte der „Zeugen Jehovas". Die von Russell und seiner adventistischen Prägung festgelegte Einhaltung des Sabbats wurde abgeschafft. Die freundschaftlichen Beziehungen, die Russell zum Judentum pflegte, wurden revidiert. Anfänglich vertrat Rutherford eine ähnliche zionistische Ausrichtung wie die frühen Bibelforscher. Seit 1932 meinte er allerdings, daß das Volk Israel keine besondere Rolle mehr in der Heilsgeschichte spiele und genauso wie der Rest der Welt missioniert werden müsse. In seinem Buch „Rechtfertigung" schrieb Rutherford:

Das Großgeschäft und die anderen Zweige der Satansorganisation reihen nun die Juden Seite an Seite mit den Nationen und in dieselbe Kategorie wie die Nichtjuden ein. Bis dahin hat selbst das Volk Gottes [die Zeugen Jehovas / E.T.] die Tatsache übersehen, daß die Angelegenheiten des Volkes Gottes in Verbindung mit den Dingen auf der Erde von weit größerer Wichtigkeit sind als die Rehabilitation (Wiedereinsetzung der früheren Rechte) jenes kleinen Streifen Landes an der Ostküste des Mittelländischen Meeres. Gottes Volk hat den Juden mehr Aufmerksamkeit gewidmet, als sie in Wirklichkeit verdient haben. [28]

Offener Anti-judaismus

Seit dieser Lehränderung Rutherfords werden nun auch die Juden zur „falschen Religion" gezählt, die es zu bekämpfen gilt. In einer solchen Änderung der Auffassung war auch das Verhältnis der Zeugen Jehovas zum Nationalsozialismus und seinem Antisemitismus begründet. Die offizielle Geschichtsschreibung der Zeugen Jehovas spricht für die Zeit von 1933 bis 1945 von einem „vereinten Handeln angesichts der NS-Unterdrückung"

ERKENNUNGSDIENSTLICHES FOTO EINER ZEUGIN
JEHOVAS IM KZ-AUSCHWITZ, UM 1943
Archiv für Kunst und Geschichte, Berlin

und versucht ein glorifizierendes Licht auf die eigene Geschichte zu werfen. Es kann nicht bezweifelt werden, daß viele Zeugen Jehovas, genauer gesagt „andere Schafe", für ihre Überzeugungen im NS-Staat sehr gelitten haben und umgebracht worden sind. Einen drastischen Eindruck von den Qualen der Zeugen Jehovas kann man gewinnen, wenn man die Aufzeichnungen des Kommandanten von Auschwitz, Rudolf Höß, nachliest. [29] Die „Bibelforscher" waren in den Haushalten der KZ-Aufseher sehr begehrt, da man für sie keine Bewachung brauchte und sie ihre Arbeit willig verrichteten. Aus diesem Grund stände es der Wachtturm-Gesellschaft gut an, zur Kenntnis zu nehmen, daß auch Menschen aus Religionsgemeinschaften, die von ihnen als „falsche Religion" bezeichnet werden, ähnliche Quälereien auszustehen und auch Märtyrer in ihren Reihen hatten. Heute das eine Leiden gegen das andere auszuspielen entbehrt nicht eines gewissen Zynismus. Damit wird aber keinesfalls das Leiden in den eigenen Reihen aufgewertet.

Die Führung der Zeugen Jehovas, besonders ihr Präsident, stand nicht in der heute so dargestellten Eindeutigkeit zu den Grundsätzen der Gemeinschaft. Im April 1933 begannen die Nationalsozialisten massiv gegen die Zeugen Jehovas vorzugehen. Das Zweigbüro der Wachtturm-Gesellschaft in Magdeburg wurde beschlagnahmt, und die Zeugen Jehovas wurden in ganz Deutschland verboten. Joseph Franklin Rutherford und Nathan Homer Knorr, der spätere Nachfolger Rutherfords im Präsidentenamt, reisten nach Berlin und setzten eine „Erklärung" auf, die einem eilig einberufenen Kongreß von 5.000 Zeugen Jehovas vorgelegt und dann millionenfach verschickt wurde. Nach der Auffassung der Zeugen Jehovas sei diese „Erklärung" der Grund für die Verfolgung durch die Nazis gewesen. In Wirklichkeit stellen der Text und der Begleitbrief an den „Reichskanzler Adolf Hitler" eine Anbiederung an das Regime der Nationalsozialisten dar. In dem Abschnitt über „Juden" heißt es in diesem für die Wachtturm-Gesellschaft sehr kompromittierenden Dokument:

Anbiederung an die Nationalsozialisten

Es ist von unseren Feinden fälschlich behauptet worden, dass wir in unserer Tätigkeit von den Juden finanziell unterstützt werden. Das ist absolut unwahr, denn bis zur gegenwärtigen Stunde ist auch nicht das Geringste an Beiträgen oder finanzieller Unterstützung für unser Werk von Juden geleistet worden. Wir sind treue Nachfolger Jesu Christi und glauben an ihn als den Heiland der Welt. Die Juden dagegen verwerfen Jesus Christus völlig und

28 Rutherford, Joseph Franklin: Rechtfertigung. Bd. 1-3, Magdeburg 1931 bzw. 1932, S. 258.
29 Höß, Rudolf: Ich war Kommandant in Auschwitz, hrsg. v. Martin Broszat, München 13. Aufl. 1992, S. 117.

leugnen absolut, daß er der Welt Heiland ist, der von Gott zum Nutzen des Menschen gesandt wurde ...

Das Anglo-Amerikanische Weltreich ist die größte und bedrückendste Herrschaft auf Erden. Hiermit ist das Britische Weltreich, wovon die Vereinigten Staaten von Amerika einen Teil bilden, gemeint. Es sind die Handelsjuden des Britisch-Amerikanischen Weltreiches, die das Großgeschäft aufgebaut und benutzt haben als ein Mittel der Ausbeutung und der Bedrückung vieler Völker ... Dies ist in Amerika so offenbar, daß es in bezug auf die Stadt New York ein Sprichwort gibt, das heißt: „Den Juden gehört die Stadt, die irischen Katholiken beherrschen sie, und die Amerikaner müssen zahlen." ...

Nun, wo es scheint, dass Deutschland bald von Bedrückung befreit und das Volk in eine bessere Lage gebracht sein wird, bemüht sich Satan, der größte Feind, dieses gemeinnützige Unternehmen hierzulande zu vernichten. Man möchte uns gestatten, hier darauf aufmerksam zu machen, daß in Amerika, wo unsere Bücher geschrieben wurden, Katholiken als auch Juden sich miteinander verbunden haben in der Beschimpfung der nationalen Regierung in Deutschland und in dem Versuch, Deutschland zu boykottieren wegen der von der nationalsozialistischen Partei verkündigten Grundsätze. [30]

In dieser „Erklärung" wird die Strategie klar. Rutherford und die Wachtturm-Gesellschaft versuchten durch Denunziation anderer religiöser Gruppen die Nazioberen in ihrer Haltung gegenüber den Zeugen Jehovas umzustimmen und ihre eigene Haut zu retten. In der „Erklärung" wurde auch der Völkerbund verworfen und darauf verwiesen, daß die Grundsätze der deutschen Regierung mit denen der Wachtturm-Gesellschaft übereinstimmen, ja sogar durch Jehova Gott in Jesus Christus zur vollen Verwirklichung kämen. Von einem zündenden Aufruf zum Widerstand gegen die Unterdrückung des Hitlerregimes kann zu diesem Zeitpunkt keine Rede sein. Daß der Text der „Erklärung" einen solchen Kompromißcharakter hatte, wird in der späteren Geschichtsschreibung dem deutschen Zweigaufseher Paul Balzereit in die Schuhe geschoben. Er soll auch den Begleitbrief zur „Erklärung" an Hitler geschrieben haben. Dieser Brief enthält ebenfalls eine Kompromißlinie und deutliche Anbiederungsversuche an die Nazis:

30 Zit. nach: Penton, James M.: Die Geschichte eines versuchten Kompromisses: Jehovas Zeugen, Antisemitismus und das Dritte Reich (Übersetzung des englischen Textes), in: The Christian Quest, Vol. 3, No. 1, Spring 1990, S. 33-81.
31 Zit. nach: ebd., S. 74.

Sehr verehrter Herr Reichskanzler,

...

Das Brooklyner Präsidium der Watch Tower-Gesellschaft ist
und war seit jeher in hervorragendem Masse deutschfreund-
lich. In gleicher Weise hat sich das Präsidium unserer
Gesellschaft in den letzten Monaten nicht nur geweigert, an
der Greuelpropaganda gegen Deutschland teilzunehmen, sondern
hat sogar dagegen Stellung genommen, wie dies auch in der
beigefügten Erklärung unterstrichen wird durch den Hinweis,
daß die Kreise, welche die Greuelpropaganda in Amerika leite-
ten (Geschäftsjuden und Katholiken), dort auch die rigorose-
sten Verfolger der Arbeit unserer Gesellschaft und ihres
Präsidiums sind.
Weiter wurde auf dieser Konferenz der fünftausend Delegierten
... festgestellt, daß die Bibelforscher Deutschlands für die-
selben hohen ethischen Ziele und Ideale kämpfen, welche die
nationale Regierung des Deutschen Reiches bezüglich des
Verhältnisses des Menschen zu Gott proklamierte, nämlich:
Ehrlichkeit des Geschöpfes gegenüber dem Schöpfer!
Auf der Konferenz wurde festgestellt, daß in dem Verhältnis
der Bibelforscher zur nationalen Regierung des Deutschen
Reiches keinerlei Gegensätze vorliegen, sondern daß im
Gegenteil - bezüglich der rein religiösen, unpolitischen
Ziele und Bestrebungen der Bibelforscher - zu sagen ist, daß
diese in völliger Übereinstimmung mit den gleichlaufenden
Zielen der nationalen Regierung des Deutschen Reiches
sind. Wir sind fest überzeugt, daß wenn man uns religiös vor-
urteilslos erstens nur nach Gottes Wort und zweitens diesen
angeführten Programmpunkten nach beurteilt die nationale
Regierung Deutschlands keinerlei Ursache finden wird, unsere
Gottesdienste oder unsere Missionstätigkeit zu hindern.
In Erwartung einer baldigen gütigen Zusage, und mit der
Versicherung unserer allergrößten Hochachtung, sind wir,
sehr verehrter Herr Reichskanzler
ergebenst

WATCH TOWER BIBLE AND TRACT SOCIETY
MAGDEBURG [31]

Wie stark der Anteil von Balzereit an der sich anbiedernden Haltung gegenüber Hitler auch gewesen sein mag – historisch läßt sich das nur noch schwer aufklären –, die „Erklärung" erscheint jedenfalls 1934 im Jahrbuch der Zeugen Jehovas. Bei einer solchen Veröffentlichung handelte es sich sehr wohl um eine offizielle Stellungnahme des Präsidenten Rutherford und der Wachtturm-Gesellschaft, deren Verantwortlichkeit man nicht auf zweitrangige Zweigaufseher abschieben kann.

Die Nationalsozialisten und Hitler ließen sich von einem solchen devoten Verhalten der Wachtturm-Gesellschaft wenig beeindrucken. Die Zeugen Jehovas waren trotz gegenteiligen Bekundens internationalistisch eingestellt, hatten ein tolerantes Verhältnis zu anderen Rassen, lehnten jede weltliche Autorität als widergöttlich ab und bekannten sich offen zum Antimilitarismus. Die Nazis hatten sehr schnell erkannt, daß die Zeugen Jehovas aus diesen Gründen ihrer Ideologie widersprachen. Sie hatten auch erkannt, daß ein totalitäres System wie der Nationalsozialismus nur schwer einen anderen Totalitarismus wie die Wachtturm-Gesellschaft neben sich dulden konnte. So reagierten sie ab dem 27. Juni 1933 mit einer Welle der Verfolgung gegen die Zeugen Jehovas in ganz Deutschland. Erst jetzt reagierten Rutherford, die Wachtturm-Gesellschaft und das deutsche Zweigbüro mit einem kompromißlosen Widerstand gegen das Hitlerregime. Viele Zeugen Jehovas traten einen langen Leidensweg in die Konzentrationslager an und zahlten für ihre kompromißlose Haltung einen hohen Blutzoll.

Das Leid der Verfolgten kann nicht gegeneinander ausgespielt werden

Geradezu zynisch wirkt es heute, wenn die Wachtturm-Gesellschaft den Kirchen pauschal unterstellt, sie hätten mit den Nazis zusammengearbeitet. [32] Dieses Zeigen mit dem Finger auf andere religiöse Gemeinschaften ist eine heuchlerische Beschönigung der eigenen Geschichte. Diese Schuldverschiebungstaktik wurde durch den zweiten Präsidenten Rutherford eingeführt. Die Zeugen Jehovas waren nach Rutherfords Verständnis die einzig wahren Zeugen, während alle anderen nur Teil von „Babylon der Großen", der „Hure", der „falschen Religion" sein konnten. Ein solches Schwarz-Weiß-Schema führte unter seiner Präsidentschaft zur Idealisierung der Wachtturm-Gesellschaft, die der historischen Realität widerspricht. So wird bis heute verleugnet, daß Rutherford die Rassentrennung billigte, eine Haltung, die den ursprünglichen und heutigen Grundsätzen der Zeugen Jehovas zuwiderläuft. Rutherford war der „starke Mann", der aus den „Ernsten Bibelforschern" mit lockeren und ·diskussionsfreudigen Ver-

32 Vgl. Zeugen Jehovas – Verkündiger des Königreiches Gottes, aaO., S. 659f.

44

sammlungen die „Zeugen Jehovas" formte, mit einer zentralistisch und einheitlich gesteuerten Organisationsform. Wahrscheinlich sind auch die Vorstellungen Rutherfords in die Wandlung des Gottesbildes der Zeugen Jehovas mit eingeflossen. Oft wurde Jehova Gott, seit der „Richter" das Sagen hatte, mit einem Richterhammer dargestellt. Viele Methoden, wie zum Beispiel die Haus-zu-Haus-Mission, Nachbesuche bei „Menschen guten Willens", große Massen-Kongresse u.a. wurden von Rutherford eingeführt und werden heute auch noch so von den Zeugen Jehovas angewandt.

Am 8. Januar 1942, im Alter von 72 Jahren, starb Rutherford in dem Haus, das er für die Auferstehung und Wiederkehr der „Fürsten", der „gesetzlichen Vertreter der Neuen Ordnung", hatte bauen lassen. „Man *Erleichterung* kann sich des Eindrucks nicht ganz erwehren, daß viele aus der Umgebung *am Ende* Rutherfords etwas erleichtert waren, als er starb. Sie hatten seine ‚Strafpredigten' über sich ergehen lassen, und obwohl sie ihn respektierten – vielleicht sogar fürchteten –, liebten sie ihn nicht, während Pastor Russell von seinen Anhängern geliebt worden war. Das war vielleicht einer der Gründe, warum sein Tod so wenig Unruhe innerhalb der Organisation verursachte." [33]

Theokratische Predigtdienstschule

Der Wechsel an der Spitze ging nach dem Tod Rutherfords noch im Januar 1942 in aller Stille vor sich. Ohne daß ein Machtkampf vorausging, wurde Nathan H(omer) Knorr, der seit dem 10. Juni 1940 der Vizepräsident der Watch Tower Bible and Tract Society war, zum Präsidenten aller Organisationen gewählt, die in irgendeiner Verbindung zu den Zeugen Jehovas standen. Der Anwalt der Gesellschaft, der 30jährige Hayden C. Covington, wurde zum Vizepräsidenten bestimmt. Covington schied 1945 aus dem Vorstand aus; an seine Stelle trat einer der engsten Berater sowohl Rutherfords als auch Knorrs, Frederick W. Franz. Eine weitere wichtige Person im Umfeld Knorrs war sein persönlicher Sekretär, Milton Henschel. Franz besaß die zum Bibelstudium notwendigen Sprachkenntnisse, während Henschel die ausgedehnten Auslandsreisen Knorrs vorbereitete. Die Machtfülle des Präsidenten wurde nicht angetastet.

Nathan H. Knorr, am 23. April 1905 in Bethlehem/Pennsylvania geboren, hatte, bevor er zum Präsidenten gewählt wurde, schon eine rasante

---

33 Rogerson, Alan: aaO., S. 81.

Knorr:
Organisation
ist alles

Karriere in der Organisation hinter sich. Mit 16 Jahren kam er zu den Bibelforschern, mit 18 Jahren ließ er sich nach einer Ansprache von Frederik W. Franz taufen. Seit 1923 gehörte er der Brooklyner Bethelfamilie an und wurde dort Chef der Druckerei. Knorr galt allgemein als „Organisationstalent". Schon 1934 war er im Vorstand der späteren „Watchtower Bible and Tract Society of New York, Inc." und ein Jahr später deren Vizepräsident. Im ersten Jahr des neuen Präsidenten der Zeugen Jehovas herrschte noch weltweit Krieg. Der Wachtturm vom 1. Februar 1942, der mit der Todesanzeige Rutherfords erschien, enthält denn auch, als Aufruf an die Zeugen Jehovas, einen durchaus den militärischen Sprachspielen der Zeit angepaßten Text:

Möge der Vormarsch seines Bundesvolkes in seinem Dienste keinen Augenblick und durch nichts unterbrochen werden! [34]

Der neue Präsident gab an seine Organisation „Vorwärts-Signale". Die Zeugen Jehovas sollten sich ganz auf ihren Predigtdienst konzentrieren und diesen optimieren. Knorr verordnete seinen örtlichen Versammlungen eine noch intensivere Bindung an die Zentrale. „Diener für die Brüder" besuchten die Versammlungen alle sechs Monate und kontrollierten deren Arbeit. Präsident Knorr versuchte durch verschiedene Schulungsprojekte, eine Steigerung der Absatzzahlen der Wachtturm-Literatur zu erreichen. „Bruder" Knorr gab als eine seiner ersten Amtshandlungen die King-James-Bibel frei,

Optimierter
Predigtdienst

eine Bibelausgabe, die eine spezielle Konkordanz für die Zeugen Jehovas zur schnelleren Auffindung von Bibelstellen besaß. Selbst nach interner Einschätzung der Zeugen Jehovas begann mit Knorr „eine Zeit globaler Ausdehnung, und es begann eine Schulung auf biblischem und organisatorischem Gebiet in einem Ausmaß, wie es Jehovas Volk bis dahin noch nicht erlebt hatte." [35]

Der neue Präsident brachte seine Organisation auf Vordermann. Besonders die Verbesserung des „öffentlichen Sprechens" seiner Mitarbeiter lag ihm am Herzen. Knorr wußte, daß ein Großteil des öffentlichen Images der Zeugen Jehovas an ihrem Auftritt beim Haus-zu-Haus-Dienst hing. 1943 wurde ein Buch mit dem Titel „Kurs im Theokratischen Dienstamt" in die Versammlungen gegeben. Mit dem Kursmaterial sollten die rhetorischen Fähigkeiten der öffentlichen Redner der Zeugen Jehovas verbessert

---

34 Wachtturm vom 1. Februar 1942.
35 Jehovas Zeugen – Verkündiger des Königreiches Gottes, aaO., S. 94.

46

werden. Knorr begnügte sich aber nicht mit der Verteilung von Kurs- und Schulungsmaterial an die Versammlungen. 1942 ließ er eine Eliteschule gründen, in der junge Zeugen Jehovas eine intensive Schulung (20 Wochen) für ihren Missionsdienst im Ausland erhielten, die Gilead-Schule in South Lansing/New York. Der Name Gilead spielt an auf den biblischen Ort, wo Gott seine Schafe weidet (vgl. Mi 7,14; Jer 8,22 u.a.). Die erste Klasse der Gilead-Schule begann mit 100 „Schülern". Bis heute werden die Absolventen der Gilead-Schule in den Veröffentlichungen der Wachtturm-Gesellschaft mit einem Gruppenbild vorgestellt.

Durch eine rege Reisetätigkeit in den Nachkriegsjahren versuchte Präsident Knorr, die Zeugen Jehovas besonders in den vom Krieg betroffenen Ländern zu reorganisieren. Nathan H. Knorr organisierte die Wachtturm-Gesellschaft wie einen großen weltweiten Konzern. Er teilte sein Imperium in zehn Großzonen. Jeder Zone waren eine gewisse Anzahl von Zweigen mit ihren Zweigbüros zugeordnet. Bis kurz vor seinem Tod stieg die Zahl der Zweigbüros von anfänglich 25 auf 97. Die Aufsicht und Kontrolle dieser Konzernstruktur wurde mit „Zonenaufsehern" besetzt, die durch die höchstpersönliche Schulung Knorrs in direkter Abhängigkeit zum Präsidenten standen. In Brooklyn gab es zwar auch eine Leitende Körperschaft, die zunächst aus sieben Direktoren der Wachtturm-Gesellschaft bestand und erst später auf 18 Mitglieder erweitert wurde, aber Einfluß auf die Entscheidungen Knorrs hatte, außer Frederick W. Franz, aus diesem Gremium kaum jemand. Im Jahr 1945 kam als Fortführung der oben genannten Publikation das Buch „Theokratische Hilfe für

NATHAN HOMER KNORR (LI.):
ORGANISATION IST ALLES!
Jehovas Zeugen - Verkündiger
des Königreiches Gottes,
1986, S. 162

47

Oberstes
Schulungsziel:
rhetorische
Verbesserung

Königreichsverkündiger" heraus. Zweck des Buches war auch hier eine umfassende Schulung zur rhetorischen und eloquenten Optimierung der Zeugen Jehovas. Es enthält einschlägige Kapitel u.a. über „Das Halten einer Rede", „Sprachlichen Aufbau", „Beweisführung", „Biblische Hilfsmittel" und einen geschichtlichen Abriß aus der Sicht der Zeugen Jehovas. Knorr wollte, daß das rednerische Geschick seiner Missionare geschult würde:

> *Das gesprochene, auf wirksame Weise angewandte Wort ist kraftvoller als das gedruckte. Nichts Gedrucktes kann die Gefühle so in Bewegung bringen und den Menschen zu einer guten oder bösen Tat anregen, wie die menschliche Stimme, wenn sie ausdrucksvoll gebraucht wird ...*
>
> *Wenn das Herz des Redners mit Wärme den Zuhörern gegenüber erfüllt ist, so werden die Zuhörer darauf reagieren. Sie werden ihn willkommen heißen. Wenn er für sie Interesse hat, so werden sie seiner Botschaft mit Interesse lauschen. Wenn er ihnen gegenüber kalt ist, so werden sie seiner Botschaft gegenüber kalt sein. Seine Haltung ist ansteckend ...*
>
> *Voraussetzung des guten Sprechens ist: der Wunsch, mit vollen Händen den Reichtum der Erkenntnis und des Verständnisses der wunderbaren Vorsätze Jehovas darzureichen.* [36]

Knorr war klar: Nur wenn man die Gefühle der Menschen ansprach, wenn man ihre Herzen erreichte, dann würden die Zeugen Jehovas den Sprung von einer provinziellen Traktatproduktionsorganisation zu einem internationalen Religionskonzern schaffen. Die Gesprächstaktik der Heftchen verteilenden Zeugen Jehovas mußte verbessert werden, um das ehrgeizige Ziel zu erreichen.

So ist die auch heute noch wöchentlich in den Königreichssälen stattfindende Theokratische Predigtdienstschule eine Erfindung Nathan H. Knorrs, um auf die weltweite Ausdehnung mit einem Schulungsinstrument zu reagieren. Im Leitfaden für die Theokratische Predigdienstschule von 1971

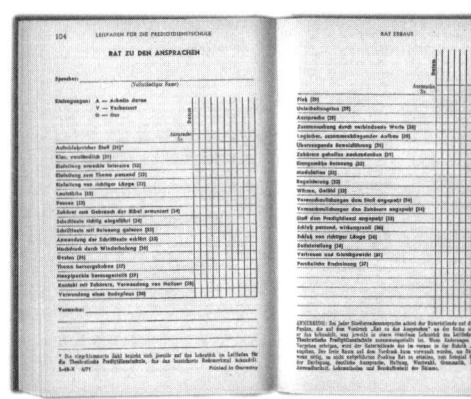

RAT ZU DEN ANSPRACHEN:
NOTEN FÜR GUTE RHETORIK
Leitfaden für die Theokratische
Predigtdienstschule, 1971, S. 104

48

DIE CHRONOLOGIE
DER WACHTTURM-
MACHT (V.L.):
KNORR, FRANZ,
HENSCHEL
Jehovas Zeugen –
Verkündiger des
Königreiches Gottes,
1986, S. 100

wird ein umfassendes rhetorisches Schulungsprogramm vorgelegt. Anhand bestimmter Merkmale der Ansprache wird der Zeuge Jehovas mit Hilfe eines Formblattes in seinen rhetorischen Fortschritten überprüft.

Sprach der Zeuge klar und verständlich? Hat er die Zuhörer zum Gebrauch der Bibel ermuntert? Wie waren seine Gesten, seine Anschaulichkeit, seine Modulation und Begeisterung? War seine Aussprache gut? War der Aufbau logisch, der Schluß passend? Wie stand es um seine persönliche Erscheinung? Kaum ein Bereich, der nicht in der Theokratischen Predigtdienstschule kontrolliert, geübt und verbessert werden soll. *Noten für die Ansprache*

Die Theokratische Predigtdienstschule, vom Präsidenten Knorr eingeführt, hat bis heute nichts von ihrer Wichtigkeit für die Schulung der Zeugen Jehovas eingebüßt. Im internen Mitteilungsorgan „Unser Königreichsdienst" vom Februar 1996 wird eigens auf die Theokratische Predigtdienstschule hingewiesen:

Im Jahre 1996 aus der Theokratischen Predigtdienstschule Nutzen ziehen – Teil 2

Kurz nachdem 1943 die Theokratische Predigtdienstschule eingeführt worden war, wurde aus einem der Zweige der Gesellschaft berichtet: „Durch diese hervorragende Einrichtung war es möglich, in kurzer Zeit aus vielen Brüdern, die nie gedacht hätten, daß sie je öffentlich sprechen könnten, gute Redner zu machen, die auch wirkungsvolleren Predigtdienst durchführten." Die Schule vermittelt weiterhin eine vorzügliche Ausbildung, die wir alle benötigen ...

Wir alle können aus der Theokratischen Predigtdienstschule Nutzen ziehen. Sie kann dazu beitragen, daß wir unsere Rede- und Lehrfähigkeit verbessern. Aus dieser Zusammenkunft vollen Nutzen zu ziehen hilft uns

---

36 Theokratische Hilfe für Königreichsverkündiger, New York 1945, Wiesbaden 1950, S. 40f.

bestimmt, unseren „Fortschritt allen Menschen offenbar werden" zu lassen (1. Tim 4:15). [37]

Durch eine solche intensive Mitarbeiterschulung kletterte die Anzahl der Königreichsverkündiger in den 50er Jahren weltweit auf fast eine halbe Million. Ein weiteres schlagkräftiges Instrument für den effizienten Missionsdienst an den Haustüren war die 1950 herausgebrachte eigene Bibelübersetzung der griechischen Schriften (= Neues Testament), die Neue-Welt-Übersetzung. Die Übersetzung setzt fälschlicherweise an 237 Stellen des Neuen Testaments den Gottesnamen „Jehova" ein, obwohl er vom griechischen Urtext nicht erwähnt wird. Durch eine solche Übersetzungsfälschung fühlten sich jedoch viele Zeugen Jehovas, die des Griechischen nicht mächtig waren, in ihren Anschauungen bestärkt: Der Name, den sie trugen, wurde anscheinend schon in der Bibel erwähnt, und sie waren die Zeugen dieses Namens.

Neue-Welt-Übersetzung und andere Missionsinstrumente

1946 kam die Zeitschrift „Erwachet!" auf den Markt. Sie ist zwar auch eine bibelerklärende Schrift wie der Wachtturm, aber insgesamt etwas stärker illustriert, unterhaltsamer und lockerer. Mit dieser Zeitschrift sollten neue Interessentengruppen erschlossen werden. In Erwachet! werden, nicht so streng wie im Wachtturm, die inhaltlichen Stoffe abgefragt. Unterhaltsam sollen allgemeine Lebensfragen dargeboten werden, gemischt mit biblischen Kreuzworträtseln, Naturseiten und Kampfartikeln gegen die Kirchen. Erwachet! hat auch den Sinn, den Zeugen Jehovas klar zu machen, daß sie eigentlich keine Information und Unterhaltung aus der Welt mehr benötigen. Die Wachtturm-Organisation gibt ihnen das alles schon.

„Wachstums-Gesellschaft"

Daß Präsident Knorr mit seinen Managementmaßnahmen, vor allem mit der Theokratischen Predigtdienstschule auf dem Erfolgsweg zur Expansion der Zeugen Jehovas war, belegen allein schon die angestiegenen Verkündigerzahlen am Ende der 60er Jahre. Weltweit gab es mittlerweile in 203 Ländern 1.221.504 getaufte Zeugen Jehovas. Mit Beginn der 70er Jahre kam eine deutliche Bewegung in die organisatorische Struktur der Wachtturm-Gesellschaft. Seit 1. Oktober 1972 wurden in den Versammlungen zusätzliche Kontrollinstanzen eingeführt. Gab es bisher nur einen Versammlungsdiener oder Aufseher, so wurde jetzt eine Körperschaft von Ältesten und eine Anzahl von Dienstamtsgehilfen eingesetzt. Damit sollte nach Knorr die Wirksamkeit der Versammlungen genauer angepaßt werden kön-

---

37 Unser Königreichsdienst, Februar 1996, Jg. 39, Nr. 2.

nen. Gegenüber solchen Veränderungen an der Basis konnte der Kopf der Leitzentrale in den USA nicht nachstehen. Auch in der Leitenden Körperschaft gab es im Laufe der 70er Jahre einigen Umbau, meist auf Druck der Gremiumsmitglieder und gegen den Widerstand von Präsident Knorr und Vizepräsident Franz. Schon 1971 wurde beschlossen, daß der Vorsitz in der Leitenden Körperschaft in alphabetischer Reihenfolge wechseln sollte.

Doch erst im Jahr 1975 griff die Umgestaltung der Leitenden Körperschaft wirklich. Bis zuletzt war Präsident Knorr gegen einen Organisationsumbau und die Abgabe von Teilen seiner Macht. Bei Frühstücksansprachen, die er damals vor Bethelmitarbeitern hielt, griff er die geplante Umstrukturierung aufs heftigste an. Im Herbst des Jahres 1975 aber stand der Präsident in seiner Organisation unter einem besonderen Druck: In die Präsidentschaft Knorrs fiel nämlich eine unselige Berechnung der Endzeitschlacht von Harmagedon für das Jahr 1975 (siehe S. 129ff.). Knorr war für diese Berechnung nicht verantwortlich. Wesentlich daran beteiligt war der spätere Präsident Frederik W. Franz. Viele Zeugen Jehovas verließen sich auf das Datum im Herbst 1975. Sie verkauften ihre Wohnungen und Häuser, heirateten nicht mehr, begannen keine Berufsausbildung mehr etc. Der Druck auf den Präsidenten war enorm. Heute wird diese Zeit, die viele Zeugen Jehovas in eine existentielle Krise stürzte und den Beginn einer großen Austrittswelle markierte, mit ziemlich kargen und lapidaren Worten abgetan:

Die Krise von 1975

Sag mal, was hat es eigentlich mit 1975 auf sich?

Die Zeugen Jehovas hatten lange geglaubt, die Tausendjahrherrschaft Christi werde auf 6000 Jahre Menschheitsgeschichte folgen. Aber wann würden 6000 Jahre der Existenz der Menschen enden? Das Buch „Ewiges Leben – in der Freiheit der Söhne Gottes", das 1966 auf dem Bezirkskongreß freigegeben wurde, wies auf 1975 hin. Schon auf dem Kongreß, als die Brüder das neue Buch durchblätterten, wurde viel über 1975 diskutiert ...

Dann sprach Bruder Franz die Fragen an, die aufgekommen waren, nämlich ob der Inhalt des neuen Buches darauf hinausliefe, daß 1975 Harmagedon vorbei wäre und Satan gebunden wäre. Er erklärte in etwa: „Es könnte sein. Aber wir sagen nichts. Bei Gott ist alles möglich. Aber wir sagen nichts. Und keiner von euch sollte etwas Definitives darüber sagen, was zwi-

schen der Gegenwart und 1975 geschehen wird. Doch der wichtige Gedanke bei alldem, liebe Brüder, ist der: Die Zeit ist kurz. Die Zeit läuft ab, darüber besteht kein Zweifel."

Viele Zeugen Jehovas handelten in den Jahren nach 1966 im Einklang mit dem Geist, der in diesem Rat zum Ausdruck kam. Allerdings wurden noch andere Erklärungen zum Thema veröffentlicht, und einige waren wahrscheinlich etwas zu definitiv ... [38]

So unspektakulär und erfolgreich die Präsidentschaft Nathan H. Knorrs begann, mit umso stärkerem Kampf und Widerspruch endete sie. Knorrs Macht wurde im Jahr 1975 demontiert. Sehenden Auges und mit unterschiedlichen Taktiken stemmte er sich gegen die Veränderung. Raymond Franz, ein ehemaliges Mitglied der Leitenden Körperschaft und der Neffe des späteren Präsidenten Frederick W. Franz, der mit Knorr persönlich zu tun hatte, kommt in seiner Beschreibung Knorrs zu folgendem Urteil:

In aller Fairneß gegenüber Nathan Knorr muß man wohl sagen, daß er ohne Zweifel die bis dahin geltenden Strukturen für richtig hielt. Er wußte, daß auch der Vizepräsident so dachte, auf den er sich als den in der Organisation geachtetsten Gelehrten in allen theologischen Fragen stützte. Knorr war im Grunde ein umgänglicher, oft warmherziger Mensch. Wenn er nicht gerade seine Präsidentenrolle spielte, war ich stets gern mit ihm zusammen. Diese Seite seiner Persönlichkeit war, wie oft in solchen Fällen, wegen seiner Position nicht allgemein sichtbar, und auf alles, was wie ein Übergriff auf seine Macht aussah, konnte er schnell und scharf reagieren (sicher weil er in dieser Funktion Gottes Willen auszuführen glaubte). Und so trat ihm lieber keiner zu nahe. Wenn man all das berücksichtigt, so kommen mir starke Zweifel, ob er für manche der harten Maßnahmen gestimmt hätte, die die Erben seiner Macht später verhängten. [39]

Umorganisation am Ende

Nathan H. Knorr überlebte den Umbau des Wachtturm-Konzerns nur kurze Zeit. Schon während seines Widerstandes gegen die Umorganisation hatte sich bei ihm ein bösartiger Hirntumor gebildet. Die Umorganisation der Leitenden Körperschaft trat am 1. Januar 1976 in Kraft. Knorr starb am 8. Juni 1977. Vieles, was die Zeugen Jehovas heute an Schulungswesen haben, geht auf den dritten Präsidenten zurück.

38 Jehovas Zeugen – Verkündiger des Königreiches Gottes, aaO., S. 104.
39 Franz, Raymond: Der Gewissenskonflikt. Menschen gehorchen oder Gott treu bleiben.
    Ein Zeuge Jehova berichtet, München 1988, S. 79.

Bauboom

Durch die Umstrukturierung in den letzten Jahren hatte das Präsidentenamt einiges von seiner Vormachtstellung eingebüßt. Die Leitende Körperschaft hatte mehr Einfluß bekommen und wählte auf Antrag von Milton Henschel als Präsident Frederick W(illiam) Franz. Wie eingeschränkt jedoch die Macht des Präsidenten geworden war, sieht man daran, daß Franz einen anderen Kandidaten für den Posten des Koordinators im Verlagswesen vorgesehen hatte, in dieser Frage aber von der Leitenden Körperschaft überstimmt wurde: Sie bestimmte Milton Henschel für diese Aufgabe. [40]

Franz: Ein „Studierter" an der Spitze

Der neue Präsident war ein studierter Geisteswissenschaftler. Frederick W. Franz, am 12. September 1893 in Covington/Kentucky geboren, war des biblischen Griechisch mächtig. Er hatte vor, bei den Presbyterianern Prediger zu werden. Angeblich soll ihn die Begeisterung für Russells Schriftstudien zu einem „Ernsten Bibelforscher" gemacht haben. 1913 ließ er sich taufen. Wie viele der Brüder vor ihm und nach ihm beendete Franz seine Ausbildung nicht, sondern verschrieb sich mit Haut und Haar, d.h. als „Pionier" der Organisation. 1920 kam er in die Zentrale nach Brooklyn. Franz übernahm das Amt im Juni 1977.

Franz hatte einen Großteil der Höhen und Tiefen der Wachtturm-Organisation miterlebt und sie zum Teil aktiv und verantwortlich mitgestaltet. Seit Mitte der 60er Jahre hatte er die Prognose für das Jahr 1975 zum Thema gemacht. Wie so oft stieg mit einer solchen Vorhersage der Endzeitschlacht von Harmagedon die Zahl der Getauften deutlich an. Waren es 1965 noch etwa 60.000 Getaufte pro Jahr, so schnellte die Zahl bis 1975 auf über 295.000 Getaufte hoch. Die Wahl von Frederick W. Franz erschien deshalb mehr als folgerichtig.

Raymond Franz, sein Neffe, weist in seinem Buch „Der Gewissenskonflikt" auf eine Einschätzung des Präsidenten durch ein Mitglied der Leitenden Körperschaft hin:

Karl Klein hatte Fred Franz in den Sitzungen der leitenden Körperschaft mehrfach als „das langjährige Orakel" der Organisation bezeichnet. Das sagte er zwar stets mit einem Lächeln, doch allein schon der wiederholte Gebrauch dieses Ausdrucks zeigte an, daß er das nicht im Scherz meinte. [41]

---

40 Vgl. ebd., S. 94.
41 Ebd., S. 89.

Wachtturm-Lehre auch für Kinder und Jugendliche

Franz übernahm, was den Literaturvertrieb der Wachtturm-Gesellschaft betraf, von seinem Vorgänger Knorr eine optimal ausgebaute Organisation. Er brauchte am Schulungssystem der Zeugen Jehovas nicht viel zu ändern, sondern nur hier und da etwas zu ergänzen, da die Expansion durch die Art und Weise, wie die Literatur der Zeugen Jehovas umgesetzt, gelernt und weiterverbreitet wurde, keine Wünsche offen ließ. Franz richtete während seiner Präsidentschaft seine Aufmerksamkeit auch auf die Versorgung der jüngeren Zeugen Jehovas mit Literatur. 1976 wurde „Mache deine Jugend zu einem Erfolg" und 1989 „Fragen junger Leute – Praktische Antworten" veröffentlicht. Auch für Kinder sollte eine frühzeitige Einweisung in die Gedanken- und vor allem Bilderwelt der Zeugen Jehovas gewährleistet sein. So erschien 1978 „Mein Buch mit biblischen Geschichten". Die verstärkte Produktion von neuerer Literatur, auch für jüngere Zeugen Jehovas, konnte aber nicht von einer tiefen inneren Krise der Wachtturm-Gesellschaft ablenken, die sich aus der Fehlprognose um das Jahr 1975 ergeben hatte. Ablesbar war diese Krise an den prozentual zurückgehenden Zeugen Jehovas im Haus-zu-Haus-Dienst. Gab es am Anfang der 70er Jahre noch Zuwachsraten der neu missionierenden Zeugen Jehovas von durchschnittlich über 8%, so stagnierte diese Zahl nach 1975 und kehrte sich ins Negative. [42]

In der geschichtlichen Selbstdarstellung der Zeugen Jehovas liest sich diese Zeit der Krise in den ersten Jahren der Präsidentschaft von Frederick W. Franz so:

Noch eine weitere Situation bedurfte der Aufmerksamkeit. In den Jahren bis 1980 versuchten einige, die sich über Jahre an der Tätigkeit der Zeugen Jehovas beteiligt und zum Teil in führenden Stellungen in der Organisation gedient hatten, auf verschiedene Weise Spaltungen zu verursachen und dem Werk der Zeugen Jehovas Widerstand zu leisten. Damit das Volk Jehovas gegen den Einfluß Abtrünniger gewappnet wäre, brachte Der Wachtturm Artikel wie „Bleibe ‚fest im Glauben'" (1. November 1980), „Das ‚unauffällige Einführen verderblicher Sekten'" (15. Dezember 1983) und „Widerstehe der Abtrünnigkeit, halte an der Wahrheit fest!" (1. Juli 1983), während in dem Buch „Dein Königreich komme" (1981) Nachdruck auf die Tatsache gelegt wurde, daß Gottes Königreich nahe ist, da es 1914 im Himmel aufgerichtet wurde. Die leitende Körperschaft ließ sich durch die Gegner nicht vom Hauptziel der Zeugen Jehovas ablenken – Gottes Königreich zu verkündigen! [43]

42 Vgl. ebd., S. 204.
43 Jehovas Zeugen – Verkündiger des Königreiches Gottes, aaO., S. 111.

Dieses harmlose Umschreiben der Vorgänge in den Jahren 1979/80 läßt nur schemenhaft erahnen, wie in der Wachtturm-Gesellschaft mit sogenannten „Abtrünnigen" umgegangen wurde. In vielen Abteilungen der Leitenden Körperschaft regte sich Widerstand gegen Franz und seinen Versuch, die Schuld für die nicht eingetretene Endzeitvorhersage auf die zu hohen Erwartungen und falschen Interpretationen der Zeugen Jehovas zu schieben. Zeugen Jehovas in führenden Positionen wollten keine Spaltungen in die Organisation tragen, sondern auf die Enttäuschungen und den Vertrauensschwund unter den Mitarbeitern durch die Falschprognose von 1975 hinweisen und den Schaden für die Wachtturm-Gesellschaft begrenzen. In den 80er Jahren kam es zu regelrechten Säuberungsaktionen bis in die höchsten Spitzen der Wachtturm-Gesellschaft.

Raymond Franz, ein Opfer dieser Kampagne gegen Abtrünnige, beschreibt seine Erfahrungen in dieser Zeit folgendermaßen:

Säuberungsaktionen in der Wachtturm-Gesellschaft

Ende 1979 war ich am Scheideweg angelangt. Fast 40 Jahre lang hatte ich hauptberuflich im Dienst der Organisation gestanden, sie von ganz unten bis ganz oben durchlaufen. Die letzten 15 Jahre war ich in der Weltzentrale tätig gewesen, darunter neun Jahre als Mitglied der Leitenden Körperschaft der Zeugen Jehovas weltweit.

Diese letzten neun Jahre waren die entscheidenden. In dieser Zeit holte die Realität meine Illusionen ein ...

Alle Veränderung in mir erwuchs aus der Einsicht, daß ich die Bibel aus einer total sektiererischen Sicht heraus gesehen hatte – wovor ich mich eigentlich geschützt geglaubt hatte. Als ich die Heilige Schrift für sich sprechen ließ, ohne daß alles erst durch den Trichter einer fehlbaren menschlichen Einrichtung als „Kanal" gegangen war, machte ich die Entdeckung, daß sie erheblich an Aussagekraft gewann ...

Obwohl die Mitarbeit in der Leitenden Körperschaft von Jahr zu Jahr schwieriger und belastender für mich wurde, besonders ab 1976, klammerte ich mich an die

FREDERICK WILLIAM FRANZ:
„DAS LANGJÄHRIGE ORAKEL"
Jehovas Zeugen - Verkündiger des
Königreiches Gottes, 1986, S. 264

Hoffnung, alles würde sich zum Guten wenden. Schließlich mußte ich aber einsehen, daß alle Anzeichen gegen diese Hoffnung sprachen ...

Bei uns hatte ich den Eindruck, daß die Funktion Jesu Christi als aktives Oberhaupt überschattet und vollständig verschüttet wurde durch das autoritäre Gehabe, das ständige Eigenlob und die dauernde Selbstanpreisung der Organisation.

Darüber hinaus sah ich auch den Wert und die Notwendigkeit des Lehrens ein. Doch ich konnte es nicht akzeptieren, daß man die Auslegungen der Organisation, gegründet auf schwankendes menschliches Denken, gleichrangig neben das stellte, was in Gottes unveränderlichem Wort selbst stand. Daß man den Traditionen so großes Gewicht beimaß, ja sogar das Wort Gottes verdrehte und zurechtstutzte, bis es zu diesen überkommenen Ansichten paßte, das hat mich seelisch stark belastet, genauso wie die Inkonsequenz im Handeln, die dazu führte, daß mit zweierlei Maß gemessen wurde. Was ich nicht akzeptieren konnte, war nicht die Lehre, sondern der Dogmatismus.

Ich habe meine Ansichten während meiner Tätigkeit in der Leitenden Körperschaft nach Kräften vertreten. Das hat von Anfang an zu Schwierigkeiten geführt und mir Feindschaft eingebracht. Es endete mit Ablehnung und der Ausstoßung. [44]

Das Buch von Raymond Franz bereitete der Wachtturm-Gesellschaft große Probleme. Erstmals wurde aus der Innensicht eines Mitglieds der Leitenden Körperschaft der Führungsstil, besonders der jeweiligen Präsidenten, in die Öffentlichkeit getragen. In einem Schreiben an die Ältestenschaften vom 25. Oktober 1990 wurde dazu aufgefordert, in den Versammlungen nach den Brüdern zu fahnden, die das Buch „Der Gewissenskonflikt" besitzen. Man solle die betreffenden Brüder vor der Gefahr der Abtrünnigkeit warnen und überhaupt in den Versammlungen auf die Gefährlichkeit der Literatur von Abgefallenen hinweisen. Auch solle darauf gedrungen werden, daß die entsprechende Literatur vernichtet würde. Das Zweigbüro in Deutschland bat sogar um die Vollzugsmeldung dieser Warnungen. Raymond Franz war nicht der einzige, der in den Jahren der Präsidentschaft seines Onkels Frederick W. Franz in große Gewissenskonflikte geriet. Meist endeten solche Konflikte mit dem Gemeinschaftsentzug für die betreffende Person.

Eine Hauptstrategie des Präsidenten Franz, aus einer solchen Führungskrise herauszukommen, war, die Organisation nicht nur mit ständiger neuer

---

44 Franz, Raymond: aaO., 215f.

Literaturfreigabe zu beschäftigen, sondern die Zeugen Jehovas durch ein gigantisches Bauprogramm von kritischen Infragestellungen abzulenken. Auf das „Drucken und Bauen" verstanden sich die Zeugen Jehovas, und darauf besann sich auch der Präsident in einer solchen Lage.

Literatur-produktion und Bauprogramm als „Beschäfti-gungstherapie"

Ein Buch, das besonders Außenstehende ob seiner reichlichen und dramatischen Bebilderung ansprechen sollte, wurde 1982 freigegeben: „Du kannst für immer im Paradies auf Erden leben". Angesichts der chaotischen Weltverhältnisse in den 80er Jahren, besonders des globalen Problems des Rüstungswettlaufs, versprachen die Zeugen Jehovas Unsterblichkeit im Überleben des Weltuntergangs mit anschließendem harmonischem Familienleben. Jeder, der ein wenig Interesse oder zumindest keine direkte Ablehnung gegenüber den Zeugen Jehovas signalisierte, bekam früher oder später dieses Buch überreicht. Bis heute erreichte das Buch die ungeheure Auflagenzahl von ca. 50 Millionen Exemplaren, für die natürlich bei der Wachtturm-Gesellschaft die entsprechenden „Spenden" eingegangen sind.

Ein weiteres bis heute wichtiges Buch unter der Präsidentschaft von Frederick W. Franz stellt das Buch zur Offenbarung des Johannes mit dem Titel „Die Offenbarung – Ihr großartiger Höhepunkt ist nahe!" dar. 1988 erschien es mit einer Startauflage von 3 Millionen Exemplaren, für die ebenfalls „Spenden" von den Zeugen Jehovas bezahlt wurden.

Ohne eine solche „Spendenfreudigkeit" für die Druckerzeugnisse wäre die andere Hauptbeschäftigung der Wachtturm-Gesellschaft nicht denkbar: die rege Bautätigkeit. Zum Bezahlen der Literatur kommt bei den Zeugen Jehovas auch noch die Bereitschaft hinzu, ihre Arbeitskraft für das Bauprogramm der Organisation zur Verfügung zu stellen. Franz konnte aus der Strategie „Drucken und Bauen" eine Stabilisierung seiner Stellung als Präsident ziehen. Geschaffene bauliche Tatsachen und rastlos beschäftigte Zeugen Jehovas verringern bei diesen die Bereitschaft zur kritischen Rückfrage an die Richtigkeit des eingeschlagenen Weges. Sie lassen auch Fehler aus der Vergangenheit vergessen.

Neue Einrichtungen, die das Wachstum erforderlich gemacht hat

Da das Wort Jehovas fortgesetzt schnell lief, wurden auf dem Gebiet des Bauens und Druckens äußerst erfreuliche Entwicklungen notwendig – Tätigkeitsbereiche unter der Aufsicht der leitenden Körperschaft und ihres Verlagskomitees.

Zeugen Jehovas mit Erfahrung im Bauwesen stellten sich freiwillig zur Verfügung, und die Arbeit wurde so koordiniert, daß sie weltweit bei der Errichtung von neuen und größeren Zweiggebäuden mithelfen konnten. Von 1976 bis 1992 [also der Zeit der Präsidentschaft von Frederick W. Franz / E.T.] wurde in rund 60 Ländern die Einrichtung völlig neuer Zweiggebäude in Angriff genommen. Daneben wurden in 30 Ländern Projekte zur Erweiterung bestehender Einrichtungen in Gang gesetzt. Die Art und Weise, wie die Arbeit getan wurde (mit Freiwilligen aus vielen Versammlungen – mitunter aus anderen Ländern), diente dazu, die Liebe und Einheit unter dem Volk Jehovas zu stärken. [45]

Königreichs-Baulogistik weltweit

Die Leitende Körperschaft entwickelte in ihrem Bauprogramm eine ausgeklügelte Logistik. Man errichtete mit eigenen Kräften und in Schnellbauweise Tausende von Königreichssälen. (Manchmal geschieht die Errichtung in geradezu atemberaubender Geschwindigkeit, weil die Zeugen Jehovas über ein Heer an unbezahlten Freiwilligen verfügen. Die Geschwindigkeit der Errichtung eines Königreichssaales wird von der Leitenden Körperschaft als ein Zeichen Jehovas gedeutet, der eben beschleunigt sein Missionswerk vorantreiben will. Die Brüder werden ideologisch auf die Arbeit eingestimmt und bringen deshalb auch die entsprechende Leistung. Der Einsatz im Baudienst wird eben als eine gottgefällige Arbeit propagiert.) Präsident Franz ließ die Arbeit in regionalen Baukomitees organisieren. Betrachtet man die in dieser Zeit errichteten Zweigbüros und Königreichssäle in Alaska, auf den Bahamas, Costa Rica, in der Dominikanischen Republik, El Salvador, Guadelupe, Haiti, Jamaika, Kananda, Leeward Islands, Mexiko ... (für jeden Buchstaben des Alphabets gäbe es mehrere Länder zu nennen, in denen die Zeugen Jehovas gebaut haben), dann kann man mit Fug und Recht behaupten, daß es sich bei der Wachtturm-Gesellschaft um einen multinationalen Baukonzern handelt. Bei jedem Bau sind die Zeugen

45 Jehovas Zeugen – Verkündiger
des Königreiches
Gottes, aaO., S. 114.

ZWEIGBÜRO SELTERS IM TAUNUS:
HAUS GOTTES UND LITERATURFABRIK
Fotos: Eckhard Türk,
Theo Rosenfeld

58

Jehovas fast überhaupt nicht auf externe Mitarbeiter oder Baufirmen ange-
wiesen. Von der Architektur bis zur Bauausführung wird alles in eigener
Regie erstellt. Es kommt auch zu einem regen internationalen Austausch
von Arbeitskräften. Zeugen Jehovas aus Trinidad helfen in Tobago aus,
Zeugen Jehovas in Labrador erhalten Unterstützung aus Kanada. Überall,
wo die Zeugen Jehovas bauen, tauchen in kurzer Zeit internationale
Arbeitstrupps auf. Die manchmal am Ort in Aussicht gestellte und erhoffte
Schaffung von Arbeitsplätzen erweist sich dann sehr schnell als unbegründet.

Ein treffendes Beispiel für den expansiven Bauboom des Präsidenten
Franz stellt das Zweigbüro in Deutschland dar. Seit 1902 gab es in
Elberfeld, Barmen, Magdeburg, (West-) Berlin und Wiesbaden Zweigbüros
der Wachtturm-Gesellschaft. Es waren jedoch kleine und kaum nennens-
werte Stützpunkte der Zeugen Jehovas. Erst mit dem Bauprogramm von
Präsident Franz kann man ab 1979, mit der Erstellung des ersten Bau-
abschnitts des Bethels der Wachtturm-Gesellschaft in Selters im Taunus, von *Zweigbüro*
einem wirklich großen Zweigbüro mit entsprechendem Druckzentrum *Selters*
sprechen. Das Zweigbüro Selters ist zentral gelegen, hat Autobahnanbin-
dung und spielt strategisch auch bei der Verbreitung der Zeugen-Literatur
nach Osten hin eine wichtige Rolle. 1984 zogen die Zeugen Jehovas mit
damals ca. 500 Mitarbeitern in den Gebäudekomplex in Selters „Am Stein-
fels" ein, der eine Nutzfläche von 14.000 qm aufwies. Nach der Vorstellung
des Präsidenten handelt es sich bei solchen Bethels um fast vollständig autar-
ke Einheiten. Sie müssen sich unter anderem auch deshalb selbst versorgen
können, da in der Schlacht von Harmagedon der Rest der Welt zerstört sein
wird. Der Komplex in Selters enthält alles, was im Umfeld einer Druckerei
benötigt wird, von der Fotosatzabteilung über die Rollenoffset-Druck-
anlage und die Buchbinderei bis zu den 30-Tonner-LKW's der Versand-
abteilung. Im Bethelheim, dem Wohnbereich der Zeugen Jehovas, befinden
sich alle lebensnotwendigen Einrichtungen: Bäckerei, Wäscherei, Friseur,

Küche, Krankenstation, Autowerkstatt, Königreichssaal ... In der Nähe des Bethels befindet sich der Wachtturm-Hof. Mit seinen Rindern, Schweinen, Legehennen und Gewächshäusern versorgt er die Zentrale mit den nötigen Lebensmitteln. Der Wachtturm-Hof verfügt auch über eine eigene Metzgerei. Ein weiterer Hof, auch auf dem Gebiet der Gemeinde Selters gelegen, sorgt für die Futterversorgung des Viehs im Wachtturm-Hof. Leben im Zweigbüro bedeutet für die Vollzeitdiener eine strikte Unterwerfung unter einen vollständig reglementierten Arbeitsablauf. Die 45-Stunden-Woche gehört zum Regelfall im Bethel. Der Lohn für die Arbeit ist allerdings nur ein spärliches Taschengeld, das kaum die laufenden Lebenshaltungskosten der einzelnen Zeugen Jehovas deckt. Viele sind auf Zuwendungen von außen angewiesen.

1990 wurden der Druckerei- und der Wohnbereich im sogenannten „Bethelerweiterungsbau" um fast 100% erweitert. Mittlerweile leben und arbeiten über 1000 Vollzeitdiener in Selters. Das deutsche Zweigbüro ist beispielhaft. In ähnlicher Form sind Zweigbüros in anderen Ländern im Rahmen des allgemeinen Bauprogramms des Präsidenten Franz aufgebaut worden. Sie funktionieren alle nach dem gleichen Prinzip: Druckerei plus Arbeiterwohnheim plus Landwirtschaft.

Frederick W. Franz wurde vielfach als eine charismatische Persönlichkeit eingeschätzt. Er war nach Rutherford der Präsident der Wachtturm-Gesellschaft mit dem größten Einfluß auf die Lehre. Schon unter Knorr hat er die Weichen dafür gestellt, was die Zeugen Jehovas heute sind. Mit seinem Bauprogramm hat Franz die Zukunft der Zeugen Jehovas auch materiell festgelegt.

Frederick W. Franz starb im Alter von 99 Jahren am 22. Dezember 1992. Sein hohes Alter wurde von vielen Zeugen Jehovas als ein besonderes Zeichen der Gunst Gottes gewertet. In der Bekanntgabe seines Todes im Wachtturm vom 15. März 1993, also drei Monate nach dem Tod des Präsidenten, heißt es:

Es ist insofern eine traurige Mitteilung, als sie vom Ende der irdischen Tätigkeit eines allseits beliebten und außergewöhnlich treuen Dieners Jehovas handelt. Doch es ist auch eine freudige Bekanntmachung, da auf unseren lieben Bruder Franz jetzt die Worte aus Offenbarung 14:13 zutreffen: „Glücklich sind die Toten, die von dieser Zeit an in Gemeinschaft mit dem

Herrn sterben. Ja, spricht der Geist, mögen sie ruhen von ihren mühevollen Arbeiten, denn die Dinge, die sie getan haben, gehen gleich mit ihnen." Bruder Franz war bescheiden und demütig, ein hart arbeitender und sehr produktiver Diener Jehovas, den Gott in großem Umfang gebrauchte, um als Mitglied des „treuen und verständigen Sklaven" mitzuhelfen, die „Hausknechte" und ihre Gefährten mit geistiger Speise zu versorgen (Matthäus 24:45-47). [46]

Was die Charakterisierung des Präsidenten betrifft, mag diese Todesanzeige in vielen Punkten richtig liegen, aber in einem irrt sie: Ein Großteil der Taten von Frederick W. Franz bleiben in der irdischen Realität sichtbar, da es sich dabei hauptsächlich um die Planung, die Errichtung und den Erwerb von Immobilien gehandelt hat.

Immobilien am Ende

Die Zeugen Jehovas haben mit manch anderen religiösen Gruppen einiges gemeinsam. Nach der Einschätzung von Raymond Franz unterscheidet sie aber ein einziger Schlüssellehrsatz, dessen zukünftige Brisanz auch der „Bibelgelehrte" Frederick W. Franz in der Zeit seiner Präsidentschaft nicht entschärft hat: Es sind dies die Lehren, die mit dem Jahr 1914 zusammenhängen als dem Jahr, in dem Christus seine Herrschaft antrat, sein Gericht begann und den offiziellen Mitteilungskanal erwählte. Die Lehre von der Generation von 1914, die nicht gestorben sein wird, bis Harmagedon gekommen ist (siehe S. 137ff.), läßt sich immer schwerer aufrechterhalten, weil bald niemand mehr von dieser Generation lebt. Diese Erblast hat Frederick W. Franz seinem Nachfolger hinterlassen.

Umstellung der Lehre

Während weltweit die Wirtschaft unter einer schleichenden Rezession litt, verzeichneten die Zeugen Jehovas in der Zeit nach dem Tod des Präsidenten Franz im Übergang zum neuen Präsidenten Milton G. Henschel einen Höhepunkt wirtschaftlicher Aktivität. 1992 wurden 1.024.910.434 Stunden für den Absatz der Wachtturm-Literatur aufgewendet.

Wenn man das Geschichtswerk der Zeugen Jehovas liest, das 1993 veröffentlicht wurde, dann erfährt man über den wenige Tage nach dem Tod von Franz eingesetzten neuen Präsidenten Henschel so gut wie nichts. Alle

---

46 Wachtturm vom 15. März 1993.

MILTON G. HENSCHEL:
VERWALTER DER ERBLAST
Jehovas Zeugen – Verkündiger des
Königreiches Gottes,
1986, S. 116

möglichen, auch hochrangigen Zeugen Jehovas werden mit ihren Verdiensten für die Wachtturm-Gesellschaft erwähnt und vorgestellt. Doch Milton G. Henschel taucht in diesem Reigen der verdienstvollen Männer nur beiläufig auf. Auf Seite 511 wird ein Bild gezeigt, auf dem er – offensichtlich auf einem Kongreß der Zeugen Jehovas in St. Petersburg (1992) – das Programm mit anderen Zeugen Jehovas bespricht. Dieses Bild gibt einen gewissen Aufschluß über die körperliche Größe des neuen Präsidenten. Gleichzeitig verrät es einen Aufgabenschwerpunkt des Präsidenten: die Missionierung in Osteuropa.

Henschel: Let's go East!

Mit besonders günstigen Ausgangsbedingungen kann die Wachtturm-Gesellschaft in Ostdeutschland rechnen. Sie stellt sich dort als die verfolgte Gemeinschaft der „wahren Christen" dar, während die Kirchen als angepaßt an den SED-Staat denunziert werden. Daß aber bei der „friedlichen Revolution" in den Jahren 1989/90 keinerlei Impuls von den Zeugen Jehovas ausging, wird dabei geflissentlich verschwiegen. Gerade Menschen, die den stabilen und orientierenden Halt der DDR vermissen, fühlen sich von dem Halt eines geschlossenen ideologischen Systems, wie es die Wachtturm-Gesellschaft bietet, angesprochen. [47] Die Wachttürme der Wachtturm-Gesellschaft sind allerdings nicht sichtbar und deshalb für die wenigsten durchschaubar.

Vergleicht man im Index desselben Buches die Einträge Henschels mit denen der anderen Präsidenten, so fallen seine Einträge geradezu dürftig aus. Über Henschel ist den Zeugen Jehovas also wenig bekannt. Ein solcher Befund ist symptomatisch für diesen Mann: Milton G. Henschel, am 9. August 1920 in Ponoma/New Jersey geboren, zur Zeit seiner Präsidentschaftsübernahme 72 Jahre alt, war in seiner gesamten Zeit als Zeuge Jehovas ein Mann im Hintergrund. [48] Raymond Franz beschreibt ihn in knappen Sätzen so:

---

47 Finke, Andreas: „... raus aus der FDJ, rein in die nächstbeste Sekte?", in: Materialdienst der EZW, 59. Jhrg., Stuttgart 4/96, S. 99f.
48 Vgl. Twisselmann, Hans Jürgen: aaO., S. 253f.

Milton Henschel, ein hochgewachsener und meist sehr ernst wirkender Mann, beteiligte sich selten an Diskussionen. Wenn er es aber tat, dann meist mit großer Bestimmtheit und Endgültigkeit. [49]

Er war der Sekretär Knorrs und hat wohl einige Kongresse (1953 Argentinien, 1963 Liberia, 1992 Rußland) der Zeugen Jehovas mit vorbereitet. Hauptsächlich zog er die Fäden bei den ausgedehnten Auslandsreisen von Präsident Knorr. Ende der 70er Jahre kam es in der Leitenden Körperschaft zu einer Abstimmung, ob diejenigen Zeugen Jehovas, die meinten, einen Zivildienst mit ihrem Gewissen vereinbaren zu können, als untreu und Abtrünnige zu gelten hätten. Milton Henschel sprach sich damals dafür aus. [50] Derselbe Milton Henschel läßt im Jahr 1996, zumindest in Deutschland, eine radikale Kehrtwendung in dieser Frage verkünden: Zeugen Jehovas dürfen jetzt ihren Zivildienst ableisten (vgl. S. 201ff.). Sicherlich ist diese Umstellung der Lehre im Zusammenhang mit den Bemühungen der Zeugen Jehovas in Deutschland zu sehen, als Körperschaft öffentlichen Rechtes anerkannt zu werden.

Raymond Franz charakterisiert das Abstimmungsverhalten an der Spitze der Zeugen Jehovas als allgemeines Mitläufertum. Henschel hatte auch hier seinen Anteil:

Wachtturm-Gesellschaft: eine Organisation der Mitläufer

Von den 14 Mitgliedern des Führungsgremiums haben Milton Henschel, Ted Jaracz und Lloyd Barry neben dem Präsidenten den größten Einfluß. Sind sie sich in einer Sache einig, dann schließen sich ihnen Carey Barber, Martin Pötzinger, Jack Barr und George Gangas fast immer an, ohne nachzudenken. Albert Schroeder und Karl Klein zeigen zwar etwas mehr Profil als diese vier, würden aber wohl meistens konform gehen. [51]

Milton G. Henschel ist der erste Präsident, der von Anfang an in einer Bibelforscherfamilie aufwuchs. Im Alter von 14 Jahren wurde er bei den Zeugen Jehovas getauft und stellte sich in den Dienst der „Bethelfamilie" in Brooklyn. Er war schon frühzeitig Mitglied der Leitenden Körperschaft und beaufsichtigte die vielen Druckereien der Wachtturm-Gesellschaft. Von einigen Kennern der Zeugen Jehovas wird Milton Henschel als ein Bewahrer des Status quo und als konservativer Pragmatiker eingeschätzt.[52] Wenn Milton Henschel mit einem ähnlich hohen Lebensalter gesegnet sein sollte

---

49 Franz, Raymond: aaO., S. 77.
50 Vgl. ebd., S. 104.
51 Ebd., S. 329.
52 Vgl. Twisselmann, Hans-Jürgen: aaO., S. 254.

wie sein Vorgänger, wird man von ihm eines mit Sicherheit sagen können: Er wird der letzte „Gesalbte" sein, der in der Wachtturm-Gesellschaft Präsident geworden ist. Die Klasse der 144.000 „Gesalbten" wird nämlich bis dahin ausgestorben sein. Es sei denn, Harmagedon kommt vorher. Aus solchen einfachen Sachverhalten, die sich aus der Lehre der Wachtturm-Gesellschaft ergeben, wird ersichtlich, daß gerade unter der Präsidentschaft Milton Henschels ein Veränderungsdruck auf die Zeugen Jehovas zukommt, der von ihm aufgenommen werden muß. Es handelt sich bei diesem Problem, wie die amerikanische Zeitschrift „Watchman Expositor"[53] titelte, um eine „Zeugen-Jehovas-Zeitbombe". Und das im wahrsten Sinn des Wortes.

„Zeitbombe":
Generation
von 1914

Das Jahr 1914 spielte von Anfang an in den berechneten Jahresdaten der Wachtturm-Gesellschaft eine wichtige Rolle (vgl. S. 133ff.). Es ist bekannt, daß die Zeugen Jehovas den Vers 34 aus dem 24. Kapitel des Matthäusevangeliums auf die Generation, die 1914 erlebte, angewendet haben:

Wahrlich, ich sage euch, daß diese Generation auf keinen Fall vergehen wird, bis alle diese Dinge geschehen. (Neue-Welt-Übersetzung)

Wenn man eine Generationsdauer von 70 oder 80 Jahren zugrunde legt, wird schnell klar, daß nach den Berechnungen der Zeugen Jehovas die Endzeitschlacht nun doch endgültig in den 90er Jahren kommen muß. Die Erblast der Lehre der Generation von 1914 wird zunehmend zu einer Belastung für die Leitende Körperschaft, da bald niemand mehr von dieser Generation leben wird. Die Wachtturm-Gesellschaft steht unter Zeitdruck. Will man sich nicht in eine argumentative Sackgasse manövrieren, muß das Ende verschoben werden, und dazu ist es notwendig, daß die Lehre von der Generation von 1914 revidiert wird.

Henschel wurde nach dem Ersten Weltkrieg geboren, kann also die Wichtigkeit der Lehre vom Jahr und der Generation von 1914 nicht mehr in dieser Deutlichkeit nachempfinden. Er hat diese Lehre immer schon als zum Anschauungsgebäude der Zeugen Jehovas dazugehörig erfahren. Die wirkliche Ursprungsmotivation der Lehre der Generation von 1914 kennt Henschel aus eigener Erfahrung nicht mehr. In der Geschichte der Zeugen Jehovas gab es schon mehrfach Zweifel an der Lehre von 1914. Aber bisher konnte sich keine Änderung oder Umdeutung durchsetzen.[54] Für Präsident Henschel drängt allerdings die Zeit. Deshalb wird es nur eine Frage der

53 Watchman Expositor, Vol. 12, No. 3, 1995.
54 Vgl. Franz, Raymond: aaO., S. 205f.

ideologischen Geschicklichkeit sein, wie er den Zeugen Jehovas die Umstellung der Lehre plausibel machen kann. Eine entscheidende Frage für die Präsidentschaft Henschels wird auch sein, wie er diese Umstellung der Lehre gerade auch den älteren Zeugen Jehovas vermittelt, die auf diese Lehre große Lebenshoffnungen gesetzt haben.

Tatsächlich gibt es vielfache Anzeichen einer solchen Umstellung der Lehre in den jüngsten Publikationen der Wachtturm-Gesellschaft: Ein entscheidendes Dokument in diesem Zusammenhang stellt der Wachtturm vom 1. November 1995 dar. Der geschickte Ansatzpunkt, der darin verbreitet wird, ist die Umdeutung des Generationsbegriffs. Jesus soll den Begriff „diese Generation" in einem weit umfassenderen Sinne, als die Zeugen Jehovas bisher glaubten, gebraucht haben. Auch anerkannte Wörterbücher würden den Generationsbegriff auf das Volksganze beziehen, und er sei nicht auf einzelne gerichtet. Der Wachtturm gibt die Jahreszahl 1914 nicht auf, erweitert aber den Begriff „Generation" so, daß mit ihm keine Berechnung mehr angestellt werden kann:

Der Generationsbegriff wird schwammig

Aus dem sehnlichen Wunsch heraus, das Ende des gegenwärtigen bösen Systems zu erleben, hat Jehovas Volk manchmal Vermutungen angestellt, wann die „große Drangsal" beginnen wird, und dies sogar mit Berechnungen über die Länge der Lebensspanne der Generation seit 1914 verbunden. Doch wir wollen „ein Herz der Weisheit einbringen", nicht dadurch, daß wir darüber spekulieren, wie viele Jahre oder Tage eine Generation dauert, sondern dadurch, daß wir uns Gedanken darüber machen, wie wir „unsere Tage zählen", das heißt Jehova freudig lobpreisen (Psalm 90:12). Der Begriff „Generation", wie Jesus ihn gebrauchte, liefert uns keinen Maßstab für das Messen der Zeit, sondern bezieht sich hauptsächlich auf die Zeitgenossen eines bestimmten geschichtlichen Zeitabschnitts mit ihren charakteristischen Merkmalen ...

Ja, der vollständige Triumph des messianischen Königreiches steht bevor! Hat man daher irgendeinen Nutzen davon, daß man in bezug auf Daten Erwartungen hegt oder daß man Spekulationen über die buchstäbliche Lebenszeit einer „Generation" anstellt? Auf gar keinen Fall! ...

Heute, wo sich die Prophezeiungen Jesu endgültig erfüllen, bezieht sich der Begriff „diese Generation" daher offensichtlich auf jene Erdbewohner, die zwar das Zeichen der Gegenwart Christi sehen, aber nicht von ihren verkehrten Wegen umkehren. [55]

---

55 Wachtturm vom 1. November 1995, S. 17-20, Abschnitt 6,7,12.

Diese Sätze verkennen einen eindeutigen Sachverhalt. Nicht das Volk Jehovas hat „Vermutungen" angestellt, sondern die Präsidenten und die Leitende Körperschaft hatten bisher das alleinige Recht dazu. Die Lehränderung wird also nicht notwendig, weil Zeugen Jehovas sich verspekuliert hätten, sondern der Kopf, die Spitze, der „treue und verständige Sklave" ist die Ursache dieser Fehlspekulation und der jetzt notwendigen Umstellung.

Der Artikel im Wachtturm hat insgesamt einen abwiegelnden Ton. Die Zeugen Jehovas werden aufgefordert, sich zu bescheiden; über den Zeitpunkt des Endes sei es nicht notwendig, etwas im voraus zu wissen. Worauf es nach der Meinung der Leitenden Körperschaft ankommt ist das aufopferungsvolle Arbeiten im „Werk Jehovas". Im Anschluß an diesen Wachtturm-Artikel wird ein querschnittsgelähmter Zeuge Jehovas vorgestellt, der trotz seiner Lähmung rastlos für die Wachtturm-Gesellschaft tätig ist und der alle Leser auffordert, ihre „geistigen Lähmungserscheinungen" zu überwinden. Der Wachtturm vom 1. November 1995 wurde so geschickt komponiert und zusammengestellt, daß man die Lehränderung bezüglich des Generationsbegriffs kaum bemerkt oder doch zumindest auf die „wirklich wichtigen Fragen" gelenkt werden soll.

Die Zeugen Jehovas nach der „Wende"

Die Kehrtwendung kann den Zeugen Jehovas nicht verborgen geblieben sein. Die spannende Frage der nächsten Zeit wird sein: Wie reagieren besonders die altgedienten Zeugen Jehovas auf ein solches Herumreißen des Steuers? Es scheint mir nicht übertrieben, wenn man gegenwärtig von einer allgemeinen Niedergeschlagenheit unter den alten Zeugen Jehovas spricht.

Die Strategie von Präsident Henschel liegt auf der Hand. Er versucht im Moment, die Verantwortung für die Misere in der Lehre an die Zeugen Jehovas weiterzureichen. Weil die Masse der Zeugen Jehovas etwas über die Dauer der Generation von 1914 wissen wollte, deshalb sei es überhaupt zu solchen Fehlannahmen gekommen. Dabei ist die Leitung in Brooklyn die einzige Instanz, die in der Wachtturm-Gesellschaft für Veröffentlichungen und Lehraussagen verantwortlich gemacht werden kann.

Ein aktiver Zeuge Jehovas, der anonym bleiben will, schreibt zu diesem Vorgang:

Eine andere Möglichkeit der Selbstentlastung besteht darin, alles als „neues Licht" anzupreisen. Dann ist letztlich der verantwortlich, der das „neue Licht"

*so spät gegeben hat, nämlich Gott! Ob wirklich niemand die Anmaßung spür-
bar wird, die in einer solchen Darstellung enthalten ist?* [56]

Weitere Indizien für eine grundlegende Umstellung der Lehre unter
Präsident Henschel lassen sich in anderen Publikationen finden. Da ist beispielsweise auf der Seite 4 von Erwachet! seit dem 8. November 1995 nicht
mehr zu lesen, daß eine neue Welt „noch zu Lebzeiten der Generation, die
die Ereignisse des Jahres 1914 erlebt hat", vom Schöpfer geschaffen werde.
Diese Passage ist ersetzt durch „binnen kurzem" (zum genauen Wortlaut
siehe S. 136). Mit solchen Formulierungen rettet sich die Wachtturm-Gesellschaft ins Vage und Schwammige und gibt gleichzeitig jahrzehntelange,
fest verteidigte Positionen auf. Auch in der Buch-Literatur ist die Lehre
über die Generation von 1914 aufgegeben. Mitte 1995 wurde das Buch
„Erkenntnis, die zu ewigem Leben führt" auf den Bezirkskongressen der
Zeugen Jehovas freigegeben. Dieses ganz in der Verantwortung Präsident
Henschels stehende Buch geht mit keinem Wort mehr auf die Generation
von 1914 ein. Endzeitaussagen bleiben im Erkenntnis-Buch so allgemein,
daß sie zu jeder Zeit Gültigkeit beanspruchen können.

Während sich unter älteren Zeugen Jehovas vermutlich vielfache Enttäuschungen breit machen werden, bleibt abzuwarten, wie die Jüngeren den
Wandel einschätzen. Da sie weniger in geschichtlichen Bezügen denken und
mit dieser aus der Anfangszeit stammenden Lehre kaum Erfahrung haben,
wird sie diese Veränderung vermutlich weniger berühren. Auf eine solche
Karte wird auch Milton Henschel setzten müssen: Zeit gewinnen und so
manches in Vergessenheit geraten lassen. Mit der Umstellung der Lehre in
zentralen Punkten versucht er, die Weichen zu stellen für den Fortbestand
der Wachtturm-Gesellschaft und der Zeugen Jehovas auch im nächsten
Jahrtausend.

*Verschobenes
Ende*

---

[56] Freund, E. (Name geändert): Das Ende – verschoben?, in: Aus Christlicher Verantwortung 4/95; 1/96,
Tübingen 3. u. 4. Jahrgang 1996, S. 5.

DIE ZENTRALE DER WACHTTURM-
GESELLSCHAFT IN BROOKLYN:
VON HIER AUS WIRD ALLES
ÜBERWACHT
Foto: Erwin J.Wodicka,
Bilderdienst Süddeutscher
Verlag

DIE ORGANISATION

Wachtturm-Gesellschaft

Am 14.12.1995 wurde vom Oberverwaltungsgericht Berlin (Aktenzeichen OVG 5 B 20.94) in der Verwaltungsstreitsache Zeugen Jehovas Deutschland gegen Senatsverwaltung für Kulturelle Angelegenheiten des Landes Berlin folgendes Urteil verkündet: Die Berufungen des Berliner Senats gegen das Urteil des Verwaltungsgerichts Berlin vom 25. Oktober 1993 werden zurückgewiesen.

Um was ging es damals? Zwei Sachverhalte waren streitig. Sind die Zeugen Jehovas nach der Wiedervereinigung „automatisch" nach § 2 Nr. 4 KirchStG DDR als Körperschaft öffentlichen Rechtes anzuerkennen? Kann den Zeugen Jehovas auf Antrag verweigert werden, als Körperschaft öffentlichen Rechtes anerkannt zu werden? Auf die erste Frage antwortete das Gericht mit „Nein": *Die Wachtturm-Gesellschaft vor Gericht*

Die Beteiligten gehen zu Recht davon aus, daß die Klägerin [Zeugen Jehovas / E.T.] die Rechtsstellung einer Körperschaft des öffentlichen Rechtes weder nach der genannten Verfassungsbestimmung noch durch die „Staatliche Anerkennung" seitens des Ministerrates der DDR im März 1990 erlangt hat.

Auf die zweite Frage antworteten die Richter im Sinne der Zeugen Jehovas positiv:

Die Klägerin [Zeugen Jehovas / E.T.] hat jedoch Anspruch darauf, daß der Beklagte [Senatsverwaltung / E.T.] ihr Körperschaftsrechte verleiht; denn sie erfüllt die gemäß Art. 140 GG 7 137 Abs. 5 Satz 2 WRV dafür erforderlichen Voraussetzungen. [57]

Noch ist nicht klar, ob der Entscheid umgesetzt wird. Der Berliner Senat ist

---

[57] Urteil des Oberverwaltungsgerichts Berlin vom 14. Dezember 1995, AZ: OVG 5 B 20.94 / VG 27 A 214.93.

erneut in die Revision gegangen. Eine Revision gegen diesen Entscheid wurde vom Oberverwaltungsgericht ausdrücklich zugelassen. Der Entscheid hätte zunächst nur Geltung für das Bundesland Berlin, wird aber von den Zeugen Jehovas wegen seiner Signalwirkung für ganz Deutschland begrüßt. Dem Gericht genügten wenige formale, vom Grundgesetz Art. 140 (137 Abs. 5 WRV) vorgegebene Kriterien für diese Entscheidung.

Die Religionsgesellschaften bleiben Körperschaften des öffentlichen Rechtes, soweit sie solche bisher waren. Anderen Religionsgesellschaften sind auf ihren Antrag gleiche Rechte zu gewähren, wenn sie durch ihre Verfassung und die Anzahl ihrer Mitglieder die Gewähr der Dauer bieten ... [58]

Die Richter verwiesen darauf, daß ihnen aus Gründen der staatlichen Neutralität eine inhaltliche Bewertung einer Religionsgemeinschaft nicht zukomme.

Hier kommt ein höchst paradoxer Vorgang zum Ausdruck. Die Zeugen Jehovas betrachten im Grunde jede Gesellschaft außerhalb der Wachtturm-Gesellschaft, auch den Staat, als von Satan geführt, als „Weltsystem dieser Dinge", das in der Endzeitschlacht radikal von Jehova Gott vernichtet wird. Aber eben von diesem Staat beantragt die Wachtturm-Gesellschaft eine öffentlich-rechtliche Anerkennung. Eine Anerkennung der Zeugen Jehovas als „öffentlich"-rechtliche Körperschaft würde voraussetzen, daß es sich bei den Zeugen Jehovas um eine Kraft handelt, die im Prozeß der Entfaltung und Gestaltwerdung des Gemeinwesens eine wichtige Rolle spielt. Insbesondere müßte diese Kraft im Prozeß der geistigen Auseinandersetzung über die Lebensfragen des Volkes eine Rolle spielen, die nicht hinweggedacht werden kann, ohne daß damit die Wirklichkeit des konkreten Gemeinwesens in seiner gesamtgesellschaftlichen Gestalt wesentlich verkürzt würde. [59] Von einer solchen Rolle und Einfügung der Zeugen Jehovas beim Prozeß der Entfaltung und Gestaltwerdung des Gemeinwesens kann beim besten Willen keine Rede sein. Im Gegenteil: Von sich aus rechnen die Zeugen mit einem baldigen Ende des Staates, d.h. für sie bildet das Gemeinwesen keinen Wert und keine „Gewähr der Dauer". Die Zeugen Jehovas werden das Ende dieses Staates nicht selbst herbeiführen, doch sie rechnen mit seinem baldigen Ende und sehnen es herbei. Was die „Anzahl ihrer Mitglieder" betrifft, so ist der Großteil der Menschen, die sich bei den

Staatliche Anerkennung von einem Staat, der bald vernichtet wird

---

58 Grundgesetz Art. 140/ Art. 137, Abs. 5 Weimarer Reichsverfassung (WRV).
59 Vgl. Hollerbach, Alexander: Grundlagen des Staatskirchenrechtes, in: Isensee, Josef / Kirchhof, Paul (Hrsg.): Handbuch des Staatsrechtes, Bd. 6, Heidelberg 1989, S. 540, Randziff. 129.

Zeugen Jehovas engagieren, kein Mitglied in einem formalen Sinn. Man müßte korrekterweise von Anhängern der Wachtturm-Gesellschaft sprechen.

Die Anerkennung als Körperschaft öffentlichen Rechtes spricht den Zeugen Jehovas Rechte zu, die sie weder erfüllen können noch wollen – von den daraus entstehenden Pflichten ganz zu schweigen. Die Verleihung von Körperschaftsrechten bringt für die anerkannten Organisationen das Recht mit sich, im Militär- und Zivildienst ihre Mitglieder seelsorglich zu betreuen. Die Zeugen Jehovas verweigern den Militärdienst. Beim Zivildienst haben sie vor kurzem eine Lehränderung vollzogen. In beiden Bereichen werden die Zeugen Jehovas keine Seelsorge betreiben wollen. Sie setzen ihre Anhänger unter permanente Abnahmepflicht der Literaturerzeugnisse und damit unter permanenten Spendendruck. Sie sind deshalb nicht auf Kirchensteuern angewiesen, wozu sie durch den Entscheid jetzt das Recht hätten. Sie halten sich für die einzig wahre Religion, können und wollen sich deshalb sicherlich nicht in den Gesprächszusammenhang einer Stoffplandiskussion eines schulischen Religionsunterrichts begeben. Sie verweigern ihren Anhängern den Gang zur Wahl, wie sie überhaupt jeglicher politischer Betätigung entsagen. Aus diesen Gründen ist das Urteil höchst umstritten. Körperschaften öffentlichen Rechtes dienen öffentlichen Zwecken. So können und wollen die Zeugen Jehovas nicht, wie es von einer Körperschaft öffentlichen Rechtes zu verlangen wäre, bei der Ausgestaltung eines offenen und demokratischen Staatswesen auf dem Boden des Grundgesetzes mitwirken. Die Zeugen Jehovas werden immer dann scheinbar grundgesetztreu agieren und auf ihren Rechten bestehen, wenn es für ihre Interessen opportun erscheint. Immer dann, wenn die Pflichten, die sich aus dem Status der Körperschaft ergeben, eingeklagt werden, werden sie dies als die Wirkmacht Satans denunzieren. Auf Dauer kann kein Staat und keine Gesellschaft eine solche Doppelbödigkeit tolerieren. So darf gefragt werden:

Geht das Neutralitätsgebot wirklich so weit, daß sich das Gericht jeglicher Bewertungen enthalten muß, oder hätte die Kammer nicht vielmehr in den Schranken ihrer Neutralität die vorliegenden Schriften der Wachtturmgesellschaft, Aussagen von Betroffenen und ehemaligen Zeugen Jehovas sorgsam gewichten müssen? ... Hätte sie nicht mit Blick auf andere Urteile wie z.B. das Urteil des Bundesverfassungsgerichts vom 5.2.1991

Körperschafts-
rechte ohne Wert

(BVerfGe 2 BvR 263/86) genauer zwischen Behauptung bzw. Selbstverständnis der Gemeinschaft der Zeugen Jehovas und ihrem tatsächlichen geistigen Gehalt bzw. ihrem äußeren Erscheinungbild unterscheiden müssen? [60]

Toleranz, eine humane Tugend und verfassungsrechtlich verankert, kann nicht gegenüber Anschauungen gewahrt werden, die – wenn auch verdeckt und nur nach innen – Intoleranz propagieren. Letztlich würde sie sich sonst selbst ad absurdum führen.

Imagegewinn der Wachtturm-Gesellschaft

Der erhoffte Imagegewinn für die Wachtturm-Gesellschaft und die Zeugen Jehovas, die sich immer irgendwie benachteiligt fühlen, wird zwiespältig sein. Die Berliner Entscheidung hat auch Innenwirkung bei den Zeugen Jehovas. In der Butzbacher Zeitung wurde ein offener Brief an das Zweigbüro der Wachtturm-Gesellschaft veröffentlicht, der die Betroffenheit eines Zeugen Jehovas deutlich macht, der mit diesem Brief der Organisation den Rücken kehrte:

Die W.T. Bibel + Traktat Ges. e.V. hat ja vor dem Berliner Verwaltungsgericht die Anerkennung als „öffentlich-rechtliche Körperschaft" erstritten. Gleichgültig ob das Urteil rechtskräftig ist oder die Berliner Regierung in die Revision geht: Es ist Faktum, daß die W.T.Ges. die Gleichstellung mit den „beiden Kirchen" anstrebt. Die Gleichstellung mit dem, was die W.T. Ges. mehr als 100 Jahre lang als „Babylon, die Große" aus der Offenbarung des Johannes angeprangert hat! Und das, obwohl jede Mitgliedschaft, ja nur Mitarbeit jedes einzelnen „Zeugen Jehova" in Elternbeiräten, Sportvereinen, Gewerkschaften o.ä. streng abgelehnt wurde. Und auch weiter abgelehnt, ja verpönt wird ...

Umstrittene Anerkennung

Für mich ist das der Tropfen zuviel! Ich will hier nicht im einzelnen alle die Irrtümer, Fehlinterpretationen biblischer Texte, Irrlehren, Widersprüche, Schwenks aufzählen. Mir mißfällt schon lange das subtile Autoritätsverhalten, die Gesprächsunwilligkeit der W.T. Gesellschaft. Die Art wie die „Verkündiger" auf die Informationen der W.T.Ges. eingeschworen werden, bei gleichzeitiger – na, sagen wir – „Verteufelung" aller anderen Informationsquellen, das ist nicht nahe an, sondern wirklich „Gehirnwäsche"! Ich weiß, auch dabei habt Ihr – nein, die W.T.Ges., immer die passenden Bibelstellen zur Hand. In den vergangenen Jahren habe ich immer wieder versucht, sowohl mit der W.T.Ges. als auch mit den „Ältesten" diverser Versammlungen und auch mit Brüdern in eingehende Gespräche zu kommen – hinhalten, ablehnen, mauern

60 Materialdienst der Evangel. Zentralstelle für Weltanschauungsfragen, 2/1996, S. 54.
61 Eberhard H.: 42 Jahre Zeuge Jehova, in: Butzbacher Zeitung vom 18. Januar 1996.

und der Standpunkt: „Die Partei – oh, pardon! die W.T.Ges. hat immer recht!" ...

Darum erkläre ich meine Mitarbeit, oder wie man das sonst nennen könnte, bei der W.T.Ges. mit dem heutigen Datum für beendet. Austreten geht ja nicht und brauche ich nicht. Es gibt ja keine Mitglieder. [61]

Die Wachtturm-Gesellschaft ist intern eine völlig antidemokratisch, starr von oben nach unten durchhierarchisierte Organisation. Alle Entscheidungen und Maßgaben, die in Brooklyn vom Präsidenten oder der Leitenden Körperschaft gefällt werden, werden durch ein direktes Kontroll- und Befehlssystem von „Aufsehern" an die Basis der Königreichssäle weitergereicht.

DIE HIERARCHIE
DER WACHTTURM-
GESELLSCHAFT

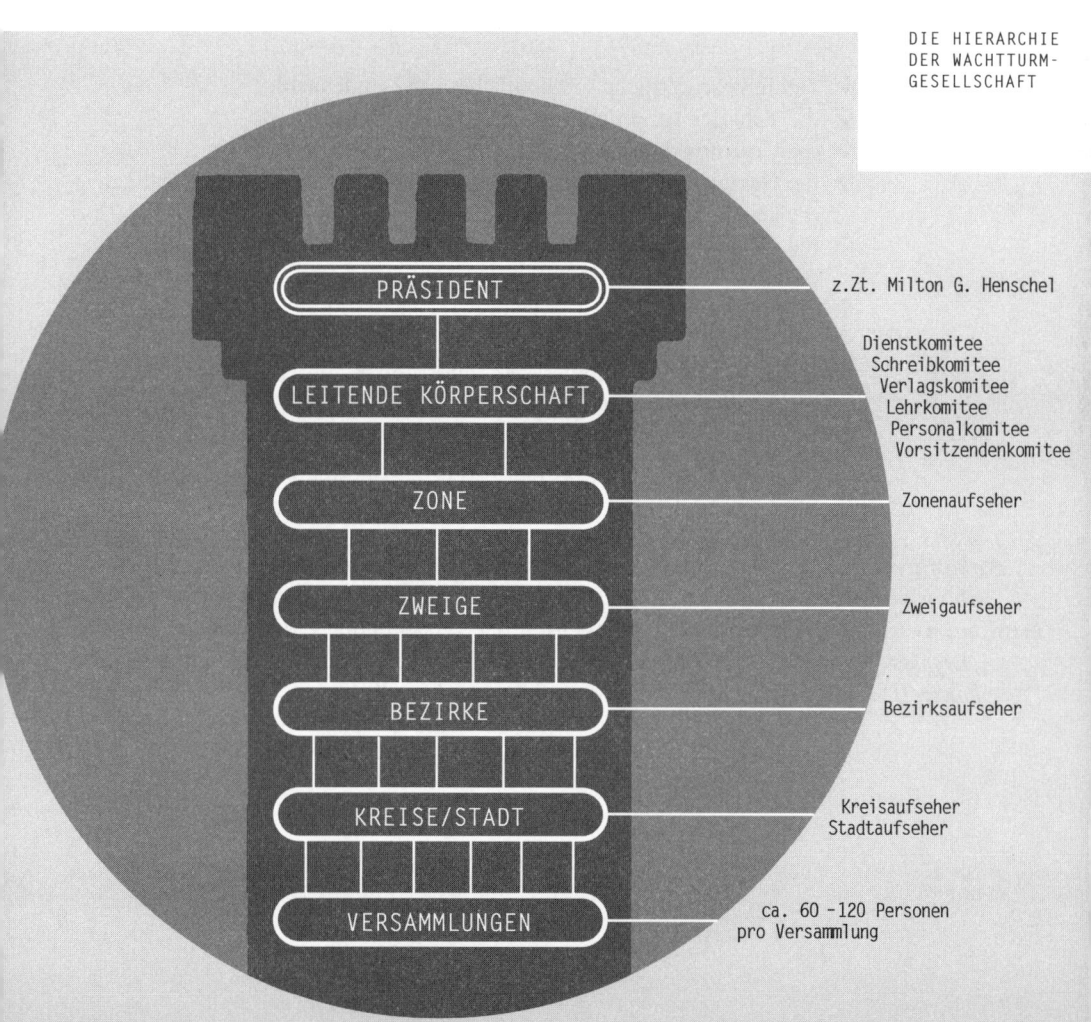

PRÄSIDENT — z.Zt. Milton G. Henschel

LEITENDE KÖRPERSCHAFT — Dienstkomitee / Schreibkomitee / Verlagskomitee / Lehrkomitee / Personalkomitee / Vorsitzendenkomitee

ZONE — Zonenaufseher

ZWEIGE — Zweigaufseher

BEZIRKE — Bezirksaufseher

KREISE/STADT — Kreisaufseher / Stadtaufseher

VERSAMMLUNGEN — ca. 60 –120 Personen pro Versammlung

Anhängerentwicklung

1945 zählten sich weltweit 141.606 Personen zu den Zeugen Jehovas, 1993 gab es insgesamt auf der Welt 4.483.900 Verkündiger, bis heute ist die Anzahl der Anhänger auf fast 5 Millionen gestiegen. Annähernd 300.000 Neugetaufte kommen jährlich dazu. Heute haben die Zeugen Jehovas in 212 Ländern der Erde ca. 70.000 Versammlungen.

Die Zeugen Jehovas zählen ihre Anhängerschar ständig. Während des Wachtturm-Studiums gehen unauffällig Dienstamtsgehilfen durch die Reihen und zählen die Anwesenden. Gleichzeitig versuchen sie mit bestimmten Formblättern die Leistungen des jeweiligen Anhängers zu erfassen. Jährlich geben der Dienstaufseher und der Sekretär einer Königreichs-Versammlung eine Versammlungsanalyse an das zuständige Zweigbüro. Eine solche Versammlungsanalyse gibt Auskunft über

- ❖ die durchschnittliche wöchentliche Anwesendenzahl,
- ❖ die Zahl der Versammlungsbuchstudien,
- ❖ die Gesamtverkündigerzahl,
- ❖ die Gesamtzahl der regelmäßigen Verkündiger (das sind Verkündiger, die keinen Monat Dienst versäumt haben),
- ❖ die Gesamtzahl der getauften Verkündiger (Untätige werden nicht mitgezählt),
- ❖ Hilfspioniere,
- ❖ neue Verkündiger,
- ❖ Untätige (ein Verkündiger, der sechs Monate hintereinander keinen Predigtdienst berichtet hat),
- ❖ Wiederbelebte (Untätige, die wieder anfingen zu berichten),
- ❖ die Zahl der Ältesten, die gegenwärtig dienen,
- ❖ die Zahl der Dienstamtsgehilfen.

Anhänger-
zahlen als
missionarische
Erfolgs-
kontrolle

Die Zahlen, die in dieser Versammlungsanalyse aufgeführt werden müssen, entstammen den „Berichten über den Besuch der Zusammenkünfte" und den „Verkündigerberichtskarten der Versammlung", die über das Jahr hin von den Ältesten angefertigt werden. Offiziell gezählt und berichtet werden nicht die Zahlen der „abtrünnig gewordenen" Zeugen Jehovas. Sie würden auch nicht in das Selbstbild von der ständig expandierenden Gemeinschaft passen. Und trotzdem gibt es sie. In der Mitte der 70er, besonders um das verpatzte Endzeitjahr 1975 herum stieg die Zahl in der Bundesrepublik auf fast 6.000 Abgänge im Jahr. In den 90er Jahren hat sich die Zahl bei etwa 3.000 Abgängen pro Jahr eingependelt. Laut einer Auflistung von K.-D. Pape[62] aus dem Jahr 1993 gab es zwischen 1971 und 1992 in Deutschland insgesamt über 65.000 Personen, die als ehemalige Zeugen Jehovas zu betrachten sind. Das ist mehr als ein Drittel der heutigen durchschnittlichen Verkündigerzahl.

Da die WTG [Wachtturm-Gesellschaft / E.T] die Zahl der Abgänge nicht veröffentlicht, wurden die Zahlen folgendermaßen errechnet: Zum Verkündigerdurchschnitt des Vorjahres wurden die Taufen des aktuellen Jahres hinzugerechnet, minus dem Verkündigerdurchschnitt des aktuellen Jahres, minus 1% Sterberate. Die Zahlen dürfen nicht als absolute Zahlen verstanden werden, erweisen sich aber, wenn man die Entwicklung der Zeugen Jehovas im ganzen Zusammenhang sieht, als richtig.[63]

Die Versammlungsanalyse legt großen Wert auf die Anfertigung und die Abgabe von sog. „Predigtdienstberichten". Im Grunde wird man zu den Zeugen Jehovas nur gezählt, wenn man „berichtet" hat. Wer nicht berichtet, ist „untätig", kann aber durch einen Bericht zu einem „Wiederbelebten" werden.

Laut Jahrbuch der Zeugen Jehovas gab es 1993 in Deutschland durchschnittlich 161.685 Verkündiger. 1992 waren es noch 158.461 gewesen, so daß die Zeugen Jehovas stolz einen Zuwachs von 2% verkündeten. 1995 stieg die Anzahl der Verkündiger, die in Deutschland unterwegs waren, noch einmal zeitweilig auf über 170.000. In Deutschland gibt es fast 2.000 Versammlungen, d.h. Königreichssäle vor Ort. Die Zeugen Jehovas haben in den neuen Bundesländern 257 Versammlungen. 1995 wurden 58 neue Königreichssäle gebaut, davon 15 in den neuen Bundesländern. Legt man die Stundenzahl der gesamten Tätigkeit (28.775.387 Std.) der Verkündiger zu Grunde, so kommt man auf eine durchschnittliche Aktivität des einzelnen Verkündigers von ca. 15 Std. pro Monat. Die Zahl der „Pioniere", das sind Personen, die ihre ganze Zeit dem Predigtdienst widmen, lag 1993 in Deutschland bei 11.047. Trotz einer solch hohen missionarischen Aktivität kam es nur zu 6.601 Taufen von Erwachsenen, die dadurch in den aktiven

Stagnation bei den Taufen

62 In: Aus Christlicher Verantwortung, 1. Jg., Nr. 2/93, S. 20.
63 Ebd., S. 20.

Verkündigungsdienst eingetreten sind. 1994 ging die Zahl der Taufen auf 5.682 Personen zurück und erreichte auch 1995 mit 6.018 Personen nicht mehr das Niveau von 1993. Die Zeugen Jehovas führen zu Hause bei interessierten Personen eine kostenloses Durchlesen der Wachtturmliteratur durch. Das Durchlesen und Abfragen des jeweiligen Stoffes wird als „Heimbibelstudium" bezeichnet. Solche „Heimbibelstudien" sind oft der zweite Schritt einer festen Einbindung in die Wachtturm-Ideologie. Für 1993 wurden 93.691 solcher Heimbibelstudien in Deutschland verzeichnet. Zum jährlich stattfindenden Gedächtnismahl der Zeugen Jehovas finden sich nicht nur die aktiven Verkündiger ein, sondern eine deutlich größere Zahl von Sympathisanten und Personen, die auf dem Weg sind, sich den Zeugen Jehovas anzuschließen. Von daher erklärt sich die hohe Zahl von 287.992 Gedächtnismahlanwesenden im Jahr 1993.

Finanzierung

Die Finanzierung der Wachtturm-Gesellschaft und der Zeugen Jehovas ist recht undurchsichtig. Bisher ist keine offizielle Bilanz des Finanzgebarens der Zeugen Jehovas zu erhalten, aus der Einnahmen und Ausgaben einigermaßen einsichtig zu machen wären. Die Antworten, die man auf die Frage der Finanzierung erhält, ist in der Literatur wie bei den einzelnen Zeugen Jehovas über die Jahre hin stereotyp: „Alles wird über Spenden finanziert."

WIE EINIGE FÜR DAS KÖNIGREICHSPREDIGTWERK SPENDEN

SPENDEN FÜR DAS KÖNIGREICHS-WERK: Viele legen Geld beiseite oder lanen eine bestimmte Summe ein, die ie in die Spendenkästen mit der Aufchrift „Freiwillige Spenden an die Gesellschaft zur Förderung des Königeichswerks" einwerfen (Matthäus 4:14). Die Versammlungen leiten diese penden monatlich an die Gesellschaft eiter.

SCHENKUNGEN: Gelder, die aus eiem Entschluß der Gesellschaft ge-

schenkt werden, können direkt an das Zweigbüro der Gesellschaft in dem Land, in dem der Spender wohnt, gesandt werden. Auch Eigentum, wie zum Beispiel Grundstücke, Schmuck oder andere Wertgegenstände, kann gespendet werden. Bei Spenden sollte immer ein kurzer Brief mitgesandt werden, in dem erklärt wird, daß es sich um eine Schenkung ohne Vorbehalt handelt.

BEDINGTE SCHENKUNGEN: Geld kann der Gesellschaft unter dem Vor-

behalt zur Verfügung gestellt werden, daß es im Fall des persönlichen Bedarfs dem Spender zu Lebzeiten zurückgezahlt wird.

VERSICHERUNGEN: Die Gesellschaft kann als Begünstigte einer Lebensver-

sicherung eingesetzt werden. In je Fall sollte die Gesellschaft davon richtet werden.

TESTAMENTE: Eigentum oder G kann der Gesellschaft durch ein re gültig ausgefertigtes Testament v werden. Eine Kopie des Testament sollte an die Gesellschaft gesandt werden.

Weitere Informationen und Hilfe in dieser Angelegenheit kann man halten, wenn man an das jeweilig Zweigbüro der Gesellschaft schrei Die Gesellschaft hat für Zahlungen auch vorgedruckte Überweisungsf lare für ihr Konto, die auf Anford zugesandt werden.

SPENDEN: IMMER FREIWILLIG?
Der Wachtturm, 1. Dezember 1995,
S. 30/31

1972 heißt es im Kapitel 8 des Buches „Organisation zum Predigen des Königreiches und zum Jüngermachen": *Spendable Anhänger*

Jehovas Zeugen sind sich der Tatsache bewußt, daß unter der Leitung der Watch Tower Society viel Arbeit zur Förderung des Predigens der guten Botschaft geleistet wird, sie wissen, daß dafür Geld erforderlich ist, und möchten einen Anteil daran haben, es zur Verfügung zu stellen. Es steht ihnen frei, freiwillige Spenden an das nächste Zweigbüro der Watch Tower Bible and Tract Society zu senden ... Die meisten eingehenden Spenden sind verhältnismäßig geringe Beträge, aber wenn sie zusammengezählt werden, machen sie genug aus, um das Werk in Gang zu halten (Luk. 21:1-4). Einige Zuwendungen stammen aus dem Nachlaß von Zeugen Jehovas, die ein entsprechendes Testament gemacht haben ... Über die Zweigbüros gehen Spenden von Einzelpersonen, Versammlungen und Kreisen ein. Diese Spenden werden geschätzt, und es wird dafür gedankt. [64]

Dieses gespendete Geld wird ausschließlich für das „Werk des Predigens und Jüngermachens" verwendet. So werden nach Angaben der Wachtturm-Gesellschaft davon Druckereien gebaut, Sonderpioniere, die als Kreis- und Bezirksaufseher ihren Dienst tun, mit „Nahrung und Obdach" versorgt und schließlich auch Königreichssäle gebaut. Auf die Frage, was mit Brüdern oder Schwestern geschehen soll, die wegen ihres Alters materieller Unterstützung bedürfen, heißt es lapidar und recht zynisch:

An vielen Orten sorgt der Staat für Bedürftige, wenn sie einen entsprechenden Antrag stellen. [65]

Wenn man den immobilen Besitz betrachtet, mit dem die Wachtturm-Gesellschaft in vielen Broschüren, sogar in einem Videofilm [66] stolz Imagewerbung betreibt, wird sehr schnell bewußt, daß hier mehr als nur zufällige Spendenaufkommen die Basis für diesen Reichtum darstellen. Besonders im Geschichtsbuch [67] der Zeugen Jehovas kann man die millionenschweren Zweigbüros von Alaska bis zu den Fidschi-Inseln, von Südafrika bis Papua-Neuguinea bewundern. Es müssen also andere Finanzierungsquellen und -möglichkeiten zur Verfügung stehen. In dem bereits genannten Buch „Organisation zum Predigen des Königreiches und zum Jüngermachen"

---

64 Organisation zum Predigen des Königreiches und zum Jüngermachen, Wiesbaden 1972, S. 150.
65 Ebd., S. 151.
66 Jehovas Zeugen – die Organisation, die hinter dem Namen steht, New York 1992.
67 Jehovas Zeugen – Verkünder des Königreiches Gottes, aaO., S. 352-401.

Literatur-produktion als Haupt-finanzierungs-quelle

wird der bis 1991 geltende reguläre Weg der Hauptfinanzierungsquelle der Wachtturm-Gesellschaft beschrieben. Dieser Weg soll hier zunächst mit Originalzitaten aus der Wachtturmliteratur nachgezeichnet werden, weil er im Prinzip auch heute noch den Hauptfinanzierungsweg der Zeugen Jehovas darstellt. Was und warum sich seit 1991 etwas daran geändert hat, wird anschließend skizziert.

Jede Versammlung empfängt und verbreitet Zeitschriften und andere Literatur als Mittel, die gute Botschaft überall bekanntzumachen. Dies macht den Umgang mit Geld nötig, aber dadurch werden weder Einzelpersonen noch die Versammlung bereichert.

Gewöhnlich wird einer der Dienstamtsgehilfen von der Ältestenschaft beauftragt, sich um den Zeitschriftenbestand der Versammlung zu kümmern. Diejenigen, die die Zeitschriften für das persönliche Studium oder aber zur Verbreitung haben möchten, sollten bei ihm eine Bestellung aufgeben, um von jeder Ausgabe eine bestimmte Anzahl zu erhalten. Eine Bestellung für die benötigte Gesamtzahl wird dem Zweigbüro auf einem Bestellschein für Verbreitungsexemplare unterbreitet. Es wird sehr geschätzt, wenn jeder, der Zeitschriften bestellt, sie auch nimmt. Die Versammlung erhält sie vom Zweigbüro auf Kredit, und es kommt darauf an, daß jeder seine Exemplare nimmt, damit es auf dem Konto nicht zu Rückständen kommt.

Wenn die Zeitschriften vom Zweigbüro eingehen, teilt der Bruder, der sich darum kümmert, demjenigen, der sich der Versammlungskonten annimmt, die Ausgabe und die Anzahl der empfangenen Zeitschriften mit, und dies wird mit der auf dem Etikett des Pakets angegebenen Gesamtzahl verglichen. Dann können die Zeitschriften an die Versammlung ausgegeben werden. Jeder sollte die Zeitschriften bezahlen, wenn er sie erhält ...

In den meisten Versammlungen wird nur einmal im Monat, und zwar zu Beginn des Monats, eine Bestellung an das Zweigbüro gesandt. Gewöhnlich gibt es die meiste vorrätige Literatur auf Kredit ...

Aus einem von der Versammlung geführten laufenden Lagerinventar geht hervor, was zu irgendeiner Zeit vorrätig ist. Außerdem sollte jedes Jahr am 1. September durch tatsächliche Zählung Inventur gemacht und ein Bericht an das Zweigbüro gesandt werden.

Jemand anderem, der dazu befähigt ist, vorzugsweise einem anderen Dienstamtsgehilfen als denen, die sich um den Zeitschriften- und sonstigen

Literaturbestand kümmern, wird von der Ältestenschaft die Verantwortung übertragen, sich um das zur Förderung des Königreichswerkes gespendete Geld sowie um Gelder zu kümmern, die die Versammlung in Verbindung mit Zeitschriften, sonstiger Literatur, Abonnements usw. verwaltet. Er sollte sorgfältige Aufzeichnungen über alles eingenommene und ausgegebene Geld führen. Die angewandte Buchführung wird ausführlich in Anweisungen beschrieben, die das Zweigbüro jeder Versammlung zukommen läßt.

Nach jeder Zusammenkunft wird aus dem Spendenkasten das darin befindliche Geld genommen. Mindestens einmal in der Woche geht auch Geld von den Brüdern ein, die sich um Zeitschriften und sonstige Literatur kümmern. Für all dieses eingenommene Geld werden Quittungen in doppelter Ausfertigung ausgestellt, und auf dem Kontenblatt werden passende Eintragungen gemacht. Das Geld für Zeitschriften und sonstige Literatur ist einmal im Monat an das Zweigbüro zu überweisen ...

Da das verwaltete Geld der Versammlung gehört oder deren Konten beim Zweigbüro betrifft, stellt derjenige, der die Konten führt, jeden Monat einen Finanzbericht zusammen, der der Versammlung vorgelesen wird. Auch sorgt der vorsitzführende Aufseher dafür, daß die Konten alle drei Monate geprüft werden. [68]

Geld, Geld, Geld ...

Die Wachtturm-Gesellschaft weiß also sehr genau, wieviel Geld sie einnimmt und wieviel sie ausgibt. Aus dieser ausführlichen und akribischen Anweisung für den Geldfluß in der Wachtturm-Gesellschaft kann man schon ersehen, daß es nicht bloß um Spenden, sondern in der Hauptsache um die Erträge aus der Literaturabgabe geht. Hier liegt die Haupteinnahmequelle.

Der in der Abbildung noch einmal schematisch dargestellte Weg galt so bis 1991 und gilt in seinen Hauptzügen auch noch heute. Seit 1991 bekom-

DIE MISSIONARE
BEZAHLEN IHRE
MISSION SELBST

ca. 1:6

DRUCKKOSTEN   GEWINN/SPENDEN

ZWEIGBÜRO
DRUCKEREI

LIEFERT
AUF KREDIT

BESTELLT
BEZAHLT

KÖNIGREICHS-
VERSAMMLUNG
VOR ORT

GIBT AB
KONTROLLIERT

SPENDET
= BEZAHLT

DER EINZELNE
ZEUGE JEHOVAS
(=ANDERES SCHAF)

VERSCHENKEN
LITERATUR

INTERESSIERTE

...ELLT KOSTENGÜNSTIG
LITERATUR
(...CHTTURM, ERWACHET,
BÜCHER...) HER

AN HAUSTÜREN,
IN FUSSGÄNGERZONEN,
BEIM HEIMBUCHSTUDIUM

men die an den Zeugen Jehovas Interessierten die Literaturerzeugnisse der Wachtturm-Gesellschaft geschenkt. Trotzdem macht die Wachtturm-Gesellschaft ihren finanziellen Schnitt.

Seit dem 1. Juli 1990 findet man offiziell keine Preisangaben mehr zu den Druckerzeugnissen der Wachtturm-Gesellschaft. Die Veröffentlichungen von der Zeitschrift Wachtturm bis zum Buch werden verschenkt, und es wird nur hier und da verschämt um eine Spende gebeten. Dieser Sinneswandel bei den Zeugen Jehovas ist nicht auf eine übergroße Nächstenliebe zurückzuführen. Der Hintergrund dieser Entwicklung ist, daß im Februar 1990 die Steuerbehörden die „Produktionsbetriebe" des Zweigbüros der Wachtturm-Gesellschaft in Selters im Taunus zur Kasse bitten wollten. Das Finanzamt Limburg hatte bis dahin die „Wachtturm Bibel- und Traktatgesellschaft e.V." mit den über 500 Mitarbeitern und Mitarbeiterinnen als gemeinnützig anerkannt und z.B. nicht der Gewerbesteuer unterzogen. Mit den Steuerbehörden wurde folgender Kompromiß ausgehandelt: Die Gemeinnützigkeit bleibt erhalten, aber bestimmte Bereiche des Geschäftsbetriebs der Wachtturm-Gesellschaft werden rückwirkend der Steuer unterzogen. [69] Als gemeinnützig anerkannter Idealverein zahlt die Wachtturm-Gesellschaft in Deutschland lediglich Umsatzsteuer mit einem geringen Steuersatz.

Für den Finanzierungsweg bleibt mit der Regelung, in Deutschland und einigen anderen Ländern keine Preise mehr anzugeben, alles beim alten. Durch das Verschenken der Literatur an Interessierte kann man sich nach außen hin als gemeinnützig darstellen und kommt intern ebenfalls zu entsprechenden Summen. Der Dumme in dieser Finanzierungskette ist allerdings der Zeuge Jehovas vor Ort. Während er bis 1991 vom Interessierten seinen ausgelegten Betrag zurückfordern konnte, so geht er heute, da er die Literatur verschenkt, leer aus. Das Literaturgeschenk an der Haustür ist kein Geschenk der Wachtturm-Gesellschaft, sondern der einzelne Zeuge Jehova hat es zuvor mit einem „Spendenbetrag" bei der Wachtturm-Gesellschaft bezahlt; es ist also ein Geschenk des einzelnen Zeugen Jehovas.

Die Basis zahlt

Die Bilanzen der Wachtturm-Gesellschaft sind geheim. Ab und zu werden Zahlen bekannt, die ein diffuses Licht auf die finanzielle Größendimension dieses „Literaturkonzerns" werfen: 1993 sollen laut Spiegel[70] die Zeugen Jehovas 84 Millionen Mark für ihre reisenden Vollzeit-Prediger ausgegeben haben. Trotz solcher Summen decken nach Auskunft der Wacht-

68 Organisation zum Predigen des Königreiches und zum Jüngermachen, aaO., S. 153.
69 Vgl. Christliche Verantwortung, Gera III./1991.
70 Der Spiegel 45/1994.

turm-Gesellschaft die Einnahmen aus dem Literaturverkauf nur die Druck-
und sonstige Unkosten. D. Marten schreibt in seinem Beitrag „Das Wirt-
schaftsunternehmen Wachtturm-, Bibel- und Traktatgesellschaft":

*Anhand von konkreten Zahlen muß dies zurückgewiesen werden. Inzwischen
wurden die Bilanzen des britischen Zweiges aus den Jahren 1983 bis 1987 veröffentlicht (!Precausion! Testigos de Jehova, Robin de Ruiter, Chihuahua
Mexico 1992, S. 435 bis 440). Durch die Auswertung dieser Bilanzen kann
gezeigt werden, daß das Verhältnis von Druckkosten zum Ertrag aus der
Literatur 1:6 ist. D.h., für eine eingesetzte D-Mark erwirtschaftet die WTG
[Wachtturm-Gesellschaft / E.T.] 6 D-Mark. In den Jahren 1983 bis 1987 hat
der britische Zweig 2,76 Mio. britische Pfund an Spenden eingenommen, aber
18 Mio. Pfund aus dem Verkauf von Büchern, Bibeln und Zeitschriften. Der
Ertrag aus dem Literaturverkauf liegt also 6,5 mal höher als die Spenden-
einnahmen. Die Ausgaben für die Druckkosten der Literatur lagen in dersel-
ben Zeit bei etwa 3. Mio. Pfund, bei einem Sechstel der Einnahmen! Bei ca. 15
Mio. Pfund liegt somit der Gewinn, der aus dem Literaturhandel in dieser
Zeit entsteht, plus 2,76 Mio. Pfund aus den Spenden. Davon werden noch 1,4
Mio. Pfund für die Verpflegung des Bethels in Großbritannien ausgegeben und
eine weitere Million für die Unterstützung der Missionare. Der Rest wird zum
größten Teil nach Brooklyn an das Hauptquartier als Lizenzgebühr für die
Literatur überwiesen. Das ist der eigentliche Trick, wie der Gewinn gefahrlos
in die Zentrale nach Brooklyn/New York gelangt. Das sind immerhin 10 Mio.
Pfund aus Großbritannien. 3,3 Mio. Pfund gehen in dieser Zeit an die
Internationale Bible Students Association, die Repräsentanzgesellschaft der
WTG. Auf dieselbe Weise gelangen die Einnahmen der anderen Zweigbüros
nach Brooklyn.*

Damit konnte aufgezeigt werden, daß die WTG ein Geschäfts-   **Risikoloser**
unternehmen ist, das risikolos und konjunkturunabhängig mit einem zukünf-   **Gewinn**
*tigen Gewinn genauestens rechnen kann. Denn welches Verlagsunternehmen
auf der Welt besitzt über 4 Mio. treue Kunden, die jede Publikation des
Verlages sofort kaufen – und nicht nur einmal.* [71]

Man kann hinzufügen, daß diese Bilanzzahlen nahtlos auf Deutschland, das
gegenüber Großbritannien noch etwa 40.000 Verkündiger mehr aufweisen
kann, übertragen werden können. Dieser Gewinn ist nur möglich, weil die

---

71 Aus Christlicher Verantwortung, Tübingen 1. Jg., Nr. 1/93, S. 13-18.

„anderen Schafe" vor Ort sich die vermeintliche „Wahrheit", die ihnen in den Druckerzeugnissen der Wachtturm-Gesellschaft „dargeboten" wird, etwas kosten lassen. Vor allem aber ist der Gewinn möglich, weil sich Tausende von Zeugen Jehovas bereitfinden, sich in den Druckereien der Wachtturm-Gesellschaft zu denkbar schlechtesten Konditionen ausbeuten zu lassen, indem sie dem „Konzern" zur kostengünstigen Herstellung der Literatur ihre Dienste anbieten. [72] Aus einem Gespräch mit einem jungen Zeugen Jehovas, der mich durch das Zweigbüro der Wachtturm-Gesellschaft in Selters i. Ts. führte, weiß ich, daß die meisten „Betheldiener" mit weniger als 200 DM im Monat als Taschengeld auskommen müssen. Er selbst mußte davon noch seine eigene Krankenversicherung bezahlen. Die Mitarbeiter in den Zweigbüros werden von der Wachtturm-Gesellschaft weder rentenversichert noch gegen Arbeitslosigkeit. Sie haben allerdings bei einem Ausstieg aus der Wachtturm-Gesellschaft das Recht auf eine nachträgliche Einzahlung der Beiträge. Bei einer solch kritiklosen Bereitschaft der Anhängerschaft fällt es nicht schwer, die oben gezeigten Gewinne einzufahren. Was allerdings an diesem Finanzierungssystem gemeinnützig sein soll, vermag ich nicht nachzuvollziehen.

Kostengünstige Mitarbeiter

Die Auslassungen der Wachtturm-Gesellschaft zur Frage ihrer Finanzierung sind über die Jahre hin stereotyp. Auch die neueren Äußerungen unterscheiden sich nicht wesentlich von dem, was man auch schon früher, z.B. in der oben zitierten Schrift gesagt hat. Hinsichtlich der scheinbar im

72 Vgl. Der Spiegel, 45/1994.

kritischen Sinn aufgeworfene Frage: „Wird an der Literatur verdient?",
drückt sich die Wachtturm-Gesellschaft um eine klare und unmißverständliche Antwort. Wortreich wird immer wieder betont, daß alle Aktivitäten der
Literaturabgabe nicht darauf ausgerichtet sind, „Gewinne zu erzielen", „die
Bibelforscher nicht auf finanziellen Gewinn aus" sind, und die Beiträge, die
erhoben werden, nicht dazu dienen, daß „sich die Organisation der Zeugen
Jehovas bereichert". [73] Dies sind jedoch nur klangvolle Absichtserklärungen,
ohne daß klar würde, ob denn nun die Wachtturm-Gesellschaft, nicht der
einzelne Zeuge Jehovas, finanzielle Gewinne gemacht hat oder nicht. Aus
den Äußerungen darf man schließen, daß Gewinn erzielt wurde, obwohl
man nicht die Absicht dazu hatte. Das letztere zu glauben fällt allerdings
schwer.

Die Finanzierung der Wachtturm-Organisation geschieht aber noch auf
eine andere Art und Weise. Es ist die unentgeltliche Arbeitsleistung, die
Tausende von Zeugen Jehovas für den Wachtturm-Konzern weltweit
erbringen. Eine solche unentgeltliche Arbeitsleistung kann vom „Pionier-
dienst" bis zum „theokratischen Bauprogramm" reichen. Die Zeugen Jehovas sehen darin einen Ausdruck ihrer Dankbarkeit gegenüber Jehova Gott
und merken nicht, wie sie durch subtilen Druck der Wachtturm-Gesellschaft
zu dieser Dankbarkeit gedrängt werden.

*Eine Möglichkeit, sich gegenüber Jehova auf eindeutige Weise als dankbar zu
erweisen, ist der Vollzeitpredigtdienst. Ist deine Dankbarkeit so groß, daß du
von Herzen wünschst, diesen Dienst aufzunehmen? Wie man zu Recht gesagt
hat, muß bei einem erfolgreichen Pionier vor allem der Wunsch zu dienen vorhanden sein und erst in zweiter Linie die richtigen Verhältnisse. In deinem
Herzen, das von Dankbarkeit erfüllt ist, entsteht der sehnlichste Wunsch, Gott
noch uneingeschränkter zu dienen. Verspürst du diesen Wunsch? ...*

*Könntest du, falls es dir jetzt nicht möglich ist, allgemeiner Pionier zu sein,
wenigstens von Zeit zu Zeit als Hilfspionier dienen? Zu bestimmten Zeiten des
Jahres ermuntert die Christenversammlung jeweils zu außergewöhnlichen
Anstrengungen im Predigtdienst. Viele finden, daß sich beispielsweise die
Sommermonate ideal dafür eignen, und im Oktober wird in Verbindung mit
dem Abonnementsfeldzug vermehrte Tätigkeit entfaltet. Was einen größeren
Zeiteinsatz im heiligen Dienst anlangt, gilt der Grundsatz: Dankbarkeit
veranlaßt zu großzügigem Geben.*

---

73 Jehovas Zeugen – Verkündiger des Königreiches Gottes, aaO., S. 347f.

83

**Jehova wünscht
Immobilien**

Eine weitere Möglichkeit, sich als dankbar zu erweisen, besteht in der Unterstützung des weltweiten theokratischen Bauprogramms. In vielen Ländern werden neue Säle erweitert, weil sie zu klein geworden sind. Es werden neue Kongreßsäle errichtet, und Bethelheime und Druckereien werden vergrößert. Welch eine praktische Möglichkeit, seine Dankbarkeit gegenüber Jehova zu beweisen, indem man durch seine Arbeitskraft oder durch finanzielle Unterstützung einen Beitrag zu diesem Bauprogramm leistet! [74]

Um das ganze auch noch biblisch zu untermauern wird in diesem Zusammenhang das „vortreffliche Beispiel der armen Witwe" (Lk 21,1-4) angeführt. An ihr soll abzulesen sein, daß sie sich, obwohl arm, nicht von einem luxuriösen Tempel oder den dort dienenden Priestern hatte abhalten lassen, aus Dankbarkeit für Jehova alles zu geben, was sie hatte. Ganz sublim wird durch diese Aufforderung zur Dankbarkeit zugleich eine unentgeltliche Mitarbeit nahegelegt. So wie diese Aufforderungen formuliert sind, wird damit auch eine psychologische Gedankenkontrolle auf den Leser ausgeübt: Wer mitarbeitet ist dankbar, wer nicht mitarbeitet ist

undankbar. Und wer will das schon sein? Zumal die Undankbarkeit nicht gegen Menschen, sondern gegen Jehova Gott gerichtet wäre. Dieser Kontrollmechanismus funktioniert. Die vielen tausend billigen Arbeitskräfte der Wachtturm-Gesellschaft belegen es. Menschen werden nicht erst dann ausgebeutet, wenn sie viel Geld für dubiose Kursangebote bezahlen, sondern auch dann, wenn sie ihre Arbeitskraft in den Dienst einer Organisation mit undurchsichtigem Finanzgebaren stellen.

74 Wachtturm vom 1. Juli 1988, S. 11f.

BAUEN, BAUEN, BAUEN:
KÖNIGREICHSSÄLE WELTWEIT
Jehovas Zeugen – Verkündiger
des Königreiches Gottes,
1993, S.352ff.

Da Gott in der Heiligen Schrift durch Menschen nach Menschenart gesprochen hat, muß der Schrifterklärer, um zu erfassen was Gott mitteilen wollte, sorgfältig erforschen, was die heiligen Schriftsteller wirklich zu sagen beabsichtigen und was Gott mit ihren Worten kundtun wollte.

Gott ließ die Bibel von Menschen niederschreiben, ähnlich wie ein Geschäftsmann einen Brief von einer Sekretärin schreiben läßt

DIE NEUE-WELT-ANSCHAUUNG

Wörtliche Inspiration

Der christliche Glaube stützt sich auf eine Basis, eine Ur-Kunde. Die Bibel gilt als die Grundlage des christlichen Glaubens. Das einzig korrekte Verständnis dieser Basis reklamieren die Zeugen Jehovas für sich. Sie wollten von Anfang an „ernste Bibelforscher" sein. Dieser ursprüngliche Name der Zeugen Jehovas ist bis heute Programm geblieben. Ihr Anspruch, die einzigen zu sein, die die Bibel wirklich verstehen, hat sich bis heute erhalten. Die Vorwürfe, die sie an die anderen christlichen Kirchen und Gemeinschaften richten, sind vielfältig, lassen sich aber durchweg auf ihr eigentümliches Bibelverständnis zurückführen. Sie werfen den anderen Christen vor, daß diese den wahren Gottesnamen aus der Bibel entfernt und ihn somit vergessen hätten. Daß sie Jesus als ein göttliches Wesen verehrten und somit die unbiblische Trinitätslehre übernommen hätten. Und schließlich, daß sie auch noch die Unsterblichkeit der menschlichen Seele verkündeten. Dies sind nur die Haupteinwände der Zeugen Jehovas. Sie stellen noch eine stattliche Anzahl anderer Annahmen der Christenheit bezüglich der Bibel in Frage: Jesus ist für sie an einem „Pfahl" gestorben, nicht an einem Kreuz; christliche Feste und Sakramente sind aus biblischen Gründen abzulehnen; die katholische Kirche ist mit der „Großen Hure Babylon" aus der Offenbarung des Johannes zu identifizieren; das Verbot der Bluttransfusion hat ein biblisches Fundament; der Haus-zu-Haus-Dienst wird von Gott in der Bibel gefordert; die Bibel läßt sich als Buch zur Berechnung des Anbruchs der Endzeitschlacht Harmagedon benutzen; die Welt und die Gesellschaft sind ein System Satans; vom Brot und Wein des Gedächtnismahls dürfen nur die sogenannten „Überrestmitglieder" nehmen ... Die Aufzählung könnte beliebig lange fortgesetzt werden. Hinter allen Annahmen steckt ein ganz spezielles Bibelverständnis. Das in vielen Wachtturm-Publikationen abgedruckte Logo der Wachtturm-Gesellschaft offenbart mehr über das Bibel-

Die einzig richtige Bibelauslegung

DIE AUSLEGUNG DER BIBEL:
Oben: Dei Verbum – 2. Vatikanisches Konzil
Unten: Du kannst für immer im Paradies auf
Erden leben, 1982, S.49

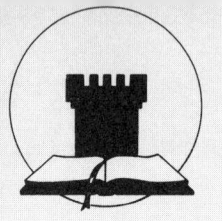

verständnis der Zeugen Jehovas als tausend Erklärungen. Das Logo der Wachtturm-Gesellschaft spricht eine eigene Sprache, die für jeden eingängig ist und die sich selbst erläutert: In einem Kreis ragt ein großer schwarzer Burg- oder Wachtturm in die Höhe; davor liegt aufgeschlagen ein Buch, das offensichtlich die Bibel symbolisieren soll.

Wachtturm-Ideologie steht vor dem Wort Gottes

Hier ist klar, wer die Herrschaft und Dominanz über wen hat. Die Bibel, und besonders natürlich ihre Übersetzung, wird vom Wachtturm, das ist die Wachtturm-Gesellschaft, überwacht.

Oft werde ich gefragt: Warum tun die Zeugen Jehovas dieses oder jenes? Die Antwort ist in den meisten Fällen, auch bei unterschiedlichen Praktiken, recht einfach: weil sie bestimmte Stellen der Bibel im Sinne ihrer Praxis auslegen oder von der Wachtturm-Gesellschaft ausgelegt bekommen. Meist wird ein bestimmtes Verhalten oder eine bestimmte Anschauung direkt aus einer Bibelstelle abgeleitet. Da keine Textstelle der Bibel einfach zeitlos entstanden ist, kann auch fast keine Textstelle ohne diesen Entstehungszusammenhang verstanden werden. Bei den Zeugen Jehovas gibt es eine solche Beachtung der geschichtlichen Zusammenhänge nur, wenn es ihren Anschauungen in irgendeiner Form nützlich sein kann. Eindeutig bekunden sie in zahllosen Schriften ihr Bibelverständnis, das in seinen Grundzügen dem obigen Logo entspricht. Für sie ist „die ganze Schrift von Gott inspiriert und nützlich". [75]

In endlosen Wiederholungen ihrer Argumente legen die Zeugen Jehovas dar, daß man die Bibel nicht auslegen darf, wie man will, daß die Bibel ein wirklich heiliges Buch ist, daß die Bibel als wertvoll gelten muß und daß die Bibel keinen Widerspruch enthält. Hinter allen Argumentationsketten steckt ein einziger Anspruch und ein ganz bestimmtes Bibelverständnis. Das Modell der direkten Inspiration der Bibelabfassung wird bei den Zeugen Jehovas folgendermaßen knapp zusammengefaßt: Gott diktierte mittels himmlischer Datenübertragung in das Ohr eines absichtslosen Sekretärs. Diese Sekretäre gaben dann haargenau und fehlerfrei schriftlich weiter, was sie gehört oder auf inspirierte Weise empfangen hatten. Der Begriff der Datenübertragung ist hierbei nicht von mir in die Vorstellungen der Zeugen Jehovas hineininterpretiert, sondern die Wachtturm-Gesellschaft denkt bei diesem Vorgang durchaus an moderne Telekommunikation.

---

75 So der Titel der Publikation „Die ganze Schrift ist von Gott inspiriert und nützlich", Selters 1990.

*Jemand fragte vielleicht: „Auf welche Weise haben uns die Mitteilungen erreicht?" Das läßt sich gut durch ein neuzeitliches Beispiel veranschaulichen. Zur Nachrichtenübertragung werden folgende Mittel benötigt: 1. Verbreiter oder Urheber der Botschaft, 2. Übermittler, 3. das Mittel, durch das die Botschaft weitergereicht wird, 4. Empfänger und 5. Hörer. Bei Ferngesprächen gibt es 1. den Fernsprechteilnehmer, von dem die Mitteilung ausgeht, 2. das Mikrofon, in dem die Botschaft in elektrische Stromstöße umgewandelt wird, 3. die Fernsprechleitung, durch die die elektrischen Stromstöße an ihren Bestimmungsort gelangen, 4. den Telefonhörer, in dem die Stromstöße wieder in Töne umgewandelt werden, und 5. den Teilnehmer, der die Mitteilungen hört. **So ist es auch im Himmel:** [Hervorhebung E.T.] 1. bringt Jehova seine Aussprüche hervor; 2. vermittelt sein offizielles Wort oder der offizielle Wortführer, jetzt als Jesus Christus bekannt, oft die Botschaft; 3. bringt Gottes heiliger Geist, die wirksame Kraft, die als Kommunikationsmittel benutzt wird, die Nachricht zur Erde; 4. empfängt Gottes Prophet auf der Erde die Botschaft; 5. macht er sie dann zum Nutzen des Volkes Gottes öffentlich bekannt. Ebenso wie heute gelegentlich ein Kurier geschickt wird, um eine wichtige Botschaft zu überbringen, beschloß auch Jehova, manchmal Geisterboten oder Engel zu gebrauchen, um seinen Dienern auf der Erde gewisse Nachrichten aus den Himmeln zu übermitteln (Gal. 3:19; Heb. 2:2). [76]*

Jehovas „Datenübertragung"

Wer ein solches „Telefonmodell" der Mitteilungen Gottes vorstellt, verrät vieles über seine Ansichten zur Art und Weise der Offenbarung. Die biblischen Schreiber der Offenbarungsmitteilungen haben, nach den Vorstellungen der Zeugen Jehovas, zwar auch eigene, menschliche Worte verwendet, sind aber in keiner Weise redaktionell oder literarisch gestaltend tätig gewesen. Bei den Zeugen Jehovas wird folgender Zirkelschluß in immer neuen und unbemerkten Varianten vorgetragen: Die Bibel ist direkt von Gott. Deshalb muß sie in allen Teilen und an jeder Stelle wahr und widerspruchsfrei sein. Und weil die Bibel vollkommen wahr und widerspruchsfrei ist, muß sie direkt von Gott sein. Auch für etwaige geschichtliche, biologische, geologische, geographische oder andere Angaben der Bibel gehen die Zeugen Jehovas von einer vollständigen und restlosen Irrtumsfreiheit aus. Es ist geradezu grotesk, zu welchen Konsequenzen eine solche Annahme bei den Zeugen Jehovas führt. Daß der Hase nicht zu den wiederkäuenden Tieren zählt, stellt eine biologisch allgemein anerkannte Tatsache dar. Der Autor

---

76 Ebd., S. 9.

des Buches Levitikus ging wohl vom Augenschein aus, wenn er schreibt: „... ihr sollt für unrein halten den Hasen, weil er zwar wiederkäut, aber keine gespaltenen Klauen hat" (Lev 11,6). Bei den Zeugen Jehovas wird dieser offensichtliche biblische Irrtum folgendermaßen kaschiert:

Wieder-
käuendes
Kaninchen

In 3. Mose 11:6 wird der Hase zu den wiederkäuenden Tieren gezählt. Darüber wurde einst gespottet; doch seither hat die Wissenschaft festgestellt, daß das Kaninchen seine Nahrung ein zweitesmal aufnimmt. [77]

Für ihr Argument, daß die Bibel direkt von Gott stammt, werden in der Wachtturm-Literatur immer wieder fünf „Beweise" angeführt:

❖ Die Bibel ist über viele tausend Jahre erhalten geblieben, während andere Schriften verlorengingen oder ins Museum kamen.
❖ Die Bibel ist fast 100% der Weltbevölkerung bekannt.
❖ Die Bibel ist von vielen Personen als Schreiber im Verlauf von mehr als 1.600 Jahren geschrieben worden. Und doch hat sie ein durchgängiges Thema. Nur eine außermenschliche Intelligenz kann so etwas vollbringen.
❖ Die Bibel hat den Aufstieg und den Niedergang der einzelnen Weltmächte vorausgesagt.
❖ Die Bibel hat die heutigen Weltverhältnisse (Kriege, Gewalttaten, Erdbeben, Katastrophen ...) als Zeichen des bevorstehenden Endes vorhergesagt. [78]

Eine weitere Einsicht wird aus dem oben von der Wachtturm-Gesellschaft eingeführten „Telefonmodell" der Offenbarung offensichtlich. Wer oder was ist der Apparat, mit dem uns Gott seine Mitteilungen zugänglich und überhaupt verständlich macht? Die Wachtturm-Gesellschaft wäre nicht die Wachtturm-Gesellschaft, wenn sie nicht ihre eigene Organisation an dieser Stelle ins Spiel bringen würde.

Kanal zum Verständnis der Bibel

Jesus sicherte zu, daß er nach seinem Tod und seiner Auferstehung einen „treuen und verständigen Sklaven" erwecken würde, der als sein Mitteilungskanal dienen sollte (Matthäus 24:45-47). Der Apostel Paulus machte diesen Kanal kenntlich, als er an die Christen in Ephesus schrieb, daß

---

77 Ebd., S. 328.
78 Vgl. Wachtturm vom 1. Juli 1991 / Wachtturm vom 15. Juli 1992.

„die überaus mannigfaltige Weisheit Gottes durch die Versammlung bekannt-gemacht werde, gemäß dem ewigen Vorsatz, den er in Verbindung mit dem Christus, mit Jesus, unserm Herrn gefaßt hat" (Epheser 3:10, 11). Es war die Versammlung gesalbter Christen, hervorgebracht zu Pfingsten 33 u.Z. [unse-rer Zeitrechnung / E.T.], der die geoffenbarten Dinge anvertraut wurden (5. Mose 29:28). Als Gruppe dienen gesalbte Christen als der treue und verstän-dige Sklave (Lukas 12:42-44). Ihnen wurde von Gott die Aufgabe übertragen, für das geistige Verständnis der „geoffenbarten Dinge" zu sorgen.

Geradeso wie die Prophezeiungen der Bibel auf den Messias hindeuten, weisen sie uns auf die festgefügte Körperschaft gesalbter christlicher Zeugen hin, die heute als der treue und verständige Sklave dienen. Dank ihrer Hilfe können wir das Wort Gottes verstehen. Alle, die die Bibel verstehen möchten, sollten anerkennen, daß „die überaus mannigfaltige Weisheit Gottes" nur durch den Mitteilungskanal Jehovas, den treuen und verständigen Sklaven, bekannt werden kann (Johannes 6:68). [79]

Unverholen wird gesagt, daß die Schrift zwar von Gott inspiriert ist, daß sie aber gleichzeitig unverständlich bleiben müßte, wenn nicht ein Mitteilungs- und Übersetzungsorgan von Jehova Gott autorisiert worden wäre. Außer der handfesten Aufforderung, diesen Anspruch anzuerkennen, werden kei-ne weiteren Begründungen für das Verstehensmonopol der Leitenden Kör-perschaft gegeben. Sie selbst verbirgt sich hinter dem Terminus „treuer und verständiger Sklave". In keinem der hier angeführten biblischen Belege geht es um die Leitende Körperschaft, sondern diese interpretiert die entspre-chenden Stellen auf sich selbst. Mit einem solchen weiteren Zirkelschluß bringt man sich in eine scheinbar unangreifbare Auslegungsposition. Die Wachtturm-Gesellschaft hält sich für die von Jesus eingesetzte Auslegungs-organisation, die ein „umfassendes biblisches Erziehungsprogramm" [80] durchführen muß. Jesus hatte nach den Überlegungen der Zeugen Jehovas zu seiner Zeit sozusagen mit dem Erziehungsprogramm der heutigen Zeu-gen Jehovas schon begonnen.

Die Bibel muß erklärt werden. Im Bibelverständnis der Zeugen Jehovas kann ein Verstehen der Bibel nur durch ihre Wachtturm-Organisation in Brooklyn erfolgen. Wie diese Organisation allerdings zu ihren Verstehens-grundsätzen kommt, woher sie ihre Auslegung nimmt und ob sie mit ihren Lehren der Bibel und der Absicht Gottes nicht auch eigene Deutungen und

Verstehens-monopol der Leitenden Körperschaft

79 Wachtturm vom 1. Oktober 1994.
80 Vgl. ebd., S. 5.

Verständnisse hinzufügt, bleibt völlig unreflektiert. Man kann mit Fug und Recht sagen, daß „der Kanal zum Verständnis der Bibel" offensichtlich nicht immer und zu jeder Zeit auf der Höhe des möglichen Verständnisses der Bibel gewesen ist. Zumindest gerät die Leitende Körperschaft mit dem Bibelverständnis einer absolut unfehlbaren Wort-für-Wort-Inspiration in einen gewissen Erklärungsnotstand. Die Bibel enthält historische Unrichtigkeiten, sich widersprechende Verdoppelungen und auch naturwissenschaftliche Irrtümer.

Erklärungs-
notstand

Hier können nur einige ins Auge springende Unstimmigkeiten benannt werden: So wird von der Salbung Davids an drei Stellen berichtet. In 1 Sam 16,13 heißt es, daß Samuel David salbt. In 2 Sam 2,4 sind es die Männer von Juda, die David salben. Und schließlich in 2 Sam 5,3 ist von den Ältesten die Rede, die David zum König salben. Die Stammbäume Jesu in Mt 1,1-17 und in Lk 3,23-38 sind nicht einfach deckungsgleich. Auch bestimmte Prophezeiungen der Bibel sind in ihrer Wörtlichkeit nicht in Erfüllung gegangen, so daß sie heute als „Beweis" für die Richtigkeit der Bibel herhalten könnten. Die Zusage an David: „Dein Haus und dein Königtum sollen durch mich auf ewig bestehen bleiben; dein Thron soll auf ewig Bestand haben" (2 Sam 7,16), kann nur sehr schwer auf das Verheißungs-Erfüllungsschema gebracht werden. Beweiskräftig für eine hellseherische historische Vorhersage in der Bibel ist sie schon gar nicht.

Das Bibelverständnis der Zeugen Jehovas kann mit solchen Schwierigkeiten, wie sie sich im Rahmen der Bibelentstehung ergeben haben, nicht fertig werden. Es zeigt einen falschen Weg. Wer die Bibel als ein Produkt des direkten Diktats an göttliche Sekretäre versteht und wer dann noch eine Vermittlungsinstanz zum einzig richtigen Verstehen dazwischenschaltet, der schreckt auch nicht davor zurück, aus der Bibel genau das zu konstruieren, was seinen Vorstellungen entspricht. Die Zeugen Jehovas lassen nicht mehr das uns in der Bibel begegnende Wort Gottes zu uns sprechen, sondern sie benutzen die Bibel, um für die Anschauungen der Wachtturm-Gesellschaft ihre „beweiskräftigen" Zitate zusammenzustellen. Daß ihnen diese Zusammenstellung und Argumentation mit Bibelzitaten auch noch als Bibelfestigkeit ausgelegt wird, liegt an ihrem Schulungsprogramm und der Machart ihrer Neue-Welt-Übersetzung. Von beidem wird noch zu sprechen sein (siehe S. 95ff.). Die Bibel ist aber mehr als ein passender Zitatenschatz. Die Schreiber waren eben mehr als reine Sekretäre, die nur Diktiertes aufs

Papier gebracht haben. Sie waren vor allem Glaubende. Und von diesem gläubigen Hintergrund her schrieben sie ihre Erfahrungen mit Gott auf. Die Inspiration durch Gott hat diese Verfasser der Bibel nicht einfach übergangen. Man muß sie sich als echte Verfasser mit ganz bestimmten Absichten vorstellen. Ein solcher menschlicher Faktor im Entstehungsprozeß der Bibel darf ernstgenommen werden, ohne die Bibel auf diesen menschlichen Faktor zu reduzieren. Sie ist „Gottes Wort im Menschen Wort", und die Kunst des Verstehens der Bibel ist es eben, das Wort Gottes im Wort des Menschen zu entdecken. Dies ist mühsamer und sicher tastender zu unternehmen, als im Diktat durch die Wachtturm-Gesellschaft sich das einzig richtige Verständnis vorgeben zu lassen. Fatal wäre es hingegen, wie dies bei der Wachtturm-Gesellschaft und ihren Anhängern häufig passiert, wenn das Wort des Menschen mit dem Wort Gottes verwechselt würde. Damit dies nicht passiert, müssen in den Auslegungsvorgang mehrere Instanzen mit eingebunden sein.

Der menschliche Faktor in der Bibel

Geht man davon aus, daß die Bibel die Wahrheit Gottes enthält, dann muß auch klar sein, daß sie mehr ist als die Aneinanderreihung von Buchstaben. Das wörtliche Kleben an den Buchstaben tötet den Geist der Bibel, der der Geist Gottes ist. Das 2. Vatikanische Konzil sagt in der Dogmatischen Konstitution über die göttliche Offenbarung:

Da Gott in der Heiligen Schrift durch Menschen nach Menschenart gesprochen hat, muß der Schrifterklärer, um zu erfassen, was Gott mitteilen wollte, sorgfältig erforschen, was die heiligen Schriftsteller wirklich zu sagen beabsichtigen und was Gott mit ihren Worten kundtun wollte.

Um die Aussageabsicht der Hagiographen [Verfasser der Heiligen Schrift / E.T.] zu ermitteln, ist neben anderem auf die literarischen Gattungen zu achten.

Denn die Wahrheit wird je anders dargelegt und ausgedrückt in Texten von in verschiedenem Sinn geschichtlicher, prophetischer oder dichterischer Art, oder in anderen Redegattungen.

Weiterhin hat der Erklärer nach dem Sinn zu forschen, wie ihn aus einer gegebenen Situation heraus der Hagiograph den Bedingungen seiner Zeit entsprechend – mit Hilfe der damals üblichen literarischen Gattungen – hat ausdrücken wollen und wirklich zum Ausdruck gebracht hat. Will man richtig verstehen, was der heilige Verfasser in seiner Schrift aussagen wollte, so muß man schließlich genau auf die vorgegebenen umweltbedingten Denk-, Sprach-und Erzählformen achten, die zur Zeit des Verfassers herrschten, wie auf die Formen, die damals im menschlichen Alltagsverkehr üblich waren.

Da die Heilige Schrift in dem Geist gelesen und ausgelegt werden muß, in dem sie geschrieben wurde, erfordert die rechte Ermittlung des Sinnes der heiligen Texte, daß man mit nicht geringerer Sorgfalt auf den Inhalt und die Einheit der ganzen Schrift achtet, unter Berücksichtigung der lebendigen Überlieferung der Gesamtkirche und der Analogie des Glaubens. Aufgabe der Exegeten [Bibelforscher / E.T.] ist es, nach diesen Regeln auf eine tiefere Erfassung und Auslegung des Sinnes der Heiligen Schrift hinzuarbeiten, damit so gleichsam auf Grund wissenschaftlicher Vorarbeit das Urteil der Kirche reift. [81]

Die Bibel: mehr als Menschen-wort

Mit diesem Text hat man sich in der katholischen Kirche im Vergleich zu den Zeugen Jehovas für ein genau gegenteiliges Bibelverständnis entschieden. Die Heilige Schrift ist in unterschiedlichen Zusammenhängen entstanden und die unterschiedlichen Kontexte sind redaktionell nicht immer geglättet worden. Nicht alle Sätze der Bibel sind in Übereinstimmung miteinander und auch nicht gleich wichtig. Trotzdem müssen alle Sätze der Bibel auf den Sinn des Wortes Gottes hin ausgelegt werden und empfangen von daher erst ihren Sinn. Damit wird gesagt, daß die Bibel nicht bloß in der menschlichen Verfasserschaft aufgeht. Gott hat sich der menschlichen Verfasserschaft bedient, um seine Botschaft zu verdeutlichen. So vielfältig die menschlichen Situationen sind, so vielfältig muß auch die Entstehungssituation der Heiligen Schrift gewesen sein. Dies macht überhaupt erst heute einen Verstehenszugang möglich, ohne, wie die Zeugen Jehovas, zu einer vorschnellen ideologischen Vereinnahmung übergehen zu müssen. Das Wort Gottes spricht aus vergangenen Situationen in aktuelle Situationen hinein. Nicht der Mensch bestimmt das Wort Gottes, auch nicht durch noch so geschickte Auslegungen, sondern das Wort Gottes bestimmt den Menschen. Wie Gott sich in Jesus Christus auf den Menschen einläßt, so gehört das geschichtliche Wort der Schrift ebenfalls zum herabgekommenen und menschgewordenen Gott.

---

81 Dogmatische Konstitution über die göttliche Offenbarung „Dei verbum", 12.

Neue-Welt-Übersetzung

Die Zeugen Jehovas gelten gemeinhin als bibelfest. Es wird ihnen nicht wenig Bewunderung für das scheinbar mühelose und immer passende Argumentieren mit Bibelstellen entgegengebracht. Betrachtet man die Trainingsmethoden und Mühen, die ein Zeuge Jehovas absolvieren muß, um diese biblizistische Argumentationsicherheit zu erlangen, dann wundert einen in dieser Hinsicht nichts mehr. Ein wirkliches Verstehen, ein Aufnehmen der inneren Wahrheit der Heiligen Schrift wird damit wohl kaum erreicht. Auf welch tönernen Füßen ein solch antrainierter Biblizismus steht, kann man ganz leicht erkennen, wenn man den Zeugen Jehovas Fragen jenseits ihrer eingeübten Argumentationsroutinen stellt. Dann wird die sichere Fassade ihrer biblischen Argumente leicht brüchig.

Einen großen Anteil an ihrer Bibelfestigkeit hat auch eines ihrer Hauptinstrumente zur Missionierung: die Neue-Welt-Übersetzung. Ein Bibelkomitee von „Gott hingegebenen Männern" hat in den Jahren 1950 bis 1960 die „New World Translation of the Holy Scriptures" in sechs Bänden herausgegeben. Die Identität dieser Bibelübersetzer wurde von der Wachtturm-Gesellschaft geheimgehalten, ist aber später dann doch bekannt geworden. Angeblich soll nur einer dieser „Gott hingegebenen Männer" der biblischen Ursprachen mächtig gewesen sein. 1961 erschien eine einbändige revidierte Fassung. Die deutsche Ausgabe kam 1963 heraus und umfaßte nur die Schriften des Neuen Testaments oder, wie die Zeugen Jehovas sagen, die „christlichen griechischen Schriften". Erst acht Jahre später wurde eine deutsche Gesamtausgabe der Neue-Welt-Übersetzung herausgebracht, die 1986 ebenfalls revidiert wurde. Bis in die 90er Jahre hinein verbreiteten die Zeugen Jehovas von dieser Neue-Welt-Übersetzung eine Gesamtauflagenzahl von über 60 Millionen. Die Neue-Welt-Übersetzung wird von der Wachtturm-Gesellschaft mit großem Stolz betrachtet. Gegenüber anderen Bibelübersetzungen sei ihr der Vorzug zu geben, weil die Neue-Welt-Übersetzung an 7.210 Stellen den richtigen Namen Gottes wiedergebe. Wie noch zu zeigen, läuft das Argument der Zeugen Jehovas einen sehr paradoxen Weg (siehe S. 103ff.). Knapp und sinngemäß könnte man es etwa so zusammenfassen: Diejenigen, die sich mit der hebräischen Sprache auskennen, sagen „Jahwe"; niemand weiß jedoch die genaue Aussprache, deshalb sagen wir „Jehova". [82] Das verstehe, wer will.

Bibelfest durch Neue-Welt-Übersetzung

---

82 Vgl. Die ganze Schrift ist von Gott inspiriert und nützlich, Selters 1990, S. 327.

Neben diesem angeblichen Vorzug soll die Neue-Welt-Übersetzung aber noch andere wesentliche Vorteile haben. Angeführt wird, sie sei in einer klaren und verständlichen Sprache übersetzt und geschrieben, die jedem Leser den Sinn der Schrift erschließe. Vor allem meinen die Zeugen Jehovas, die Sprache der Neue-Welt-Übersetzung sei zeitgemäß. Eine solche Annahme läßt sich leicht überprüfen, indem man in der Neue-Welt-Übersetzung zu lesen beginnt:

Im Anfang erschuf Gott die Himmel und die Erde. Die Erde nun erwies sich als formlos und öde, und Finsternis war auf der Oberfläche der Wassertiefe; und Gottes wirksame Kraft bewegte sich hin und her über der Oberfläche der Wasser. Und Gott sprach dann: „Es werde Licht." Da wurde es Licht. Danach sah Gott, daß das Licht gut war, und Gott führte eine Scheidung zwischen dem

Unverständliche Übersetzung

Licht und der Finsternis herbei.
Und Gott sprach weiter: „Die Wasser sollen ein Gewimmel lebender Seelen hervorwimmeln, und fliegende Geschöpfe mögen an der Vorderseite der Ausdehnung der Himmel über der Erde fliegen." Und Gott ging daran, die großen Seeungetüme zu erschaffen und jede lebende Seele, die sich regt, die die Wasser hervorwimmelten, nach ihren Arten und jedes geflügelte fliegende Geschöpf nach seiner Art. Und Gott sah dann, daß [es] gut [war].
(Neue-Welt-Übersetzung 1. Mose 1:1-4, 20-21)

Wenn man die Sprache dieser Übersetzung einmal mit der Sprache der Einheitsübersetzung vergleicht, tritt zu Tage, daß der Anspruch der Neue-Welt-Übersetzung auf Klarheit, Verständlichkeit und Zeitgemäßheit nicht aufrechterhalten werden kann.

Im Anfang schuf Gott Himmel und Erde; die Erde aber war wüst und wirr, Finsternis lag über der Urflut, und Gottes Geist schwebte über dem Wasser. Gott sprach: Es werde Licht. Und es wurde Licht. Gott schied das Licht von der Finsternis ...
Dann sprach Gott: Das Wasser wimmle von lebendigen Wesen, und Vögel sollen über dem Land am Himmelsgewölbe dahinfliegen. Gott schuf alle Arten von großen Seetieren und anderen Lebewesen, von denen das Wasser wimmelt, und alle Arten von gefiederten Vögeln. Gott sah, daß es gut war.
(Einheitsübersetzung Gen 1,1-4.20-21)

Wie verständlich wirkt dieser Text doch gegenüber dem Neue-Welt-Text. An sehr vielen Stellen der Zeugen-Jehovas-Übersetzung beschleicht einen das diffuse Gefühl, den Text irgendwie zu kennen. Dennoch tauchen Begrifflichkeiten auf, die wahrscheinlich nur verständlich werden, wenn man Zeuge Jehovas wird und das „Bibelstudium" dieser Organisation absolviert. Vielleicht stellt eine solche unklare Sprache für den einen oder anderen einen Anreiz dar, hinter das Geheimnis dieser Gruppensprache zu kommen. Es ist eben nicht klar, was unter „Gottes wirksamer Kraft" zu verstehen sein soll. Was bedeutet wohl, daß „die Finsternis auf der Oberfläche der Wassertiefe" war? Auch die „Scheidung" zwischen Licht und Finsternis klingt nicht gerade sehr zeitgemäß. Und vollends unverständlich bleibt, was denn ein „Gewimmel lebender Seelen" sein soll, die „hervorwimmeln". Wer dann noch von „geflügelten fliegenden Geschöpfen" liest, bleibt als Leser vollkommen ratlos zurück. Höchstwahrscheinlich soll sich der unverständige Leser durch eine solche „Verunklarung" in der Neue-Welt-Übersetzung genötigt sehen, sich Verstehenshilfe bei den Zeugen Jehovas zu holen.

Biblische „Verunklarung"

Wenn man stichprobenartig den Text der Neue-Welt-Übersetzung prüft, ist von Klarheit wenig zu spüren. Hier einige Beispiele:

Nun gab es in den Tagen Davids eine Hungersnot, drei Jahre lang, Jahr für Jahr; und David ging daran, das Angesicht Jehovas zu Rate zu ziehen. (2. Samuel 21:1)

Die Hungersnot herrschte wohl drei Jahre hintereinander; aber was bedeutet „das Angesicht Jehovas zu Rate zu ziehen"? Verständlich und klar wäre es gewesen, wenn der oder die Übersetzer geschrieben hätte, daß David Gott befragte.

Vier Dinge sind es, die die kleinsten der Erde sind, aber sie sind instinktiv weise: ... die Gecko-Eidechse greift mit ihren eigenen Händen zu, und sie ist in dem großartigen Palast eines Königs. (Sprüche 30:24, 28)

Die Worte „instinktiv" und „Gecko-Eidechse" deuten auf eine moderne Sprache hin, tragen aber zum Verständnis der Textstelle nichts bei. Gemeint ist in dieser Bibelstelle, daß vier Tiere die Kleinsten sind und doch die Allerklügsten: Ameisen, Klippdachse, Heuschrecken und Eidechsen. Der letzte Vers sagt aus: Eidechsen, gleichgültig ob Geckos oder andere, fängt man mit der Hand und doch wohnen sie in Königspalästen. Warum nur, möchte man die Wachtturm-Gesellschaft fragen, drückt sie einen solch einfachen Sachverhalt so umständlich und kompliziert aus.

Sein Geist geht aus, er kehrt zurück zu seinem Erdboden; an jenem Tag vergehen seine Gedanken tatsächlich. (Psalm 146:4)

Ich mußte, um überhaupt zu verstehen, was in der Neue-Welt-Übersetzung dieses Psalmverses ausgesagt sein soll, eine andere Bibelübersetzung zu Rate ziehen.

Haucht der Mensch sein Leben aus und kehrt er zurück zur Erde, dann ist es aus mit all seinen Plänen. (Psalm 146,4 / Einheitsübersetzung)

Nimmt man Beispiele aus dem Neuen Testament, so kann man sagen, daß auch hier die Neue-Welt-Übersetzung nicht gerade klarer wird:

Kein Mensch hat Gott jemals gesehen; der einziggezeugte Gott, der am Busen[platz] beim Vater ist, der hat über ihn Aufschluß gegeben. (Johannes 1:18)

Es bedarf schon großer Ignoranz, um zu dem Schluß zu kommen, daß „wir heute so sprechen". Geläufige Worte, die den eigentlichen Sinn deutlich übermitteln, werden hier keineswegs gebraucht. So erweist sich der Anspruch der Zeugen Jehovas, in ihrer Neue-Welt-Übersetzung eine klare und für den modernen Menschen verständliche Bibelübersetzung zu besitzen, als nichtig. Die Neue-Welt-Übersetzung wird aber noch weiteren Ansprüchen nicht gerecht.

Von den Zeugen Jehovas wird betont, die Neue-Welt-Übersetzung sei ein wirklich „gelehrtes Werk". Nichts sei hinzugefügt und weggelassen worden. Man habe unter „getreuer Berücksichtigung der hebräischen, aramäischen und griechischen Ursprache" übersetzt. Zumindest kündigt dies der Untertitel der ersten Seite der Neue-Welt-Übersetzung an. In der Einführung zur Neue-Welt-Übersetzung wird vor einer Gefahr in der Übersetzung des Textes gewarnt:

98

Bekanntlicherweise kann selbst solch eine anscheinend unbedeutende Sache wie die Verwendung oder Auslassung eines Kommas oder eines unbestimmten Artikels manchmal den eigentlichen Sinn der ursprünglichen Textpassage entstellen. [83]

Die Wachtturm-Gesellschaft spricht zwar eine solche Warnung aus, hält sich in ihrer eigenen Übersetzung aber nicht daran. Durch die Verwendung oder Nichtverwendung bestimmter Satzzeichen wird tatsächlich der Textsinn total verändert. Als Beispiel möge Lukas 23,43 dienen. In der Einheitsübersetzung heißt es:

Neue-Welt-Übersetzung: Manipulation des Wortes Gottes

Jesus antwortete ihm: Amen, ich sage dir: Heute noch wirst du mit mir im Paradies sein.

In der Neue-Welt-Übersetzung wird der zweite Doppelpunkt, der dem griechischen Komma entspricht, einfach ein Wort weiter gerückt. Es heißt da:

Und er sprach zu ihm: „Wahrlich, ich sage dir heute: Du wirst mit mir im Paradies sein.“

Eine Fußnote zu Vers 43 erklärt die Verschiebung. Diese Erklärung ist, wie viele andere, ein „Meisterstück" der Unlogik der Zeugen Jehovas. Wortreich weist man darauf hin, daß wichtige griechische Textausgaben wie z.B. Nestle-Aland das Komma vor „heute" setzen. In griechischen Unizialhandschriften (Textüberlieferungen in Großbuchstaben) seien keine Kommata verwendet worden. Deshalb lasse man das Komma vor „heute" weg. Plötzlich wird jedoch eine andere Textüberlieferung als Beweismittel herangezogen, die ein Komma nach „heute" setze. Das verstehe, wer will.

Ein Komma kann wichtig sein

Der wirkliche Grund der Kommaverschiebung liegt in der Lehre der Zeugen Jehovas. Textstellen in der Neue-Welt-Übersetzung sind im Sinne der Lehre gewaltsam verändert. Da die Zeugen Jehovas das Paradies als einen zukünftigen Zustand nach der Endzeitschlacht von Harmagedon herbeiführen wollen, ihre Neue Welt, kann Jesus unmöglich gesagt haben: „Heute wirst du mit mir im Paradies sein." So etwas nennt man Textverbiegung nach dem Motto, daß textlich nicht sein kann, was lehrmäßig nicht sein darf.

83 Neue-Welt-Übersetzung der Heiligen Schrift, Selters 1986, S. 8.

Einen weiteren Aspekt der Neue-Welt-Übersetzung gilt es noch zu beleuchten. Die Heiligen Schriften des Alten und Neuen Bundes waren ursprünglich in Hebräisch bzw. Aramäisch und Griechisch abgefaßt. Außerdem liegt uns heute kein originaler Urtext mehr vor. Bis zum Jahr 1947, als man verschiedene Handschriften von Bibeltexten, vor allem eine Jesaja-Rolle, in den Höhlen von Qumran am Toten Meer fand, galt der Codex orientalis als älteste Textüberlieferung. Er wurde etwa um 850 n. Chr geschrieben. Die Rollen vom Toten Meer sind aber um fast neunhundert Jahre älter als der Codex orientalis. Die Bibel liegt heute in über eintausend mehr oder weniger guten Übersetzungen vor. Die Neue-Welt-Übersetzung ist eine davon. Wenn man herausfinden will, welche Textüberlieferungen Grundlage der Neue-Welt-Übersetzung waren, findet man in den Büchern der Zeugen Jehovas gelehrige Abhandlungen darüber, wie viele Abschriften und Codizes bis heute erhalten geblieben sind. [84] Will man jedoch genauer wissen, welche Handschriften von der Wachtturm-Gesellschaft berücksichtigt, verglichen, mit Pro und Kontra ausgewählt, in die Neue-Welt-Übersetzung eingeflossen sind, werden die Angaben eher vage:

Vage
Textbasis

Beim Übersetzen der Hebräischen Schriften stützte man sich auf den Text der Biblica Hebraica von Rudolf Kittel, die Ausgaben von 1951 bis 1955. Bei der revidierten englischen Ausgabe der Neue-Welt-Übersetzung aus dem Jahr 1984 machte man sich auch die Biblia Hebraica Stuttgartensia aus dem Jahr 1977 zunutze. Außerdem zog man die Schriftrollen vom Toten Meer und eine Vielzahl früherer Übersetzungen in anderen Sprachen zu Rate. Für die Christlichen Griechischen Schriften verwandte man hauptsächlich den griechischen Standdardtext von 1881, den Westcott und Hort herstellten, aber auch verschiedene andere Standardtexte und viele frühe Wiedergaben in anderen Sprachen wurden berücksichtigt. [85]

Die Grundlage der Neue-Welt-Übersetzung ist also kein selbst erarbeiteter „Urtext", der durch Diskussion aus den verschiedenen Abschriften entstanden wäre, sondern man stützt sich auf andere, schon erarbeitete Texte, teilweise sogar auf schon vorhandene Übersetzungen. Das „Sich-Stützen", „Zunutzemachen" und „Zuratziehen" läßt für den Leser offen, wo man die Vorlagen übernommen hat und wo man sich von ihnen, mit welchen Argumenten auch immer, unterscheidet. Da helfen auch nicht die sporadi-

---

84 Vgl. Die ganze Schrift ist von Gott inspiriert und nützlich, aaO., S. 305-320.
85 Unterredung anhand der Schriften, aaO., S. 311.

schen Angaben in den Fußzeilen weiter, die ab und zu verschiedene Handschriften angeben, aber meist nur die auswählen, die in das ideologische Konzept der Zeugen Jehovas passen. Zusammenfassend läßt sich die Textgrundlage der Neue-Welt-Übersetzung als nicht hinreichend bezeichnen. Alle drei Ansprüche, die von den Zeugen Jehovas an ihre Bibelübersetzung herangetragen werden, können von ihnen nicht eingelöst werden:

❖ die Sprache der Neue-Welt-Übersetzung ist weitgehend unklar und unverständlich;
❖ ständig fließen die Anschauungen der Wachtturm-Gesellschaft in die Übersetzung ein;
❖ der Urtext der Neue-Welt-Übersetzung kann nicht eindeutig ermittelt werden.

Daß die Zeugen Jehovas ihre Bibelübersetzung geradezu euphorisch loben und jeder anderen Bibelübersetzung vorziehen wollen, hat andere Gründe. Die Neue-Welt-Übersetzung, sowohl in der Studienausgabe als auch in der regulären Ausgabe, kann als ein schlagkräftiges Missionsinstrumentarium eingesetzt werden, weil sie auf jeder Textseite einen besonderen Hilfsapparat enthält. Zum Beispiel enthält die Kopfzeile jeder Seite neben der Buch- und Versangabe eine kurze Inhaltsangabe als Kolumnentitel. Die Wachtturm-Gesellschaft gibt unverhohlen den Zweck solcher Kolumnentitel zu:

Schlagkräftiges Missionsinstrument

Diese erscheinen oben auf den Seiten und beschreiben den darunterstehenden Inhalt. Sie sollen vor allem dem Königreichsverkündiger beim schnellen Auffinden von Texten behilflich sein, die er als Antwort auf ihm gestellte Fragen suchen mag. Angenommen, er sucht Rat über Kindererziehung. Wenn er zur Seite 864 (reguläre Ausgabe) in den Sprüchen kommt, sieht er als erste Schlüsselworte „Rute der Zucht". Die durch diesen ersten Teil des Kolumnentitels gekennzeichnete Schriftstelle ist in der ersten Spalte zu finden, und zwar in Vers 15. Die letzten Schlüsselworte auf dieser Seite lauten „Nicht Reichtum erstreben". Der letzte Teil des Kolumnentitels zeigt meistens an, daß der betreffende Gedanke in der zweiten Textspalte angesprochen wird, und so ist es auch in diesem Fall. Der Gedanke erscheint in Sprüche 23:4. Diese lebenden Kolumnentitel können dem Königreichsverkündiger, der ungefähr weiß, wo die gesuchten Texte stehen, eine große Hilfe sein. Sie ermöglichen ein schnelles Auffinden von Bibelstellen. [86]

86 Die ganze Schrift ist von Gott inspiriert und nützlich, aaO., S. 324.

Argumentatives
Bibelspringen

Die Neue-Welt-Übersetzung enthält aber noch weitere Hilfsmittel, um die Geschwindigkeit beim Auffinden passender Bibelzitate zu erhöhen. In einer Mittelspalte zwischen den Textspalten befinden sich die entsprechenden Verweiszitate, die durch Kleinbuchstaben oder Symbole dem entsprechenden Wort oder Vers im Text zugewiesen werden. Die Mittelspalte enthält in der gesamten Neue-Welt-Übersetzung ca. 125.000 Querverweise. Es darf also nicht verwundern, wenn ein Zeuge Jehovas in Sekundenschnelle eine ähnliche Verweisstelle zum jeweiligen Bibeltext präsentieren kann.

Die Neue-Welt-Übersetzung wird noch durch weitere Merkmale zu einem geschickt angelegten und „wirkungsvollen Überzeugungsinstrument" an den Haustüren. Im Schlußteil befinden sich eine Konkordanz (Verzeichnis biblischer Wörter mit dem jeweiligen Schriftstellenverweis), ein Stichwortverzeichnis zu den Fußnoten und ein Anhang mit knappen thematischen Erläuterungen und anschaulichen biblischen Abbildungen.

Mit Hilfe des Instruments Neue-Welt-Übersetzung kann der einzelne Zeuge Jehovas, wenn er sich ein wenig in die Handhabung eingearbeitet hat, erstaunlich „bibelfest" argumentieren. Ob diejenigen, die an den Haustüren und in den Fußgängerzonen mit einer Vielzahl aneinandergereihter Bibelzitate scheinbar argumentativ überlegen sind, auch wirklich verstanden haben, was sie da zitieren, darf man mit Fug und Recht bezweifeln. Den Zeugen Jehovas geht es im letzten auch nicht um ein wirkliches Verstehen der Heiligen Schrift; sie betrachten ihre Neue-Welt-Übersetzung als eine Art Waffe im geistigen Kampf.

Die Neue-Welt-Übersetzung der Heiligen Schrift ist eine getreue Übersetzung des Wortes Gottes, „des Schwertes des Geistes". Als das ist sie tatsächlich eine wirksame Waffe in der geistigen Kriegführung des Christen und eine Hilfe, „um starke Verschanzungen falscher Lehren und Vernunftbeschlüsse, die sich gegen die Erkenntnis Gottes erheben, umzustoßen". [87]

EINE DOPPEL-
SEITE AUS DER
NEUE-WELT-
ÜBERSETZUNG:
BIBLISCHE
STICHWORTE AUF
EINEN BLICK
Neue-Welt-
Übersetzung
der Heiligen
Schrift, 1986

Wer die Bibel als Kampfinstrument einsetzen will, der hat wenig Einsicht in ein wirkliches Verstehen des Wortes Gottes. Er muß auch aus diesem Interesse heraus nicht die Bibel auslegen, sondern sich vor allem an ihr vergreifen, sie manipulieren und zurechtbiegen. Die Neue-Welt-Übersetzung ist das Produkt eines solchen Kampfinteresses. Sie bietet, wie gezeigt, keine wirkliche Textgrundlage für ein Verstehen der Botschaft Gottes. Wenn man sich auf ein Gespräch und eine Auseinandersetzung mit den Zeugen Jehovas einläßt, sollte man sich über bestimmte Bibelstellen anhand anderer Bibelübersetzungen und entsprechender Hilfsmittel zum Verstehen der Bibel kundig machen.

Gottesname JEHOVA

„Wie lautet der Name Gottes?" – Eine Frage, auf die die Zeugen Jehovas meinen, im buchstäblichen Sinn eine Antwort geben zu können. Mit dem Namen Gottes steht und fällt für sie alles. In den Vereinssatzungen der Zeugen Jehovas wird an erster Stelle der Vereinszwecke die Bezeugung des Namens Jehova Gottes genannt. [88] Eine solche Betonung des Namens Gottes hat für die Zeugen Jehovas eine besondere Bedeutung. Diese Bedeutung ist für einen Außenstehenden nicht auf den ersten Blick nachzuvollziehen. Bei allen Argumentationen, die von den Zeugen vorgetragen werden, darf man die rettende Funktion, die der korrekten Wiedergabe des Namens Gottes zugemessen wird, nicht außer acht lassen: Dieser Name hilft Gott, wenn er zur Endzeitschlacht kommt und die „Weltmenschen" hinrichtet, „seine wahren Diener auf der Erde zu erkennen." [89] Dem Besitz dieses Namens Gottes wird im Verständnis der Zeugen Jehovas fast so etwas wie magische Kraft zugeschrieben. Wer die Endzeitschlacht überleben und danach in einer paradiesischen Erde leben will, muß den Namen „Jehova" verwenden. Er stellt für die Zeugen Jehovas so eine Art Schutzschild dar. Darüber hinaus soll der Name „Jehova" für die Gemeinschaft, die diesen Namen für sich reklamiert, Wiedererkennungswert haben und für ihre Öffentlichkeitsarbeit werbewirksam sein:

Die magische Kraft des Gottesnamens

Wenn jemand mit dir über den Gott der Bibel spräche und dabei den Namen Jehova verwendete, mit welcher Religionsgemeinschaft würdest du ihn dann in

87 Ebd., S. 331.
88 Siehe z.B. Satzung der Wachtturm-Bibel-und Traktatgesellschaft, Versammlung Mainz-Südwest e.V. in der Fassung vom 3/91, §1.
89 Vgl. Der göttliche Name, der für immer bleiben wird, Selters 1984, S. 30.

Verbindung bringen? Es gibt nur eine Gemeinschaft in der Welt, die den Namen Jehova regelmäßig bei ihrer Anbetung gebraucht, so wie es die Diener in alter Zeit taten. Es sind Jehovas Zeugen.[90]

Auch wenn in einigen Schriften und im Gespräch mit Zeugen Jehovas zeitweilig der Eindruck vermittelt wird, der Name Gottes und seine Aussprache sei nicht so wichtig, so setzen sich im letzten doch immer wieder die hier genannten zwei Punkte in der Bedeutsamkeit des Namens „Jehova" durch: Die Zeugen Jehovas glauben mit diesem Namen den göttlichen Holocaust als einzige zu überleben. Sie erhoffen sich als die Gruppe, die als einzige diesen Gottesnamen propagiert, einen bestimmten PR(=public relations)-Effekt. Dieser Hintersinn muß bei allen nun folgenden Einzelargumentationen immer mit im Blick bleiben.

„Jehova":
Ein PR-Effekt

Im „Vaterunser" setzt Jesus an den Anfang die Aufforderung, den Namen Gottes zu heiligen (vgl. Mt 6,9). Wie kann aber jemand, so fragen die Zeugen Jehovas, den Namen Gottes heiligen, wenn er die Aussprache des Namens überhaupt nicht kennt? Sie kritisieren, daß die Christen den Namen Gottes in Vergessenheit haben geraten lassen. Deshalb können nach ihrer Meinung die Menschen den Namen Gottes heute auch nicht mehr heiligen.

Doch heute ist der Name Gottes in vielen Bibeln nicht enthalten, und er wird in den Kirchen so gut wie gar nicht gebraucht. Statt daher „geheiligt" zu werden, ist er Millionen von Bibellesern unbekannt geblieben.[91]

Die Wachtturm-Gesellschaft und mit ihr die Zeugen Jehovas sehen ihre vornehmliche Aufgabe darin, den Menschen den wahren Namen Gottes bekannt zu machen. Mit einem solchen Verständnis der Namensheiligung Gottes gehen die Zeugen Jehovas allerdings am biblischen Verständnis vorbei. Die Namensheiligung im „Vaterunser" meint gerade nicht den Besitz und die Bekanntmachung eines Eigennamens Gottes, der dann ständig im Mund geführt werden muß. Vielmehr spielt „Dein Name werde geheiligt" aus Mt 6,9 auf eine Stelle im Buch Ezechiel an. Ez 20,41.44 erläutert den gemeinten Sinn der Namensheiligung Gottes:

Wenn ich euch aus allen Völkern herausführe und aus den Ländern sammle, in die ihr zerstreut seid, werde ich mich vor den Augen der Völker an euch als

---

90 Ebd., S. 30.
91 Ebd., S. 5.

heilig erweisen ... Ihr werdet erkennen, daß ich der Herr bin, wenn ich um meines Namens willen so an euch handle und nicht nach eurem verkehrten Verhalten und nach euren verwerflichen Taten, ihr vom Haus Israel – Spruch Gottes, des Herrn. (Einheitsübersetzung)

In diesem Zusammenhang wird schnell klar, daß Gott selbst es ist, der seine Namensheiligung herbeiführen wird. Nicht dadurch, daß Menschen den Namen Gottes ständig im Munde führen, sondern dadurch, daß Gott selbst in seinem Volk wieder Recht und Gerechtigkeit herstellt, „wird der Name Gottes geheiligt".

Für die Zeugen Jehovas stellt sich der Sachverhalt um den Gottesnamen allerdings so dar:

Die Bibel ließ über den Namen des wahren Gottes nie einen Zweifel aufkommen. Als Gott mit Moses sprach und ihn beauftragte, das Volk Israel aus der ägyptischen Knechtschaft hinauszuführen, stellte Moses die folgerichtige Frage: „Wenn ich nun zu den Kindern Jisrael komme und ihnen sage: ‚Der Gott eurer Väter sendet mich zu euch‘, und sie mir sagen werden: ‚Wie ist sein Name?‘ – was soll ich ihnen dann sagen?" Gott antwortete ihm: „So sollst Du zu den Kindern Jisrael sprechen: Der Ewige [hebräisch: יהוה = YHWH = Jahwe oder (seit dem 13. Jahrhundert u.Z.) Jehova], der Gott eurer Väter, der Gott Abrahams, Jizhaks und Jakobs hat mich zu euch gesandt. Das ist mein Name für ewig, und dies meine Anrufung [‚mein Angedenken‘] für alle Zeit" (2. Mose 3,13-15 ...).[92]

Die Zeugen Jehovas kennen also die korrekte Aussprache des Gottesnamens. Sie scheinen also auch die Forschungen um das sogenannte Tetragramm, die Bezeichnung für die vier Buchstaben JHWH (Jahwe), zur Kenntnis genommen zu haben. Die hebräische Schrift ist eine Konsonantenschrift. Eine Vokalisierung fand erst im Mittelalter statt. Die sogenannten Masoreten, jüdische Schriftgelehrte des frühen Mittelalters, setzten den hebräischen Konsonanten nachträglich Vokalzeichen hinzu. Sie erarbeiteten so einen Standardtext der hebräischen Bibel, obwohl sie sich auch schon bei manchen Worten nicht mehr der ursprünglichen Aussprache sicher waren.

Auf die Frage des Mose im Buch Exodus 3,13, welchen Gottesnamen er den Israeliten angeben soll, antwortet Gott: „ehjeh ascher ehjeh" – „Ich bin

---

92 Wird es je eine Welt ohne Krieg geben?, Selters 1992, S. 19.

der Ich-bin". Gott bezeichnet sich also selbst mit JHWH. Diese Konsonantenfolge, das Tetragramm, ist vermutlich eines Ableitung vom Verb „hajah" (HJH / HWH), was so viel bedeutet wie „dasein, mitsein, erweisen". Martin Buber übersetzt das Tetragramm wie folgt:

Ich werde dasein, als der ich dasein werde. [93]

Eigenname oder Wesensbeschreibung? Das Insistieren der Zeugen Jehovas, beim Gottesnamen handele es sich um einen Eigennamen Gottes, wird durch die hebräische Wortbedeutung von JHWH klar widerlegt. Der Gottesname, wie er sich im Alten Testament offenbart, stellt eher eine Art Wesens- und Seinsbeschreibung Gottes dar. Gleichzeitig drückt der Gottesname die geschichtlichen Erfahrungen des Volkes Gottes, Israels, mit seinem Gott aus. Er ist die kristalisierte Geschichtserfahrung Israels. Wenn die Zeugen Jehovas auf einem Verständnis des Gottesnamens als Eigenname beharren, zeugt das lediglich von ihrer ungeschichtlichen Denkungsart. Die Sicherheit, mit der sie ihre Haltung zum Gottesnamen vortragen, ist völlig unbiblisch.

Im spätexilischen Judentum herrschte eine große Scheu, den Gottesnamen überhaupt auszusprechen. Dies ist keineswegs, wie die Zeugen Jehovas meinen, eine abergläubige Praxis, die unter den Juden aufkam, sondern die direkte Umsetzung des Gebots von Ex 20,7: „Du sollst den Namen des Herrn, deines Gottes, nicht mißbrauchen." Je weniger man den Namen Gottes gebrauchte, desto weniger bestand die Gefahr eines Mißbrauchs, der mit der Todesstrafe bedroht war (vgl. Lev 24,16). Um dieser Gefahr zu entgehen und nicht versehentlich den Gottesnamen auszusprechen oder zu lesen, baute man eine „buchstäbliche Sicherung" in das Tetragramm JHWH ein. Auf die Konsonanten J H W H wurden die Vokale von A d o n a j (= der Herr) übertragen. Buchstabengemäß steht also an der Stelle des Tetragramms J a H o W a H, aber sinngemäß ist an dieser Stelle „Adonai", „der Herr" zu lesen. Die Umvokalisierung hat den Sinn, den Leser daran zu erinnern, den Gottesnamen „Jahwe" nicht zu lesen, sondern statt dessen „Adonai". Die Aussprache „Jehova" entstand erst im 13. Jahrhundert in Unkenntnis des hier skizzierten Sachverhaltes. So taucht auch in den Schriften der Zeugen Jehovas entweder nur eine unvokalisierte Variante des Tetragramms auf, die für die korrekte Aussprache des Gottesnamens keine Aussagekraft hat, oder eben Belege aus dem 13. Jahrhundert oder später,

„Jehova": ein historischer Irrtum

---

93 Buber, Martin / Rosenzweig, Franz: Die fünf Bücher der Weisung, Heidelberg 1981, S. 158.

die den historischen Irrtum aufnehmen. Ein Irrtum wird aber nicht dadurch richtiger, daß man ihn unkommentiert zitiert.

Man kann heute davon ausgehen, daß die Verantwortlichen der Wachtturm-Gesellschaft die korrekte Aussprache und Bezeichnung des Gottesnamens kennen. Sie gestehen sogar an manchen Stellen zu, daß die Aussprache „Jahwe" der ursprünglichen Aussprache entspricht:

Trotzdem bevorzugen viele die Aussprache Jehova. Warum? Weil sie verbreiteter und bekannter ist als Jahwe. Wäre es aber nicht besser, die Form zu verwenden, die der ursprünglichen Aussprache am nächsten kommt? Nicht unbedingt, denn das ist bei den biblischen Eigennamen allgemein nicht der Fall. [94]

Hier führen die Zeugen Jehovas schlichtweg ein Argument ein, das falsch ist. Auch lange Listen, in wie vielen Sprachen es das Wort „Jehova" gibt, können nicht über die Inkorrektheit des Arguments hinwegtäuschen. Daß es das Wort „Jehova" in anderen Sprachen gibt, sagt noch nichts über die Häufigkeit der Benutzung und den Grad der Einbürgerung dieses Wortes aus. Wenn Menschen in den vielen Sprachen dieser Erde Gott ansprechen und zu ihm beten, dann benutzen die wenigsten die Anrede „Jehova", es sei denn sie gehören der Gruppe an, die sich die Verbreitung dieses Namens zum Vereinsziel gesetzt hat. In anderen Bereichen lehnen die Zeugen Jehovas jeden Hinweis auf Tradition und Einbürgerung einer Praxis als

---

94 Der göttliche Name, der für immer bleiben wird, aaO., S. 9.

heidnisch oder zum „System dieser Welt" gehörend ab. Jetzt plötzlich, im Hinblick auf den Gottesnamen, entscheiden sie sich für die Variante, die sich angeblich eingebürgert haben soll. Hier wird mit zweierlei Maß argumentiert. Die Wachtturm-Gesellschaft versucht in letzter Zeit die Bedeutung der Aussprache des Namens Gottes herunterzuspielen:

Obwohl die heutige Aussprache Jehova nicht genau der ursprünglichen Aussprache entsprechen mag, tut dies der Bedeutung des Namens keinen Abbruch. [95]

Wenn dem so ist, so möchte man allerdings fragen, warum dann in der Neue-Welt-Übersetzung der Wachtturm-Gesellschaft das Tetragramm immer mit „Jehova" übersetzt und damit auch ausgesprochen wird? Ihrem eigenen Anspruch, „die hebräische, aramäische und griechische Ursprache" getreu zu berücksichtigen, wird sie dadurch keinesfalls gerecht. Man muß im Gegenteil von einer getreuen Verfälschung in der Übersetzung etwa des Neuen Testaments in der Neue-Welt-Übersetzung sprechen, wenn an allen Stellen das griechische Kyrios (= der Herr) mit „Jehova" wiedergegeben wird. So kommt es beispielsweise bei 1 Kor 1,31 zu folgender kurioser Übersetzung:

Wer sich rühmt, der rühme sich in Jehova. (Neue-Welt-Übersetzung)

Jehovas Zeugen lehren, auch Jesus habe den Gottesnamen ausgesprochen. Er sei nicht der Tradition der jüdischen geistlichen Führer gefolgt. Jesus habe den Gottesnamen nicht verschwiegen. Ob er dabei „Jehova" oder „Jahwe" gesagt habe, lassen sie im Unklaren. Der ahnungslose Leser soll allerdings vermuten, Jesus habe etwas Ähnliches mit dem Gottesnamen getan wie die Zeugen Jehovas in unseren Tagen.

Jesus und „unser Vater" Tatsächlich ist aber von Jesus an keiner Stelle des Neuen Testaments überliefert, daß er Gott mit „Jehova" angesprochen hätte. Wenn Jesus aus den Heiligen Schriften der Hebräischen Bibel, dem „Alten Testament", zitiert (vgl. Lk 4,16ff.), dann benutzt er die Anrede „Adonai". Insofern steht er sehr wohl in der Tradition der geistlichen Führer der damaligen Zeit. Betet Jesus zu Gott, dann redet er ebenfalls Gott nicht mit „Jehova", sondern mit der vertrauten Anrede „Abba" = „Vater" an.

Jesus brachte die Menschen in ein versöhntes Verhältnis zu Gott. Und so heißt es denn bei Paulus: „Weil ihr aber Söhne seid, sandte Gott den

---

95 Ebd., S. 10.

Geist seines Sohnes in unser Herz, den Geist der ruft: Abba, Vater"
(Gal 4,6 / Einheitsübersetzung). Durch Jesus sind alle Menschen zur selben
Gottesanrede ermutigt: „Unser Vater" (Mt 6,9). Jesus hat tatsächlich den
Menschen den Namen Gottes wieder bekannt gemacht, aber gerade in
einem den Vorstellungen der Zeugen Jehovas entgegengesetzten Sinn (vgl.
Joh 17,6.11). Jesus hat den Namen Gottes geoffenbart, indem er auf die
prophetischen Traditionen, besonders auf das Buch Ezechiel, Bezug nahm
und zeigte, was Gott mit den Menschen vorhat. Deshalb kann es von dem
auferstandenen Jesus Christus im Philipperbrief heißen:

*Darum hat Gott ihn über alle erhöht und ihm den Namen verliehen, der
größer ist als alle Namen ...* (Phil 2,9 / Einheitsübersetzung)

Es wäre unsinnig, aber in der Logik der Zeugen Jehovas folgerichtig, nun
zu meinen, auch Jesus heiße „Jehova". Nein, es ist vielmehr so, daß Jesus
deshalb den Namen Gottes verliehen bekam, weil sich an ihm zeigte, was es
heißt, den Namen Gottes zu tragen. Gottes Name JHWH, der „Ich-bin-
da", konkretisiert sich in diesem Menschen Jesus endgültig. Mit dem
Namen Gottes ist das Leben, Sterben und Auferwecktwerden des Jesus
Christus beispielhaft verbunden. Mit dem Namen Gottes verbindet der
Christ ein menschliches Gesicht, eine erfahrungsgedeckte Lebensgeschichte
und keine nichtssagende Buchstabenreihe JEHOVA. Den Gott, der sich an
das Leben eines Menschen band, der sich in diesem Vorgang in das Leben
der Menschen und der Welt hineingab, den kann man in christlicher Sicht
wahrhaft „Ich-bin-da", „Jahwe", nennen. Im Grunde weiß ein Christ aber
auch, daß es nicht auf das „Herr-Herr-Sagen" (vgl. Mt 7,21) ankommt. Es
kommt darauf an, den Willen Gottes zu tun. Der Wille Gottes aber ist an
der Person Jesu ablesbar. Das ist gemeint, wenn Christen aufgefordert sind,
den Namen Gottes zu heiligen.

Und jeder, der den Namen Jehovas anruft, wird gerettet werden.
(Apg 2:21 / Neue-Welt-Übersetzung)

In einer solchen Übersetzung äußert sich deutlich das versteckte Motiv der
Zeugen Jehovas um den Gottesnamen. Sie müssen den griechischen Urtext
„onoma kyriou", „Name des Herrn", im Sinne ihrer ideologischen

Vorgaben abändern, weil sie denken, mit dem Namen „Jehova" ein Überlebensmittel für die Endzeitschlacht parat zu haben.

Die Segnungen, die sich daraus ergeben, den Namen Gottes zu kennen und zu lieben, sind daher nicht nur auf das gegenwärtige Leben beschränkt. Jehova hat gehorsamen Menschen verheißen, auf einer paradiesischen Erde ewig und in Glück zu leben. David wurde inspiriert zu schreiben: „Die Übeltäter selbst werden weggetilgt werden, die aber auf Jehova hoffen, sind es, die die Erde besitzen werden." [96]

Der Preis für die Anpassungen der Bibel an die Ideologie der Zeugen Jehovas ist hoch. Im Grunde müssen die Zeugen Jehovas die ersten Jahrhunderte der Christenheit bis ins 13. Jahrhundert als Zeit des Abfalls und der „Ausmerzung des Namens" ansehen. [97] Im ganzen wird an den Auffassungen der Zeugen Jehovas zum Gottesnamen eine Widersprüchlichkeit in der Rede von Gott deutlich, für die die Zeugen Jehovas kein wirkliches Problembewußtsein entwickelt haben: Ist Gott überhaupt in menschlicher Sprache, mit menschlichen Begriffen und Namen benennbar? Wie läßt sich der unbegreifliche Gott mit einem menschlichen Namen fassen? Eine ernstzunehmende Theologie muß sich über dieses Grundproblem menschlicher Rede von Gott Rechenschaft geben. [98] Gleichwohl muß der Glaube, will er nicht verstummen, Gott Namen beifügen. Aber was besagen solche Namen? Sind sie als Eigennamen verstehbar wie beim Menschen, der damit in seiner Identität und familiären Zugehörigkeit gefaßt wird? Ist man in der Wachtturm-Gesellschaft ernstlich der Meinung, mit dem Namen „Jehova" Gott für die eigene Gruppe dingfest machen zu können? Bedenken, daß man mit dem Eigennamen „Jehova" dem eigentlichen Wesen Gottes vielleicht nicht gerecht wird, gibt es offensichtlich nicht. Dies ist jedoch nicht Ausdruck einer guten Theologie, sondern lediglich Ausdruck des Bedürfnisses nach Sicherheit und Festlegbarkeit Gottes. Gott ist aber eben nicht ein Wesen namens „Jehova". Er ist „Jahwe", der „Ich-bin-da", der sich jeder festlegenden Projektion entzieht.

„Jehova": ein benannter Gott

Das Gottesverständnis der Zeugen Jehovas, das sich in ihrem Namensverständnis zeigt, ist letztlich nur das Beharren auf einem sprachlichen Irrtum wider besseren Wissens, den sie auch für die irreführende Selbstbezeichnung ihrer Organisation bewußt einsetzen. Die Zeugen Jehovas leiten

96 Ebd., S. 31.
97 Ebd., S. 17ff.
98 Vgl. Lohfink, Norbert (u.a.): „Ich will euer Gott werden". Beispiele biblischen Redens von Gott, Stuttgart 1981.

110

ihr Zeuge-Sein von einer Stelle aus dem Buch Jesaja ab. Im 43. Kapitel, Vers 12 heißt es nach der Einheitsübersetzung:

Ich habe es selbst angekündigt und euch gerettet, ich habe es euch zu Gehör gebracht. Kein fremder (Gott) ist bei euch gewesen. Ihr seid meine Zeugen – Spruch des Herrn. Ich allein bin Gott.

In der Übersetzung der Zeugen Jehovas liest sich diese Stelle ein wenig, aber in der ihr zugemessenen Bedeutung entscheidend anders:

„Ich selbst habe [es] verkündet und habe gerettet und habe [es] hören lassen, als kein fremder [Gott] unter euch war. Und ihr seid meine Zeugen", ist der Ausspruch Jehovas, „und ich bin Gott."

Der Kontext dieser Bibelstelle sieht als Ansprechpartner Gottes das Volk Israel. Für Israel spricht sich dieser Gott als Retter aus. In einer korrekten Übersetzung der oben zitierten Bibelstelle kann Gott wie gezeigt nicht als „Jehova" bezeichnet werden. Wenn die Zeugen Jehovas das jedoch tun und übersetzt wird: „Ihr sollt meine Zeugen sein, ist der Ausspruch Jehovas", dann soll beim Leser vermutlich der Rückschluß hervorgerufen werden: Wenn Jehova seine Zeugen beruft, dann müssen die Zeugen Jehovas eben diese Zeugen sein, weil sie ja so heißen. Die Zeugen Jehovas nutzen ihre eigene Fehlübersetzung, um daraus eine argumentative Ableitung ihres Namens zu untermauern. Was aber in der Grundlage falsch ist, kann auch durch noch so häufiges Wiederholen nicht richtiger werden.

Das Gottesverständnis der Zeugen Jehovas macht deutlich, wie schnell ein „Buchstabenglauben" in ein magisches Mißverständnis der Heiligen Schrift umschlagen kann. Der von den Zeugen Jehovas immer wieder angeprangerte Götzendienst der Welt kann sich in ihren Reihen durch eine Vergötzung eines Eigennamens breitmachen, ohne daß sie es selbst bemerken. Vergötzung bedeutet, aus Gott das zu machen, was den menschlichen Zielsetzungen entspricht. Mit der Namensgebung „Jehova" tut die Wachtturm-Gesellschaft genau dies.

„Jehova": ein Buchstabenglaube

111

Jesus, der größte Mensch

Die Zeugen Jehovas stimmen in ihrer Haltung mit vielen Zeitgenossen überein, die keine Christen sind, den christlichen Glauben aber wegen seines jesuanischen und humanen Ethos achten. Trotzdem wollen sie mit ihrem Verständnis der Person Jesu keinem allgemeinen, humanistischen Jesusbild, das Jesus schlicht als einen guten Menschen betrachtet, Vorschub leisten. Sie lehnen die vermeintliche Gleichrangigkeit Jesu mit anderen religiösen Führern wie etwa Mose, Buddha und Mohammed strikt ab. Für sie ist Jesus, „der größte Mensch, der je lebte". In dem Buch mit dem gleichnamigen Titel aus dem Jahr 1991 wird ausgeführt, warum die Zeugen Jehovas Jesus für die zweitgrößte Persönlichkeit im Universum halten sollten. In ihm wird auch eine die Evangelien übergreifende, einheitliche Jesusbiographie versucht. Die Evangelien werden hier synchronisiert. So soll eine Art „Überevangelium" entstehen. Jesus lebte danach 33 1/2 Jahre auf der Erde und gab sein vollkommenes Menschenleben als „Lösegeld" für die

Jesus: ein Prototyp der Zeugen Jehovas

sündhafte Menschheit hin. Er wird als ein „Prototyp" der Zeugen Jehovas betrachtet. Jehova hat ihn mit einer erstrangigen Stellung im Himmel belohnt. Die Botschaft dieses Buches lautet: Die 144.000 Gesalbten erwartet Ähnliches. Wie in allen anderen Fragen sind die Zeugen Jehovas auch hier der Meinung, daß ihre Position absolut biblisch begründet ist. Damit wollen sie sich auch bewußt absetzen von den angeblichen Verfälschungen der christlichen Kirchen. Wer also ist Jesus für die Zeugen Jehovas? Auf die so direkt gestellte Frage geben die Zeugen Jehovas zumindest in ihren Büchern und Broschüren zunächst immer eine bildliche Antwort:

Gutaussehend, dunkelhaarig, ebenmäßige Gesichtszüge mit einem gepflegten Vollbart. Auf den Bildern wird er meist in der Bildmitte in einem weißen Gewand postiert: Jesus Christus, der „schöne Mensch", die „Zentralfigur" in den Belehrungsbildern der Zeugen Jehovas. Man hat immer den Eindruck, man befände sich in einem biblischen Historiengemälde mit naiver Staffage und Ausstattung. Dieses gepflegte Jesusbild soll anscheinend Vorbildfunktion für die große Schar der Zeugen Jehovas haben, die Jesus als den Schlüssel zur Erkenntnis Gottes ansehen sollen. In Gestik und Mimik wird Jesus in den Posen dargestellt, in denen die Zeugen Jehovas sich auch selbst gerne sehen: im lehrenden Mittelpunkt der interessiert zuhörenden Menge.

EINE FRÜHE JESUS-DARSTELLUNG
DER ZEUGEN JEHOVAS:
DER BARTLOSE JÜNGLING
Die Wahrheit wird Euch frei
machen, 1943, S. 255

Jesus ist auch für die Zeugen Jehovas der „Messias". Das sehen sie aus biblischen Beweisen als gesichert an. Es bleibt allerdings diskutabel, welches Verständnis dieser Messianität zugrunde liegt und welche Schlüsse daraus gezogen werden.

Die Zeugen Jehovas beziehen sich auf Johannes 8,23, um Jesu vormenschliche Existenz im Himmel zu begründen. Dort im Himmel soll er *Jesus: ein* von Gott geschaffen worden sein, um dann seinerseits alle anderen Dinge *Geschöpf Gottes* zu erschaffen. Eine entscheidende Schlüsselstelle in der Beurteilung Jesu stellt Kol 1,15-20 dar. Diese Textstelle soll hier in zwei Übersetzungen vorgestellt werden. Zunächst die Neue-Welt-Übersetzung:

15 Er ist das Bild des unsichtbaren Gottes, der Erstgeborene aller Schöpfung; 16 denn durch ihn sind alle [anderen] Dinge in den Himmeln und auf der Erde, die sichtbaren und die unsichtbaren, erschaffen worden, es seien Throne oder Herrschaften oder Regierungen oder Gewalten. Alle [anderen] Dinge sind durch ihn und für ihn erschaffen worden. 17 Auch ist er vor allen [anderen] Dingen, und durch ihn sind alle [anderen] Dinge gemacht worden, um zu bestehen, 18 und er ist das Haupt des Leibes, der Versammlung. Er ist der Anfang, der Erstgeborene von den Toten, damit er in allen Dingen der Erste werde; 19 denn [Gott] hat es für gut befunden, in ihm die ganze Fülle wohnen zu lassen 20 und durch ihn alle [anderen] Dinge wieder mit sich zu versöhnen, indem Frieden gemacht wurde durch das Blut, [das er] am Marterpfahl [vergoß], es seien die Dinge auf der Erde oder die Dinge in den Himmeln.

Im Vergleich dazu der Text der ökumenischen Einheitsübersetzung (die Unterschiede, die zu dem verzerrten Christusbild der Zeugen Jehovas führen, springen sehr schnell und deutlich ins Auge):

15 Er ist das Ebenbild des unsichtbaren Gottes, der Erstgeborene der ganzen Schöpfung. 16 Denn in ihm wurde alles erschaffen im Himmel und auf Erden, das Sichtbare und das Unsichtbare, Throne und Herrschaften, Mächte und Gewalten; alles ist durch ihn und auf ihn hin geschaffen. 17 Er ist vor aller Schöpfung, in ihm hat alles Bestand. 18 Er ist das Haupt des Leibes, der Kirche. Er ist der Ursprung, der Erstgeborene der Toten; so hat er in allem den Vorrang. 19 Denn Gott wollte mit seiner ganzen Fülle in ihm wohnen, 20 um durch ihn alles zu versöhnen. Alles im Himmel und auf Erden wollte er zu Christus führen, der Friede gestiftet hat am Kreuz durch sein Blut.

Die Übersetzung der Wachtturm-Gesellschaft geht am griechischen Originaltext vorbei. Besonders der entscheidende Vers 17 wird in der Neue-Welt-Bibel sinnentstellend übersetzt. Bei den Zeugen Jehovas heißt es: „Auch ist er vor allen [anderen] Dingen, und durch ihn sind alle [anderen] gemacht worden, um zu bestehen." Eine solche Übersetzung klingt ziemlich holprig und gestelzt. Der Leser soll offensichtlich den Eindruck gewinnen, daß Jesus zwar vorrangig, aber wie „alle [anderen] Dinge" von Gott geschaffen wurde. Er wird von den Zeugen Jehovas zwar als „Sohn Gottes" bezeichnet, damit ist aber ein „Geschöpf Gottes" gemeint. Jesus wird so als ein präexistenter, von Gott geschaffener Engel angesehen. Er hat nach Auffassung der Zeugen Jehovas keine Wesensart Gottes. Diese Lehre wird also durch die Übersetzung in den Text hineingelesen. Die Bibel wird einmal mehr der vorgegebenen Lehre angepaßt. Korrekterweise muß Kol 1,17 übersetzt werden: „Er ist vor aller Schöpfung, in ihm hat alles Bestand."

Sohn Gottes = geschaffener Engel

Der Kolosserbrief spricht hier eine deutliche Sprache: Jesus ist der Christus, der schon vor aller Schöpfung war. Er selbst ist Ursprung und Zielpunkt aller Schöpfung. Der Einschub „[anderen]" in Vers 16 und 17 in der Neue-Welt-Übersetzung soll eine allmähliche Reihenfolge der geschaffenen Dinge, mit Jesus an der Spitze, suggerieren. Der Kolosserbrief will aber die Existenz Jesu Christi vor aller Zeit zum Ausdruck bringen. Eine sol-

JESUS,
DER SCHÖNE MENSCH
IM MITTELPUNKT:
DIE WUNSCHROLLE
ALLER ZEUGEN JEHOVAS.
Der Wachtturm, 15. Juli 1988

114

che Annahme der Präexistenz bringt eine Erfahrung, die die ersten Christen mit Jesus gemacht haben, auf den theologischen Begriff.[99] Es geht letztlich um die Frage, die auch schon in urchristlicher Zeit gestellt wurde, von woher den Menschen Rettung kommen kann. Kann ein Geschöpf den Menschen und die Welt retten? In Jesus Christus muß mehr sichtbar und erfahrbar geworden sein als lediglich geschöpfliche Qualitäten. Dies trifft dann auch ganz den Sinn von Kol 2,9:

Denn in ihm allein wohnt wirklich die ganze Fülle Gottes.

„Die Botschaft dieses Verses lautet demnach ganz elementar: Von Gott kann man jetzt (nach der eschatologischen Wende) nicht mehr reden, ohne von Jesus Christus reden zu müssen, und umgekehrt: Wer von Christus spricht, spricht zugleich von Gott selbst."[100] Vergleicht man damit die verklausulierte Übersetzung der Zeugen Jehovas, wird sofort wieder deutlich, wie mit der Übersetzung die Ideologie der Zeugen Jehovas zum Ausdruck gebracht werden soll:

... denn in ihm wohnt die ganze Fülle der göttlichen Wesensart körperlich.

Die „göttliche Wesensart" soll nach dem Willen der Wachtturm-Gesellschaft so verstanden werden, daß Jesus „als Sohn Gottes dem Vater nicht gleichrangig und auch nicht gleich ewig" ist.[101] Christus hat für die Zeugen Jehovas nichts, was ihm eigen wäre, weil er Gott ist, sondern weil Gott es ihm als seinem Geschöpf zugeteilt hat. So haben die Übersetzungen der Neue-Welt-Bibel einmal mehr die Funktion, die Lehre der Zeugen Jehovas zu stützen. Hier gilt das Motto, daß nicht im Text stehen darf, was mit der Wachtturm-Anschauung nicht vereinbar ist.

Man darf fragen, warum die Wachtturm-Gesellschaft an einem solchen Christusbild interessiert ist. Hauptsächlich erfüllt es die Funktion einer Profilierung und Unterscheidung zum Hauptstrom der christlichen Tradition. Die Berechtigung der Wachtturm-Gesellschaft und der Zeugen Jehovas leitet sich aus solchen unterschiedlichen Christusinterpretationen ab. Schaut her, signalisieren sie dem „Rest der Welt", wir haben das einzig wahre Christusbild bewahrt. Eine solche Profilierungsfunktion wird dann an nebensächlichen Punkten festgemacht. Es ist sicher in der Christenheit,

---

99 Vgl. Kuschel, Karl Josef: Geboren vor aller Zeit? Der Streit um Christi Ursprung, München 1990.
100 Ebd., S. 429.
101 Vgl. Unterredung an Hand der Schriften, aaO., S. 106.

PFAHL STATT KREUZ:
DER UNTERSCHIED MACHT´S!
Die Suche der Menschen nach Gott.
1990, S.351

gleich in welcher Konfession, nicht strittig, daß der Mensch Jesus am Kreuz gestorben ist. Das nehmen auch die Zeugen Jehovas an. Sie sind es jedoch, die im Unterschied zu allen anderen die Behauptung aufstellen, sie wüßten die Form, die dieses Kreuz gehabt hat. Entgegen der im Christentum gewohnten Form der Kreuzesdarstellung mit Querbalken-Kreuzesform sprechen sie von einem „Pfahl" und stellen dies auch so dar.

Alle anderen huldigen einem vorchristlichen heidnischen Symbol, während man als einzige christliche Gemeinschaft den wahren Einblick hat.

Gerade der oben zitierte Kolosserbrief-Hymnus möchte für die Christen eine deutliche Botschaft vermitteln: Vertraut trotz aller Angstmacher, daß der göttliche Urgrund der Schöpfung Christus ist. In ihm hat sich Gott gezeigt. Christus ist das wahre Bild Gottes, er wird alle falschen Gottesbilder entzaubern. Mit dem Gott, wie er sich in Christus gezeigt hat, läßt sich den Menschen keine Angst einjagen. Das sollten die Zeugen Jehovas auch beherzigen.

116

Der dreifaltige Gott

Mit der Frage nach der Person und dem Wesen Jesu hängt eng die Trinitätsfrage zusammen. Für die Zeugen Jehovas stellt der Gedanke der Dreifaltigkeit Gottes eine unbiblische Irrlehre dar. Sie vermuten sogar einen heidnischen Ursprung hinter der Trinitätslehre. Die Wachtturm-Gesellschaft kann mit ihrer Ablehnung der Trinitätslehre an die Ressentiments anknüpfen, die heute viele Menschen gegenüber einer schwierigen theologischen Denkfigur mitbringen. Die Position der Kirchen wird von den Zeugen Jehovas folgendermaßen dargestellt:

Ausgangspunkt: Unverstandene Trinitätslehre

In Gott sind drei Personen, der Vater, der Sohn und der Heilige Geist; doch sind die drei Personen nur e i n Gott. Alle drei Personen sind gleich groß, allmächtig, unerschaffen und gleich ewig. [102]

Dagegen stellen sie ihre eigene Position, die sie so skizzieren:

Andere sagen, die Lehre von der Dreieinigkeit sei eine Irrlehre, Gott, der Allmächtige, sei ein Wesen für sich, er sei ewig und allmächtig. Ferner erklären sie, der vormenschliche Jesus sei den Engeln gleich gewesen, eine Geistperson für sich, von Gott erschaffen, und deshalb müsse er einen Anfang gehabt haben. Sie lehren, daß Jesus Gott, dem Allmächtigen, nie in irgendeiner Form gleich gewesen sei; er sei ihm immer untergeordnet gewesen und sei es noch. Sie glauben auch, daß der heilige Geist keine Person ist, sondern Gottes Geist, seine wirksame Kraft. [103]

In den Schriften der Wachtturm-Gesellschaft wird den Kirchen unterstellt, daß sie mit der Trinitätslehre eine Theologie entwickelt haben, die dem gesunden Menschenverstand widerspreche und deshalb unter den Gläubigen Verwirrung stifte. Für die Zeugen Jehovas ist allerdings Verwirrung und schwierige Theologie dasselbe. Etwas spöttisch äußern sie sich über den Sachverhalt, daß manche an die Trinität glaubten, obwohl sie eine solche Lehre nicht begreifen könnten. Der katholische Theologe Hans Küng wird bemüht, ohne daß die Quelle seiner Äußerung zu überprüfen wäre. Küng soll behauptet haben, daß die Trinitätslehre der Grund sei, warum es zwi-

---

102 Sollte man an die Dreieinigkeit glauben?, Selters 1989, S. 3.
103 Ebd.

schen der katholischen Kirche und nichtchristlichen Völkern und Religionen zu keiner Verständigung komme. Die Zeugen Jehovas sind nicht gerade die, die ein solches Argument vorbringen dürften. Sie selbst bezeichnen alle anderen Religionen und Anschauungen als „falsche Religion" und sind an keinerlei Verständigung interessiert.

Weil die Trinitätslehre angeblich unverständlich sei, könne sie nicht von Gott stammen. Sie sei von den Kirchen erfunden, um die Gläubigen zu verwirren. Unterschwellig wird damit ein populistisches Vorurteil gegenüber der wissenschaftlichen Theologie ausgenutzt und geschürt. Die Zeugen Jehovas ergreifen Partei für die „einfachen Leute", denen eine komplizierte Theologie nicht zugemutet werden kann. Ein verstecktes Motiv für die *Sehnsucht nach* Anziehungskraft der Anschauungen der Zeugen Jehovas spricht sich hier- *einfachen* mit aus: Sie möchten in einer immer komplexer werdenden Welt eindeuti- *Antworten* ge und einfache Auskünfte über Gott geben. Ihr Gott soll kein Gott der Theologen und kein „Gott des Durcheinanders" sein. Die meisten Zeugen Jehovas merken nicht, daß sie sich damit den Gott der Leitenden Körperschaft in Brooklyn eingehandelt haben. Die Erfahrung lehrt auch, daß allein die Einfachheit einer Theologie noch kein Indiz für ihre Richtigkeit abgibt. Ganz im Gegenteil können einfache Antworten sehr häufig falsche Antworten sein.

Die Zeugen Jehovas halten die Trinitätslehre für nicht biblisch. Sie sei von der „falschen Religion" ersonnen, um die Menschen vor dem nahen Ende noch einmal am wahren Glauben irre zu machen. Die Frage ist, ob sich in der Bibel tatsächlich keine Hinweise für die Lehre von der Dreifaltigkeit finden lassen. Mit verschiedenen Belegstellen, die für diese Frage von Interesse sein könnten, möchten die Zeugen Jehovas nachweisen, daß es sich um Falschinterpretationen dieser Stellen handelt. Als Gegenfrage muß jedoch auch formuliert werden, ob denn überhaupt jemand die Behauptung, in der Bibel gebe es einen eindeutigen Dreieinigkeitsglauben, aufstellt. Es bleibt außerdem zu fragen: Kommen in der Bibel denn eindeutige Belege gegen eine Trinitätslehre vor?

Bei der Beantwortung der ersten Frage wird in den Schriften der Wachtturm-Gesellschaft immer wieder betont, daß namhafte Theologen der Christenheit darauf hingewiesen hätten, daß sowohl in den hebräischen Schriften, also im Alten Testament, als auch in den griechischen Schriften der Bibel, also dem Neuen Testament, keine klare Lehre von der Dreieinigkeit enthalten sei. Solche Betonungen der Zeugen Jehovas sind eigentlich überflüssig, da sie offene Türen in der theologischen Diskussion einrennen. Sie geben lediglich einen seit Jahren bekannten theologischen Konsens wieder. [104] In der Bibel findet sich nicht einfach die Formulierung der später in der Tradition der Kirche auftretenden dogmatischen Fassung der Trinitätslehre. Die Zeugen Jehovas widerlegen in ihren Argumentationsketten etwas, was so niemand behauptet. Die zweite der oben genannten Fragen beantworten die Zeugen Jehovas gleichfalls eindeutig:

Würde jemand, der die Bibel von vorn bis hinten durchliest, ohne die vorgefaßte Meinung zu haben, es gebe eine Dreieinigkeit, von alleine auf eine solche Idee kommen? Nein. [105]

Für die Zeugen Jehovas gibt es also in der Bibel keine Hinweise und Andeutungen, die die Idee der Dreifaltigkeit auch nur ansatzweise rechtfertigen würden. Alle biblischen Stellen, die sie anführen, belegen nach ihrer Meinung einen klaren Monotheismus, während sie die Trinitätslehre als einen Tri-Theismus (Dreigottglauben) denunzieren. Im folgenden werden solche Bibelstellen untersucht, aber auch solche, die die Zeugen Jehovas geflissentlich übergehen oder nach ihrer vorgefaßten Meinung übersetzen. Die Bibelstellen werden nach der Einheitsübersetzung wiedergegeben, die eine gute Wiedergabe des Urtextes gewährleistet. Zu jeder Stelle wird kurz angeführt, welche theologischen Schlüsse für die Zeugen Jehovas daraus zu ziehen sind.

Er ging ein Stück weiter, warf sich zu Boden und betete: Mein Vater, wenn es möglich ist, gehe dieser Kelch an mir vorüber. Aber nicht wie ich will, sondern wie du willst. (Mt 26,39)

Biblische Belege

Diese Stelle soll belegen, daß Vater und Sohn als voneinander getrennte Personen existieren. Wären sie eine Person, so die Zeugen Jehovas, dann hätte Jesus zu sich selbst gebetet.

Offenbarung Jesu Christi, die Gott ihm gegeben hat ... An den Engel der Gemeinde Laodizea schreibe: So spricht Er, der „Amen" heißt, der treue und zuverlässige Zeuge, der Anfang der Schöpfung Gottes. (Offb 1,1; 3,14)

---

104 Vgl. Müller, Gerhard Ludwig: Der Trinitätsglaube im biblischen Zeugnis, in: Katholische Dogmatik, Freiburg/Basel/Wien 1995; Courth, Franz: Der Gott der dreifaltigen Liebe, Paderborn 1993.
105 Sollte man an die Dreieinigkeit glauben?, Selters 1989, S. 12.

Hier folgern die Zeugen Jehovas, daß derjenige, der als „Anfang der Schöpfung" bezeichnet wird, selbst Teil der Schöpfung sein muß und folgerichtig nicht als Gott bezeichnet werden darf.

Doch jenen Tag und jene Stunde kennt niemand, auch nicht die Engel im Himmel, nicht einmal der Sohn, sondern nur der Vater. (Mk 13,32)

Die Zeugen Jehovas nehmen an, daß wenn Vater, Sohn und Geist eine Einheit bilden würden, auch der Sohn um den Termin des jüngsten Tages wissen müßte. Da er es nicht weiß, kann der Sohn nicht mit dem Vater gleichrangig sein. Gegen eine Gleichrangigkeit von Vater, Sohn und Geist wird in dieser Argumentationslinie auch noch angeführt, daß der Vater die Plätze links und rechts von sich im Himmel selbst vergibt. Wenn der Sohn ihm gleich wäre, könnte er die Plätze selbst vergeben (Mt 20,20-23). Die neutestamentliche Textstelle Mt 12,31-32, wo erläutert wird, jede Sünde, nur nicht die gegen den Heiligen Geist, werde vergeben, wird von der Wachtturm-Gesellschaft als ein Beleg für die Höherrangigkeit des Heiligen Geistes gesehen.

Als weitere Bibelstellen für die unterschiedliche Mächtigkeit in der Vater-Sohn-Geist-Rangstellung werden angeführt:

❖ Joh 14, 28: „... denn der Vater ist größer als ich."
❖ 1 Kor 11,3: „... und Gott das Haupt Christi."
❖ 1 Kor 15,28: „... wird auch er, der Sohn, sich dem unterwerfen, der ihm alles unterworfen hat, damit Gott herrscht über alles in allem."
❖ 1 Kor 8,5-6: „Und selbst wenn es im Himmel oder auf der Erde sogenannte Götter gibt – und solche Götter gibt es viele – , so haben wir doch nur einen Gott, den Vater."
❖ 1 Petr 1,3: „Gepriesen sei der Gott und Vater unseres Herrn Jesus Christus."

Nach der durchgängigen Meinung der Zeugen Jehovas belegen diese Stellen alle die Nicht-Göttlichkeit Jesu. Wenn Jesus zur Dreieinigkeit gehören würde, könnte er keinen Gott mehr über sich haben. Zu allen von den Zeugen angeführten Textstellen ist der argumentative Grundzug immer wieder sehr ähnlich: Wenn Jesus wirklich ein Gott gewesen wäre, dann müßte sich eine solche Gleichrangigkeit auch in seiner Gottesanrede und in der Sichtweise und Beschreibung seiner Zeitgenossen zu ihm ausgedrückt haben. Eine solche Argumentation übersieht aber gerade, daß das Spezifische des Gottseins Jesu sich nicht in einer unfaßbaren Übermenschlichkeit ausdrückt. Auch sprachlich wollen die Verfasser des Neuen Testaments den „göttlichen Tausch" so zum Ausdruck bringen, daß Jesu Göttlichkeit nicht mit einer ins Übernatürliche projizierten Menschlichkeit verwechselt wird. Die Sichtweise der Zeitgenossen Jesu, die im Neuen Testament auf die Erfahrungen mit ihm und die mündlichen Überlieferungen von ihm reflektieren, weist jedoch durchaus Züge und Ansätze einer Trinitätstheologie auf. Die hierfür in Frage kommenden Stellen werden von den Zeugen Jehovas gemäß ihres Vorurteils, daß Jesus Christus kein Status der göttlichen Person zukommt, verbogen und übersetzt.

Das Gottsein Jesu Christi drückt sich nicht in Übermenschlichkeit aus

Die Zeugen Jehovas entwickeln kein Problembewußtsein für die schwierige Lage der Schreiber der Heiligen Schrift. Für Menschen, die eine Erfahrung mit Jesus gemacht haben und daran glauben, daß es eine Erfahrung mit Gott war, geht es, wenn sie dies sprachlich zum Ausdruck bringen wollen, um die Darstellung eines paradoxen Sachverhalts. Jesus ist „wahrer Mensch" und „wahrer Gott" und zwar nicht so, daß er als ein als Mensch verkleideter Gott auf der Erde lebte, wie dies aus der griechischen Mythologie bekannt war. Die Aufgabe, einen solchen schwierigen theologischen Sachverhalt zu denken, führte in neutestamentlicher Theologie zu den unterschiedlichsten Denkfiguren, die immer wieder in neuen Versuchen sagen wollen:

Er war Gott gleich, hielt aber nicht daran fest, wie Gott zu sein, sondern entäußerte sich und wurde wie ein Sklave und den Menschen gleich. Sein Leben war das eines Menschen ... (Phil 2,6-7)

Diese den griechischen Urtext wiedergebende Übersetzung liest sich in der Neue-Welt-Übersetzung der Wachtturm-Gesellschaft ganz anders:

... der, obwohl er in Gottesgestalt existierte, keine gewaltsame Besitzergreifung in Betracht zog, nämlich um Gott gleich zu sein. Nein, sondern er entäußerte sich selbst und nahm Sklavengestalt an und wurde den Menschen gleich.

121

Hier muß man schon die Frage stellen, warum die Wachtturm-Gesellschaft nicht offen zugibt, daß ihr der griechische Urtext nicht behagt und daß sie deshalb einen neuen, ihren Anschauungen besser entsprechenden Bibeltext konstruieren will. Wo bei der obigen Übersetzung der ideologische Zug hinfährt, ist klar. Weil Jesus nicht Gott gleich sein darf, wird eine widersinnige Formulierung gewählt. Was soll denn heißen, er „habe keine gewaltsame Besitzergreifung in Betracht gezogen"?

Es bleibt festzuhalten: Jesus hatte während seines irdischen Daseins ein Gottesverhältnis und -verständnis, wie es einem Menschen entspricht. Er war kein „übermenschlicher" Mensch. Er wird sich wohl selbst auch nicht als Gott verstanden haben.

Aber schon die Menschen zu seiner Zeit haben erkannt, und die theologische Reflexion über diesen Jesus von Nazaret brachte zum Ausdruck: In diesem Menschen lebte mehr als nur ein außergewöhnlicher Mensch. Jesus wurde schon sehr früh als das fleischgewordene Wort Gottes (vgl. Joh 1,1), als Gottes Sohn (vgl. Mt 16,16) und als ein mit göttlicher Vollmacht Ausgestatteter (vgl. Mk 1,22) begriffen. Bei vielen Menschen muß in der Begegnung mit Jesus die Gewißheit entstanden sein, daß er *Jesus:* ganz von der Seinsweise Gottes bestimmt war und in Gott seinen *„Ebenbild* Ursprung hatte. Er ist das Gegenüber Gottes von Anbeginn, das „Abbild *Gottes"* seines Wesens", der Mensch, in dem sich Gott voll und ganz ausdrückt, das „Ebenbild Gottes" (vgl. Hebr 1,3; Kol 1,15). Das Johannesevangelium formuliert das so:

Was nämlich der Vater tut, das tut in gleicher Weise der Sohn. (Joh 5,19)

Der Heiligen Schrift des Neuen Testaments kommt es nicht auf die Darstellung einer Gleich- oder Höherrangigkeit in Gott an. Eine solche Fragestellung ist ihr völlig fremd. Daß diese Fragestellung trotzdem dauernd in die Texte hineininterpretiert wird, muß bei einer so hierarchisch strukturierten Organisation wie der Wachtturm-Gesellschaft nicht verwundern. Der Bibel kommt es vielmehr darauf an, das Einzigartige dieses Menschen Jesus in menschliche Worte zu fassen. Wenn Jesus „Anfang der Schöpfung" (Offb 3,14) oder „Erstgeborener der Schöpfung" (Kol 1,15) genannt wird, dann wird damit gerade nicht ausgedrückt, daß Jesus ein Geschöpf mit einem zeitlichen Anfang darstellt. Dies interpretieren die Zeugen in die Texte hinein. Vielmehr wird in unterschiedlichen Sprachspielen immer wieder darauf hingewiesen, daß Jesus gerade im Gegensatz zur Welt und den Geschöpfen aus Gott geboren ist. Jesus ist von Gott gezeugt und damit ihm wesensgleich.

Im Anfang war das Wort, und das Wort war bei Gott, und das Wort war Gott. Im Anfang war es bei Gott. (Joh 1,1f.)

Das Wort, aus dem alles geschaffen wurde, war am Anfang. Was am Anfang war, ist selbst anfanglos. Es ist selbst Gott. Diese entscheidende Stelle übersetzen die Zeugen Jehovas wieder äußerst ideologieverdächtig wie folgt:

Im Anfang war das Wort, und das Wort war bei Gott, das Wort war ein Gott. Dieser war am Anfang bei Gott.

Der ahnungslose Leser wird jetzt vielleicht sagen, na bitte, da sagen die Zeugen Jehovas doch selbst, daß „das Wort ein Gott war". Wenn man sich jedoch diese Übersetzung in den Schriften der Zeugen erklären läßt, wird sehr schnell deutlich, was hiermit eigentlich zum Ausdruck gebracht werden soll:

Das „Wort" (das Jesus Christus wurde) als „einen Gott" zu bezeichnen ist in Übereinstimmung mit dem Gebrauch dieses Wortes in der Bibel. Zum Beispiel spricht Psalm 82:1-6 von menschlichen Richtern in Israel als von „Göttern" ... [106]

Die Übersetzung „ein Gott" soll also im Verständnis der Zeugen Jehovas besagen, Jesus sei eine Art Richter bei Gott gewesen. Die Wachtturm-

---

106 Unterredung an Hand der Schriften, aaO., S. 102.

Gesellschaft springt auf die Allegorie einer anderen Bibelstelle, um damit Joh 1,1 umzudeuten. Eine solche Umdeutung ist nur zur Bestätigung der eigenen Lehre folgerichtig. Nicht mehr die Lehre hat sich nach der Bibel zu richten, sondern die Bibel nach der Lehre. Die Wachtturm-Gesellschaft als „Vertreterin der wahren Religion" unterstellt den anderen christlichen Gemeinschaften und Kirchen, die eine Trinitätslehre kennen, einen Drei-Götter-Glauben (Tritheismus), den sie von „heidnischen Philosophien" übernommen hätten. Bei dieser Unterstellung handelt es sich um ein von der Wachtturm-Gesellschaft gepflegtes Vorurteil und Mißverständnis, das man dann mit verfälschten Bibelübersetzungen zu begründen versucht. Die Unterstellung eines „Tritheismus" und die manipulative Veränderung des Wortes Gottes sind beide für eine christliche Theologie völlig indiskutabel. Es ist unter den Bibelforschern heute unbestritten, daß die Heilige Schrift in ihrem neutestamentlichen Teil Ansätze für eine Dreifaltigkeitstheologie enthält. Durch sie wurden Denkprozesse in Gang gesetzt, die zu der späteren Trinitätsauffassung geführt haben. Das in den ältesten Teilen des Neuen Testaments anzutreffende Christusbekenntnis (Röm 15,6; 2 Kor 11,31; Eph 1,3; Kol 1,3 u.a.) reflektiert immer auch schon das Verhältnis Jesu zu seinem Vater:

Fundament und Entwicklung des urkirchlichen Christusbekenntnisses sind integraler Teil, ja der entscheidende Fragepunkt des christlichen Gottes- und Trinitätsglaubens ... Jesus konnte ja gar nicht als der Christus, als der Heilsmittler verkündet werden, ohne daß zugleich von Gott die Rede war ... Bereits mit dieser frühen Stufe der Bekenntnisentwicklung und ihren soge-nannten binitarischen Glaubensformeln ist deutlich der Rahmen für das tri-nitarische Glaubensbekenntnis gesteckt, auch wenn die Klarheit des Ausdrucks noch aussteht ... Für das wachsende Christusverständnis ist neben dem Vater der Geist der andere entscheidende Erfahrungswert...Er ist die das Erlösungswerk Jesu weiterführende Gegenwart Gottes im Menschen und in der Kirche. [107]

Die Taufformel im 1. Korintherbrief (1 Kor 6,11) und im Matthäusevangelium (Mt 28,19) stellt Vater, Sohn und Geist unmittelbar nebeneinander. Gerade den Zeugen Jehovas, die ja eine ausgiebige Taufpraxis kennen, müßte klar sein, daß sich das ausfaltende Christusbekenntnis in einem trini-

„Heidnische Philosophie": ein gepflegtes Vorurteil

Trinitarische Taufformel

---

107 Vgl. Courth, Franz: Der Gott der dreifaltigen Liebe, aaO., S. 119.

tarischen Taufverständnis konkretisierte und dies wiederum nur eine Stufe auf dem Weg zu einem entfalteten Trinitätsglauben darstellte. Die Taufformel scheint die kürzeste Zusammenfassung des christlichen Glaubens zu sein, und sie gibt allen nachfolgenden Theologengenerationen genügend Denkarbeit auf. Ohne an dieser Stelle auf die historischen Linien dieser Denkarbeit eingehen zu können, ist doch klar, daß sich in der Trinitätslehre ein Grundproblem menschlichen Sprechens von Gott ausdrückt.

Grundproblem: menschliches Sprechen von Gott

Ein solches Problembewußtsein geht den Zeugen Jehovas ab. Sie vertreten bei genauer Betrachtung in ihrem Gottesverständnis eine Position, die in der frühen Kirche schon einmal als die Häresie des Arianismus abgelehnt wurde. Der alexandrinische Presbyter Arius (ca. 260 bis 336 n. Chr.) vertrat die Lehre, daß Jesus Christus weder gleichewig mit dem Vater sei, noch mit ihm die Seinsform teile, noch als ungezeugt betrachtet werden dürfe. Vielmehr sei Gott-Vater der Ursprung und die Einheit allen Seins vor allen Dingen. Der Arianismus meinte einen strikten Ein-Gott-Glauben nur wahren zu können, indem er den Sohn und den Geist als bloße Geschöpfe ansah. Ähnliche Motive äußern auch die Zeugen Jehovas, ohne daß ihnen die Parallelität zur Häresie des Arianismus bewußt ist. Den Arianern antwortet schon damals Athanasios von Alexandrien:

Wenn aber der Heilige Geist ein Geschöpf wäre, dann könnten wir nicht in ihm Gemeinschaft mit Gott haben, sondern wir würden mit einem Geschöpf verbunden, blieben aber der göttlichen Natur fremd, da wir in keiner Weise Anteil an ihr hätten. Da wir nun aber Christi teilhaftig und Gottes teilhaftig genannt werden, erweist sich, daß die Salbung und das Siegel in uns nicht von der Natur der gewordenen Dinge ist, sondern von der des Sohnes, der uns durch den Heiligen Geist in ihm mit dem Vater verbindet. [108]

Diese Argumente haben auch heute gegenüber den Zeugen Jehovas nichts von ihrer theologischen Stringenz eingebüßt. Die Zeugen Jehovas sind zu fragen: Wie ist überhaupt in ihren Gottesvorstellungen eine Gemeinschaft mit Gott, ein Anteilhaben am Gottesverhältnis Jesu möglich? Die Anschauungen in den Schriften der Zeugen Jehovas lassen den Schluß zu, daß eine solche Gemeinschaft mit Gott in Jesus Christus für die Zeugen nicht möglich wird. Jehova Gott ist in unerreichbare Ferne gerückt. Es bleibt nur das Paradies auf Erden. Dies gleicht allerdings eher einem „American Way of

---

[108] Aus: Epistulae IV ad Serapionem, 1,24, in: Patrologiae cursus completus 26 585 BC, Paris 1857.

Life" als den alle menschlichen Vorstellungen übersteigenden Bildern der Bibel. Es muß an die Wachtturm-Gesellschaft und an die Zeugen Jehovas noch genauer die Frage gerichtet werden: Wie soll es bei einem solchen Gottesverständnis überhaupt möglich sein, daß Gott sich offenbart? Vor allen Dingen, als was offenbart sich Gott? Ist Gott nur indirekt, über alles, was nicht Gott ist, offenbar? Stellt eine solche indirekte Offenbarung schon die ganze Offenbarung Gottes dar? Hat sich Gott in Jesus Christus endgültig geoffenbart oder können von ihm noch Offenbarungsteile „nachgeschoben" werden?

Offenbarung stückchenweise?

Für die Wachtturm-Gesellschaft sind diese Fragen immer schon entschieden. Es verwundert nicht, daß Jehova Gott auf ihren Darstellungen immer gesichtslos und fern entrückt dargestellt wird.

Es verwundert bei diesem Gottesverständnis auch nicht, daß die Leitende Körperschaft der Wachtturm-Gesellschaft immer wieder neue Offenbarungsinhalte „nachschiebt". Man kann als Zeuge Jehovas nie ganz sicher sein, ob Gott sich uns wirklich und unüberbietbar mitgeteilt hat oder ob er nicht schon morgen durch seinen „treuen und verständigen Sklaven" in Brooklyn seine Mitteilungen ändern läßt.

Im Gegensatz zu einem solchen Gottesverständnis will die Trinitätslehre im Grunde darauf hinweisen, daß Gott nur durch Gott selbst endgültig geoffenbart werden kann. Eine solche Selbstmitteilung Gottes kann nur trinitarisch gedacht werden. Gott zeigt sich als Gott nicht im Kreatürlichen (höchstens als Verweis), sondern nur als eine Bewegung Gottes zu Gott. Wenn Jesus Christus die Selbstmitteilung Gottes ist, dann wird das Gottsein Gottes nur gewahrt, wenn Gott in Jesus Christus zu sich selbst kommt. Wenn Jesus nur ein Geschöpf Gottes gewesen ist, dann kann Gott sich in ihm nicht selbst mitteilen. Gott selbst kann nicht Teil der Schöpfung sein. Die Trinitätstheologie macht keine Aussagen über das Wesen Gottes, sondern vor allem über die Probleme, die sich für den Menschen mit dem Gottesgedanken ergeben. Vater, Sohn und Geist sind der eine Gott. Insofern offenbart der Sohn den Vater und der Geist offenbart den Vater und den Sohn. In jedem begegnet man wirklich Gott und nicht einem Teil der Welt. Der eine Gott ist aber nicht als uniform zu denken, sondern als in sich in drei Personen differenziert, Personen, die nicht identisch sind, sondern sich durch ihr Verhältnis zueinander unterscheiden. Dieses Verhältnis kann am verstehbarsten und am treffendsten als Beziehungsgeschehen, als Liebe,

126

ausgesagt werden. Gott ist die Liebe (1 Joh 4,8). Gott ist also wie die menschliche Erfahrung der Liebe zu denken. Gott ist in biblischem und christlichem Verständnis eine einzige Wirklichkeit, die in drei auf sich selbst bezogenen Relationen gedacht werden kann, ähnlich wie die drei Pole (Ich – Du – Wir) eines Liebesgeschehens zwischen Menschen drei unterscheidbare Relationen einer einzigen Wirklichkeit sind.

Die Rede von einer göttlichen Offenbarung kann mit der Transzendenz Gottes nur zusammengehen, wenn Gott dreifaltig ist im Sinne eines dreifachen Selbstbesitzes des einen und einzigen Gottseins. Eine Beziehung Gottes auf die Welt auszusagen, welche nicht zuvor eine innergöttliche Beziehung, der Selbstbesitz des Sohnes oder des Heiligen Geistes als der Liebe zwischen Vater und Sohn ist, würde der Gottheit Gottes widersprechen. [109]

Genau dies tun aber die Zeugen Jehovas mit ihren Gottesgedanken. Unter der Vorgabe, die Gottheit Gottes zu wahren, machen sie ihn zu einem Teil der Welt. Dies gilt es deutlich zu entlarven.

Gott ist Beziehung, Liebe

109 Vgl. Knauer, Peter: Der Glaube kommt vom Hören, Freiburg 1990, S. 129.

JEHOVA GOTT: FERN, ENTRÜCKT UND GESICHTSLOS
Die Offenbarung – Ihr großartiger Höhepunkt ist nahe! 1988, S.75

127

DIE ENDZEIT

Endzeitberechnungen

Die Zeugen Jehovas verdanken ihre Entwicklung einer Lehre, die sie nicht selbst erfunden haben, deren sichere Berechnung sie jedoch für sich reklamieren: die „millenarische Eschatologie". Das ist die Lehre von den Ereignissen am Ende der Zeit (Eschatologie), hier ausgeprägt durch die Erwartung des Anbruchs eines 1000jährigen Reiches (Millennium). Die Endzeitberechnung und die Endzeitlehre sind das Fundament und das Herzstück der gesamten Anschauungswelt der Zeugen Jehovas. Sie bestimmen das Leben eines jeden Zeugen Jehovas bis in seine alltäglichen Vollzüge hinein. Auf diesen konstruktiven Kern ist das gesamte Anschauungsgebäude der Zeugen Jehovas aufgebaut. Im folgenden wird versucht, das apokalyptische Szenario, das in den Büchern der Zeugen Jehovas sehr drastisch und sehr anschaulich dargestellt ist, in seinen argumentativen Grundzügen nachzuzeichnen und zu verstehen.

1000jähriges Reich unter dem Wachtturm

Wie keine andere Endzeitgruppierung haben die Zeugen Jehovas versucht, ihre Endzeiterwartung durch die Berechnung eines Termins des Beginns dieser Endzeit zu stützen. „Biblische Arithmetik" scheint das Warten und Hoffen auf das Ende zu erleichtern. Auch der biblische Einwand, daß man weder „Tag noch Stunde" kenne (vgl. Mt 24,36; Mk 13,32), läßt die Zeugen Jehovas von einem Berechnungsversuch nicht zurückschrecken. Einem solchen Einwand begegnet man eben mit dem Hinweis, wenn schon nicht Tag und Stunde bekannt seien, so könne man doch wenigstens die Jahreszahl errechnen. Keine andere christliche Sondergruppe hat so beharrlich das Ende des nicht zu den Zeugen Jehovas gehörenden Restes der Welt vorausgesagt wie eben die Zeugen Jehovas. In der Zeugensprache ist vom „Ende des Weltsystems dieser Dinge" die Rede. Gemeint sind alle Nicht-Zeugen. Ihnen wurde mit großer Eindeutigkeit und unter Nennung von konkreten Jahreszahlen ein grausiges Ende vorausgesagt.

APOKALYPSE (BALD): HINTER UNS DER UNTERGANG, VOR UNS DAS PARADIES Vordergrund: Von Kurukshetra nach Harmagedon - Wie kannst Du überleben, 1987, S. 1

129

Im Laufe der Geschichte wurden von den Zeugen Jehovas unterschiedliche Jahreszahlen genannt: 1874, 1878, 1910, 1914, 1925, 1975. Die Nennung einer solchen Jahreszahl brachte jedesmal einen neuen missionarischen Elan in die Organisation und auch einen steigenden Anhängerzuwachs. Wenn dann die jeweilige Fehlprognose deutlich wurde, war dies von einem entsprechenden Mitgliederschwund begleitet. Dieser brachte jedoch die Anhängerzahlen nie unter den zuvor erfolgten Zuwachs. Meist hat die Wachtturm-Gesellschaft die nicht eingetroffenen Endzeitdaten mit dem Hinweis weginterpretiert: Jehova Gott wolle noch mehr Menschen die Gelegenheit geben, Zeuge Jehovas zu werden und damit die Endzeitschlacht, in der Gott alle Nicht-Zeugen vernichtet, zu überleben. Mit der Bibelstelle Sprichwörter 4,18: „Doch der Pfad der Gerechten ist wie das Licht am Morgen; es wird immer heller bis zum vollen Tag", versuchte man sich aus der Affäre zu ziehen. Die Leitende Körperschaft der Wachtturm-Gesellschaft geht von zunehmend hellerem Licht, das heißt zunehmendem Erkenntniszugewinn aus. Im Hinblick auf prophezeite und konkretisierte Daten kann aber von einem allmählichen Zugewinn an Erkenntnis nicht die Rede sein. Ein vorhergesagtes Jahresdatum ist entweder falsch oder richtig. Ein „heller werdendes Licht" meint vermutlich die nachträgliche Umdeutung einer falschen Prognose. Die Leitende Körperschaft der Wachtturm-Gesellschaft hat eine so starke Stellung in der gesamten Organisation, daß von ihr solche Uminterpretationen vorgenommen werden können. Teilweise machen es sich einzelne Zeugen Jehovas bei kritischen Rückfragen an den Haustüren aber noch einfacher, sie bestreiten kurzerhand, daß je Daten der Endzeitberechnung genannt worden seien.

Endzeitliche Berechnungen mit Fehlern

Wo setzt nun die Endzeitvorstellung der Zeugen Jehovas an? Sie begreifen die Endzeitereignisse, wie sie vor allem im Buch der Offenbarung des Johannes beschrieben sind, in einem realistischen, handfesten und dinglichen Sinne. Die Geschehnisse am Ende der Zeiten werden in einer bibelwörtlichen Übertragung als von außen über die Welt hereinbrechend betrachtet. Ein symbolisches Verständnis, gar im Kontext der Entstehungszeit der biblischen, apokalyptischen Schriften wollen die Zeugen Jehovas ausschließen.

Die Zeugen Jehovas nehmen viele katastrophale Zeitereignisse zum untrüglichen Zeichen dafür, daß wir in den „letzten Tagen" leben. Besonders Hochrüstung, Hungersnöte, Seuchen, Kriminalität und moralischer Verfall sind für sie der Anlaß, den Zeitplan Gottes zu entschlüsseln. Von den oben genannten Jahresdaten sind 1914, 1925 und 1975 die wichtigsten. Die beiden letzten werden von den Zeugen Jehovas heute nicht mehr genannt, oder es wird deutlich Abstand von ihnen genommen. Häufig ist die Begründung zu hören, Voreilige hätten in die Erkenntnisse der Leitenden Körperschaft zu viel hineininterpretiert. Daß dies lediglich eine Schutzbehauptung ist, wird deutlich, wenn man sich die beiden Texte, in denen die Berechnung der zwei Termine ausgeführt wurde, anschaut. Der erste Text stammt aus der Zeitschrift „Das Goldene Zeitalter", der Vorläuferin von „Erwachet!":

Wir erwarten mit voller Gewißheit, daß die jetzige große Drangsal (Daniel 12; Matth. 24; Luk. 21:5-36) im Jahre 1925, etwa im Herbst, ihren furchtbaren Höhepunkt erreicht und alsdann zum endgültigen Abschluß kommen wird, damit anschließend das Werk der Wiederherstellung aller Dinge (Apg. 3:19-21) unter der gerechten Regierung des Christus und seiner Getreuen (Off. 20:4-6) beginnen kann. Wir erwarten mit absoluter Zuverlässigkeit die nach der Drangsal beginnende Auferstehung der gesamten Menschheit, die allmählich innerhalb eines Zeitraumes von 1000 Jahren aus dem Todesschlaf zurückkommen werden und mit einem neuen Körper, und zwar so, daß die zuletzt Gestorbenen zuerst und die vor Jahrtausenden Gestorbenen, wie Adam z.B., zuletzt auferstehen werden, um durch die Gnade Gottes ewiges Leben unter vollkommenen Verhältnissen auf einer neu gestalteten Erde empfangen zu können. Ferner dürfen wir verkündigen, daß vielen Menschen, die jetzt leben, die Möglichkeit zuteil werden kann, überhaupt nicht erst sterben zu brauchen, weil die Schrift sagt, daß es solche geben wird, die in dieser Drangsal am Leben bleiben werden. Zwar werden sie durch großes Leiden in der Drangsal heimgesucht, aber dennoch lebend in das goldene Zeitalter nach 1925 hinüberkommen, um dann mit den Auferstehenden der Menschheit an der Segnung ewigen Lebens auf Erden teilzuhaben (Matth. 24:22). [110]*

Datum mit „voller Gewißheit"

Dieser Text wurde unter der Präsidentschaft von Joseph F. Rutherford (siehe S. 32ff.) verfaßt und läßt an Konkretion und Eindeutigkeit nichts zu wünschen übrig. Von „voller Gewißheit" und „absoluter Zuverlässigkeit" und vom „Herbst 1925" ist hier die Rede. Außerdem wird auch der bis heute unveränderte „Fahrplan" der Endzeitereignisse zum Ausdruck

110 Das goldene Zeitalter, 15. März 1924.

131

gebracht. Die Zeugen Jehovas erwarten nach der Drangsal für eine bestimmte Klasse ihrer Anhänger, die irdische Klasse, ein ewiges Leben hier auf der Erde. Die Verhältnisse sollen dann in einer 1000jährigen Umgestaltung vollkommen neu werden. Dafür wird die „irdische Klasse" sorgen, während Christus und die „himmlische Klasse" sie dabei überwachen.

Eine ähnlich deutliche Sprache spricht der Text aus dem Buch „Ewiges Leben in der Freiheit der Söhne Gottes". An der Abfassung war der damalige Vizepräsident und spätere Präsident der Wachtturm-Gesellschaft Frederick W. Franz (siehe S. 53ff.) maßgeblich beteiligt:

In diesem zwanzigsten Jahrhundert wurde ein unabhängiges Studium durchgeführt, das nicht blindlings den traditionellen chronologischen Berechnungen der Christenheit folgte, und die veröffentlichte Zeittafel, die von diesem unabhängigen Studium herrührt, gibt das Datum der Erschaffung des Menschen mit 4026 v.u.Z. [vor unserer Zeitrechnung / E.T.] an. Gemäß dieser zuverlässigen Bibelchronologie werden 6000 Jahre, von der Zeit der Erschaffung des Menschen an, mit dem Jahre 1975 enden, und die siebente Periode von eintausend Jahren Menschheitsgeschichte beginnt im Herbst des Jahres 1975 u.Z. [unserer Zeitrechnung / E.T.] Sechstausend Jahre der Existenz des Menschen auf Erden werden bald vorüber sein, ja innerhalb dieser Generation ... Das würde für die Menschheit äußerst zeitgemäß sein. Es würde auch von Gott aus sehr zeitgemäß sein, denn erinnere dich bitte daran, die Menschheit hat nur noch das vor sich, was das letzte Buch der Heiligen Schrift über die Tausendjahrherrschaft Jesu Christi über die Erde, die Millenniumsherrschaft Jesu Christi, sagt. [111]

6000 Jahre Menschheitsgeschichte sollen 1975 zu Ende gehen

Auch hier kommen wieder deutlich die Berechnungsversuche der Zeugen Jehovas zum Zuge. Auf die Angabe des Datums der Erschaffung des Menschen meint man bei den Zeugen Jehovas aus dem Zurückrechnen der beiden Stammbäume Jesu in Mt 1,1-17 und Lk 3,23-38 zu kommen. Von diesem absoluten Datum her sind dann mit dem Jahr 1975 sechstausend Jahre Menschheitsgeschichte beendet, und die siebte Periode mit einem neuen 1000jährigen Zeitraum, dem sog. Millennium beginnt. Auch diese Berechnung wird mit dem Anspruch großer Zuverlässigkeit vorgetragen. Als sich 1976 dann endgültig der Fehlschlag dieser Berechnung erwies, war die Leitende Körperschaft nicht in der Lage, eine zufriedenstellende Erklä-

111 Ewiges Leben in der Freiheit der Söhne Gottes, Wiesbaden 1967, S. 30f.

rung abzugeben. Im Wachtturm vom 1. Januar 1976 hieß es dann, daß zwischen der Erschaffung Adams und Evas eine gewisse Zeitspanne verstrichen sei. So sei zwar 4026 v. Chr. der Mensch erschaffen worden, aber das Zählen der 6000 Jahre Menschheitsgeschichte könne erst mit der später erfolgten Erschaffung Evas einsetzen. Daraus folgte dann, daß der Anbruch des Milleniums noch einige Zeit auf sich warten lassen würde. [112] Die Fadenscheinigkeit solcher Argumente erkannten damals Hunderttausende und verließen konsequenterweise ihre Posten bei der Wachtturm-Gesellschaft. Seit 1975 hat sich die Organisation der Zeugen Jehovas zu keiner offiziellen Berechnung einer Jahreszahl mehr hergegeben, obwohl weiterhin von einem nahen Ende die Rede ist. Eine Jahreszahl, die allerdings weiterhin hohe Bedeutung hat und deren Errechnung immer wieder vorgeführt wird, ist 1914. Was hat es mit diesem Jahr auf sich?

Das Jahr 1914

Die Jahreszahl 1914 besitzt noch heute eine große Bedeutung für die Zeugen Jehovas. Diese Jahreszahl wurde schon von Charles T. Russell, dem ersten Präsidenten der Zeugen Jehovas (siehe S. 24ff.), die damals noch „Ernste Bibelforscher" hießen, als entscheidender Termin genannt. Russell meinte allerdings damals, daß 1914 das Jahr der Endzeitschlacht Harmagedon sein sollte. Russell, der 1916 starb, konnte noch selbst die Unruhe, die sich um seine Fehlprognose in der Organisation entwickelte, miterleben.

Unter seinem Nachfolger Rutherford mußte eine Umdeutung einer solchen Vorhersage her. Der Ausbruch des Ersten Weltkriegs 1914 war zwar dramatisch und auch kriegerisch, aber endzeitlich im Sinne der apokalyptischen Vorstellungen der Zeugen Jehovas war er keineswegs. Also sollte, so Rutherford, 1914 noch nicht die Endzeitschlacht Harmagedon gekommen, sondern der Beginn der Endzeit erst eingeleitet worden sein. Christus habe seine Herrschaft im Himmel angetreten und den „Tempel" gereinigt. Satan sei dabei auf die Erde geschleudert worden, wo als direkte Auswirkung der Erste Weltkrieg begann. Aus der Endzeitschlacht wurde also die unsichtbare Herrschaft Jesu Christi als König einer himmlischen Regierung. So behält das Jahresdatum 1914 eine zentrale Bedeutung in der Endzeitchronologie der Zeugen Jehovas. 1914 ist das Jahr, auf dem die Endzeitprophetie der

1914, der Erste Weltkrieg und kein Harmagedon

112 Vgl. dazu: Pape, Klaus Dieter: Die WTG und das Ende der Zeit, Teil 1, in: Aus Christlicher Verantwortung, Tübingen 2. Jg. Nr. 1/94, S. 3.

Zeugen Jehovas aufbaut. Die Berechnung dieses Jahres ist bemerkenswert und erhebt den Anspruch, streng biblisch zu sein.

Für die Zeugen Jehovas sollen 1914 die sogenannten „Bedrängniswehen" begonnen haben. Krieg, Hungersnöte und Erdbeben sind nur die oberflächlichen Kennzeichen eines tiefgreifenden Endzeitgeschehens. Daß Jehova Gott jetzt beginnt, sein Königreich auf der Erde zu errichten, setzt voraus, daß er nicht immer in seinem irdischen Königreich geherrscht hat und somit jetzt erst wieder beginnt, präsent zu sein. Tatsächlich gehen die Zeugen Jehovas von einer Unterbrechung der Herrschaft Gottes auf der Erde aus. Bis zum Jahr 607 v. Chr. soll die Herrschaft Gottes im Königreich Juda zum Ausdruck gekommen sein. Mit der Eroberung Judas durch die Babylonier soll diese Herrschaft unterbrochen worden sein. Eine Traumdeutung aus Dan 4,10-34 bildet hier das biblische Fundament für die Rechenprozedur der Zeugen Jehovas.

In Dan 4,10-34 wird von einem Traum des babylonischen Königs Nebukadnezzar berichtet. Er träumte von einem riesigen, in den Himmel ragenden Baum. Dieser Baum wurde im Traum gefällt. Der Wurzelstock wurde in der Erde belassen und mit Bändern von Kupfer und Eisen umlegt. Dieser Zustand des gefällten Baumes sollte nach Dan 4,22 „sieben Zeiten" andauern. Die Zeugen Jehovas gestehen zwar zu, daß dieser Baum „als Sinnbild für den babylonischen König Nebukadnezar verwendet" wurde. Dann behaupten sie aber unvermittelt:

Somit stellt dieser in den Himmel ragende Baum noch etwas Wichtigeres dar – die Oberherrschaft Gottes, besonders über die Erde. [113]

Interessanterweise wird der Baum von den Zeugen Jehovas symbolisch als die Repräsentanz der Herrschaft Gottes verstanden. Diese Vertretung der Herrschaft Gottes war ihrer Meinung nach im jüdischen Königtum verkörpert. Das Königtum Israels wurde korrupt. So mußte es durch Nebukadnezzar vernichtet werden. Das Ende des Königtums in Israel setzen die Zeugen Jehovas mit der Zerstörung Jerusalems an. Nach ihrer Auffassung soll die Zerstörung Jerusalems im Jahr 607 v. Chr. geschehen sein. Eine solche Annahme ist historisch falsch, da Jerusalem im Jahr 587 oder 586 v. Chr. zerstört wurde. Auch die Wachtturm-Gesellschaft weiß um die wahren historischen Ereignisse. [114] Daß sie sich gegen alle Historie stellt, hat andere

Zerstörung Jerusalems vorverlegt

---

113 Du kannst für immer im Paradies auf Erden leben, Selters 1989, S. 138f.
114 Vgl. Dein Königreich komme, Wiesbaden 1981, S. 186ff.

Gründe. Das historisch korrekte Datum würde die Absicht der Zeugen Jehovas, das Jahr 1914 als das Jahr des Beginns der Endzeit zu erweisen, empfindlich stören. Deshalb läßt man die wirkliche Geschichte beiseite und behauptet weiterhin, bis zum Jahr 607 v. Chr. habe das Königreich Juda die Herrschaft Gottes auf Erden repräsentiert. Im Jahr 1914 sollte die Zeit vorbei sein, in der Gott keine Regierung auf der Erde hatte. Eine solche Vorstellung einer Unterbrechung der Herrschaft Gottes auf Erden, die, wenn man Dan 4 genau liest, von Gott selbst bewirkt wurde, bekommt erhebliche biblische Einwände zu hören. Ein Gott, der eine Repräsentanz durch eine Regierung auf der Erde benötigte, ist der Bibel gänzlich fremd. Vielmehr heißt es dort an zahlosen Stellen: „Dein Königtum ist ein Königtum für ewige Zeiten, deine Herrschaft währt von Geschlecht zu Geschlecht" (vgl. Ps 145,13; Ps 103,19; Dan 2,21; Lk 1,51f.). Der Gott der Bibel relativiert alle irdische Macht.

Wie aber kommen die Zeugen Jehovas auf die Zeitspanne von 607 v. Chr. bis 1914 n. Chr.? Eine entscheidende Rolle bei der Konstruktion der Endzeitberechnung spielt die Berechnung der Dauer der im Danielbuch genannten „sieben Zeiten". Im Originalton der Zeugen Jehovas liest sich das so:

Gemäß Daniel, Kapitel 4 sollte es sich bei diesen „bestimmten Zeiten" um „sieben Zeiten" handeln. Daniel zeigt, daß Gottes Herrschaft, dargestellt durch den „Baum", „sieben Zeiten" lang auf der Erde nicht vertreten sein würde (Daniel 4:16,23). Wie lang sind diese „sieben Zeiten"?

Aus Offenbarung, Kapitel 12, Vers 6 und 14 erfahren wir, daß „eine Zeit [d.h. 1 Zeit] und Zeiten [d.h. 2 Zeiten] und eine halbe Zeit" also insgesamt 3 1/2 Zeiten, 1260 Tagen entsprechen. Eine Zeit entspricht demnach 360 Tagen. Daher sind „sieben Zeiten" 7mal 360 oder 2520 Tage. Wenn wir jetzt nach der biblischen Regel einen Tag für ein Jahr rechnen, belaufen sich die „sieben Zeiten" auf 2520 Jahre (4. Mose 14:34; Hesekiel 4:6).

Wir haben bereits gelernt, daß die „bestimmten Zeiten der Nationen" im Jahr 607 v.u.Z. begannen. Rechnen wir von diesem Datum 2520 Jahre weiter, so kommen wir zum Jahr 1914. [115]

Zum Jahr 1914 wollte die Wachtturm-Gesellschaft von Anfang an kommen. Ein wahres „Meisterstück" biblischer Rechenkunst nach der Mathematik

---

[115] Du kannst für immer im Paradies auf Erden leben, aaO., S. 140f.

Biblische der Zeugen Jehovas. Allerdings treten in diesem Lehrstück der Wachtturm-
Rechenkunst Rechenkunst einige Fehler offensichtlich zutage.
ohne   Auch in einer weiteren Hinsicht gerät die Wachtturm-Gesellschaft
Gegenprobe bezüglich des Jahres 1914 in Bedrängnisnotstand. Mit diesem Jahr war auch
immer die Lehre von der Generation von 1914 verbunden (siehe S. 64ff.).
Da aber von dieser Generation bald niemand mehr unter den Lebenden
weilt, verstärken sich die Nachfragen an die Wachtturm-Gesellschaft, wann
denn nun das Ende komme. Von daher wird leicht verständlich, daß die
Wachtturm-Gesellschaft an einer grundsätzlichen Interpretation des Gene-
rations-Begriffs in höchstem Maße interessiert ist.
  Folgender Sachverhalt kann als untrügliches Indiz für eine Veränderung
des Verständnisses der Generation von 1914 gewertet werden: Auf den
ersten Seiten der Zeitschrift „Erwachet!" gibt es einen kurzen, immer
gleichlautenden Passus „Warum Erwachet! herausgegeben wird". Dieser
Passus endete bis zum 22. Oktober 1995 mit dem Satz:

*Vor allem aber stärkt diese Zeitschrift das Vertrauen zum Schöpfer, der
verheißen hat, noch zu Lebzeiten der Generation, die die Ereignisse des Jahres
1914 erlebt hat, eine neue Welt zu schaffen, in der Frieden und Sicherheit herrschen werden.*

Fast unbemerkt ist dieser letzte Satz ab „Erwachet!" vom 8. November
1995 verändert worden:

*Vor allem aber stärkt diese Zeitschrift das Vertrauen in die vom Schöpfer
verheißene neue Welt, in der Frieden und Sicherheit herrschen werden und die
binnen kurzem das gegenwärtige böse und gesetzlose System der Dinge ablösen
wird.* [116]

Eine Generation wird nicht mehr als als ein Lebensalter verstanden, sondern
in den Beginn eines neuen Zeitabschnitts umdefiniert (siehe S. 65ff., 222).

---

116 Vgl. Wachtturm vom 1. November 1995 (vgl. auch EZW Materialdienst Stuttgart 1/1996, S. 31f.).

DIE GENERATION VERSCHWINDET SANG- UND KLANGLOS:
ERWACHET!, VOR UND NACH DEM 22. OKTOBER 1995

Erwachet!

Warum *Erwachet!* herausgegeben wird *ERWACHET!* ist eine Zeitschrift, die der ganzen Familie von Nutzen ist. Sie zeigt, w
die heutigen Probleme bewältigen kann. Sie bringt Nachrichten, berichtet über fremde Völker, befaßt sich mit Fragen der Religion u
Wissenschaft. Aber sie geht noch weiter. Sie bleibt nicht an der Oberfläche, sondern weist auf die tiefere Bedeutung der gegenw
Geschehnisse hin, dabei ist sie in politischer Hinsicht stets neutral und hält keine Rasse für besser als die andere. Vor allem aber stärk
Zeitschrift das Vertrauen zum Schöpfer, der verheißen hat, noch zu Lebzeiten der Generation, die die Ereignisse des Jahres 1914 erlebt ha
neue Welt zu schaffen, in der Frieden und Sicherheit herrschen werden.

Endzeitschlacht von Harmagedon

Aus der Lehränderung um das Jahr 1914 und der Uminterpretation des Begriffs „Generation" konnte der Schluß gezogen werden, daß die Zeugen Jehovas damit auch das nahe Ende des „Weltsystems dieser Dinge", beginnend mit der Endzeitschlacht von Harmagedon, verschieben würden. Zumindest denken viele Kritiker und Beobachter der Zeugen Jehovas, daß die Wachtturm-Gesellschaft sich irgendwie mit ihren Endzeitprognosen über das Jahr 2000 hinaus retten muß. Erstaunlicherweise ist aber der gegenteilige Trend zu einer verstärkten Betonung der Naherwartung festzustellen. An einer Vielzahl von Stellen der Wachtturm-Literatur zum Jahresbeginn 1996 läßt sich die verstärkte Ansage der nahe bevorstehenden Endzeitschlacht verzeichnen:

Die Endzeitschlacht vor der Tür

„Niemand kann mit Sicherheit sagen, wie lange ... noch ... Wie tragisch wäre es doch, zu dieser späten Stunde noch aus dem Wettlauf um das Leben auszuscheiden!" Jahrbuch der Zeugen Jehovas 1996

„Da sich das gegenwärtige System der Dinge seinem Ende nähert, ist die verbleibende Zeit verkürzt, um dieses Werk zu vollenden!"
Unser Königreichsdienst, Februar 1996

„Die gewichtige prophetische Botschaft aus Gottes Wort ist unheilsschwer, weil sie die unmittelbar bevorstehende Vernichtung der Christenheit ankündigt."
Unser Königreichsdienst, April 1996

„In kurzem wird Jehova ..., vertreten durch seinen ... Feldmarschall, Jesus Christus, die große Drangsal auslösen. Als erstes wird an der Christenheit ... das Strafgericht Jehovas vollstreckt werden. Es hat sich erwiesen, daß sie der Rettung nicht würdig sind ... Welch ein Hohn ist es doch, wenn sie in ihren protzigen Sakralbauten ‚Hallelujah'-Chöre singen! ... Der Tag der Vollstreckung des Strafgerichtes ist nahe!" Der Wachtturm 1. April 1996. [117]

---

117 Zit. nach Gerald Becker, Erklärung vom 3. April 1996 (unveröffentlichtes Manuskript).

Erwachet!

...um *Erwachet!* herausgegeben wird *ERWACHET!* ist eine Zeitschrift, die der ganzen Familie von Nutzen ist. Sie zeigt, wie man di... ...en Probleme bewältigen kann. Sie bringt Nachrichten, berichtet über fremde Völker, befaßt sich mit Fragen der Religion und der Wissenschaft. Aber sie geh... ...weiter. Sie bleibt nicht an der Oberfläche, sondern weist auf die tiefere Bedeutung der gegenwärtigen Geschehnisse hin, dabei ist sie in politischer Hinsich... ...neutral und hält keine Rasse für besser als die andere. Vor allem aber stärkt diese Zeitschrift das Vertrauen in die Verheißung des Schöpfers, eine neue We... ...beizuführen, die binnen kurzem das gegenwärtige böse und gesetzlose System der Dinge ablösen wird und in der Frieden und Sicherheit herrschen werden.

Solchen Äußerungen in der gegenwärtigen Literatur der Zeugen Jehovas wären noch viele hinzuzufügen. Durch sie tritt ein eigentümlicher Widerspruch in der Endzeitvorstellung dieser religiösen Gruppe zu Tage. Einerseits nimmt man sich den Rechtfertigungsdruck vor den Anhängern, indem man die „Generation von 1914" um- und weginterpretiert, andererseits erhöht man den Druck auf die Anhänger, indem man die Endzeitschlacht Harmagedon „binnen kurzem" beginnen lassen will. Die Wachtturm-Gesellschaft verstand es und versteht es noch heute, im wahrsten Sinne des Wortes unter den Zeugen Jehovas immer wieder neu „Torschlußpanik" zu erzeugen:

Niemand von uns kann mit Sicherheit sagen, wie lange die Tür für schafähnliche Menschen noch geöffnet bleiben wird, so daß sie in der Sicherheit unseres geistigen Paradieses Zuflucht nehmen können. [118]

Mobilmachung der Zeugen Jehovas

Mit der Erhöhung des Endzeitdrucks sind bei den Zeugen Jehovas auch regelmäßig kollektive Aktionen verbunden. Durchaus dem militärischen Grundton der Endzeitschlachtvorstellungen angepaßt, heißen diese Aktionen „Feldzüge". Für den April 1996 wurde beispielsweise ein neuer „Feldzug" angekündigt.

Unser Ziel: Die Beteiligung aller Verkündiger:

Es ist bestimmt ermunternd, wenn sich im April alle Verkündiger in unserem Land am Predigtwerk beteiligen können ...

Während des Erwachet!-Feldzuges sollten jeden Tag Zusammenkünfte für den Predigtdienst stattfinden, und zwar zu einer Zeit, daß früh mit dem Dienst begonnen werden kann ...

---

118 Jahrbuch der Zeugen Jehovas 1996, S. 254.

138

Wer Zusammenkünfte für den Predigtdienst leitet, sollte darauf achten, daß reichlich Gebiet zur Verfügung steht. Gebiete, die nicht vor kurzem bearbeitet wurden, sollten zuerst bearbeitet werden ...

Wie viele Zeitschriften wirst du abgegeben?
Als Empfehlung könnten Verkündiger wenn möglich 10 Zeitschriften pro Monat abgeben, Pioniere könnten sich bemühen, 90 abzugeben. Ist in deinem Fall ein ähnliches Ziel realistisch? [119]

Wenn man sich fragt, warum Menschen bei einer solchen arbeitsintensiven Feldzugkampagne mitmachen, kommt man einer Antwort nur näher, wenn unter anderem auch berücksichtigt wird, welche Vorstellungen und Bilder von der Endzeitschlacht Harmagedon in die Köpfe der Zeugen Jehovas gepflanzt wurden.

Harmagedon ist für die Zeugen Jehovas ein Schreckenswort. Was ist damit gemeint? Harmagedon wird immer wieder im Zusammenhang mit dem atomaren Holocaust gesehen. Die Zeugen Jehovas lehnen einen solchen Zusammenhang ab. Für sie steht Harmagedon für einen anderen Sachverhalt. Mit Harmagedon beginnen für die Zeugen Jehovas die drei letzten Phasen der Endzeitereignisse. Dem Gerichtstag Harmagedon folgt ein tausendjähriger Gerichtstag, der einen allmählichen Übergang zum ewigen Leben darstellen soll. Schließlich wird nach tausend Jahren auch dieser Gerichtstag beendet und ein ewiges Paradies auf der Erde errichtet.

Wie vieles andere wird diese Endzeit-Einteilung aus der Bibel abgeleitet. Die Zeugen Jehovas nehmen Bezug auf Offb 16,14.16:

Es sind Dämonengeister, die Wunderzeichen tun; sie schwärmten aus zu den Königen der ganzen Erde, um sie zusammenzuholen für den Krieg am großen Tag Gottes, des Herrschers über die ganze Schöpfung ... Die Geister führten die Könige an dem Ort zusammen, der auf hebräisch Harmagedon heißt.
(Einheitsübersetzung)

Harmagedon, was soviel wie „Berg von Meggido" heißt und einen historischen Ort in der Ebene, die an das Karmelgebirge angrenzt, bezeichnet, bedeutet für Israel ein Symbol der Niederlage. Hier kam König Joschja, der sich dem ägyptischen Pharao Nekao (609-595 v. Chr.), oder biblisch auch

---

119 Unser Königreichsdienst, April 1996, Jg. 39, Nr. 4, Abs. 11 und 13.

Necho, entgegenstellte, ums Leben (vgl. 2 Kön 23,28-30). Harmagedon gilt seitdem als Synonym für den Untergang der Kriegsheere, die sich dort versammeln. Die Zeugen Jehovas wissen um eine solche historische Erfahrung. Der historische Bezug kümmert sie aber wenig. Sie sehen in Harmagedon den „bevorstehenden universellen Krieg des großen Tages Gottes, des Allmächtigen". In den Reihen der Zeugen Jehovas wird stark damit gerechnet, daß an diesem Tag der Endzeitschlacht die gegenwärtigen politischen Führer der Welt, die gegen Jehova eingestellt sind, sich in Harmagedon versammeln werden, mit ihnen auch ihre Armeen. Die Zeugen Jehovas rechnen gleichzeitig mit dieser Schlacht auch damit, daß es zu einer Abrechnung und Vernichtung der „Großen Hure Babylon" (Offb 17,1-18) kommen wird. Einerseits verstehen sie „Babylon die Große" als ein Symbol, vor allem für die katholische Kirche, aber auch für die falsche Religion allgemein, für Spiritismus und für alles, was die Wachtturm-Gesellschaft als Irrlehre ausgemacht hat. Andererseits wird Babylon geographisch lokalisiert und nicht bloß als ein Symbol aufgefaßt. [120] Da das geschichtliche Babylon im heutigen Irak anzusiedeln ist, wird man sicher verstehen, daß zur Zeit des sogenannten „Golfkriegs" eine gewisse Unruhe in der Gemeinschaft der Zeugen Jehovas zu verzeichnen war.

In den Vorstellungen und Beschreibungen der Zeugen Jehovas wird es bei dieser lokalen Anbindung des Endzeitkrieges nicht bleiben; er wird sich sehr schnell zu einem globalen Krieg Gottes ausweiten. Entgegen ihren sonstigen Auslegungsgewohnheiten wird im Fall von Harmagedon von einer sinnbildlichen Verstehensweise gesprochen. Harmagedon ist für die Zeugen Jehovas Sinnbild der Ausrottung. Ein Großteil der heute lebenden Menschen wird in Harmagedon, ohne daß auch nur ein Stäubchen von ihnen übrigbliebe, vernichtet werden. Einziger Vernichtungsgrund: Sie hängen nicht der Wachtturm-Gesellschaft an und „verstoßen somit gegen die heiligen Interessen Gottes". Gottes Zorn kennt nach dieser Ideologie keine Grenzen. Er macht in seiner Vernichtungswut auch nicht halt vor den unschuldigen „Kindern der Bösen". Wer also seine Kinder retten will, macht sie heute zu Zeugen Jehovas. Nur so können sie das Endzeitgemetzel überleben. Die Wachtturm-Gesellschaft sagt deshalb:

Harmagedon: Synonym für die Vernichtung aller Nicht-Zeugen

Gott möchte nicht, daß irgend jemand vernichtet wird; deshalb läßt er jetzt zum Nutzen von Eltern und Kindern eine Warnung erschallen. [121]

120 Vgl. Die Offenbarung – Ihr großartiger Höhepunkt ist nahe, Selters 1988, S. 236f. und S. 266.
121 Unterredung anhand der Schriften, aaO., S. 195.

Den Zeugen Jehovas wird eingebleut: Die Vernichtung aller, die sich zum Bestandteil des „bösen Systems der Dinge" gemacht haben, steht in der Endzeitschlacht Harmagedon an. Mit einer solchen Drohung vor Augen ist so mancher Zeuge Jehovas zu höchsten Leistungen in jedem ausgerufenen „Feldzug" bereit. Eine Begründung, warum in diesem Fall plötzlich Harmagedon als Sinnbild zu betrachten sei, wo doch sonst alles als „wörtlich inspiriert" ausgelegt wird, wird von der Wachtturm-Gesellschaft nicht gegeben. Hat Jehova Gott den Sinnbildcharakter von Harmagedon in einer Sonderoffenbarung der Leitenden Körperschaft geoffenbart? Wahrscheinlicher ist es jedoch, daß die Wachtturm-Gesellschaft immer dann zu Sinnbildern neigt, wenn sie damit die Motivation ihrer Anhänger manipulieren kann. Das „Sinnbild Harmagedon" wird drastisch ausgemalt. In einer Schrift spielen die Zeugen auf einen Kriegsschauplatz namens Kurukshetra im indischen Mahabharata-Epos aus der hinduistischen Mythologie an. Was in Indien, in Kurukshetra lokal geschah – Gottes Güte siegte über das Böse –, soll nun in Harmagedon in globalem Maßstab geschehen.

Aus der Bibel geht hervor, daß die verbündeten Streitkräfte der Könige der ganzen bewohnten Erde in diesen Krieg verwickelt sein werden, wodurch er zu einem globalen, einem weltweiten Krieg wird. Har-Magedon oder Harmagedon ist somit kein örtlich begrenzter Kampfplatz wie Kurukshetra. Der Name Harmagedon hat daher eine sinnbildliche Bedeutung; er bezeichnet keinen buchstäblichen Ort, sondern einen Bereich, in dem die Politiker als Gesamtheit mit den heiligen Interessen Gottes, dessen Name Jehova ist, zusammenstoßen (Psalm 83:18) ...

Wie im Krieg von Kurukshetra wird es zu einer Massenvernichtung kommen. Über den Kampfplatz des Krieges von Harmagedon sagt die Bibel: „... Dies ist, was Jehova der Heerscharen gesprochen hat: ‚Siehe! Unglück geht aus von Nation zu Nation, und ein großer Sturm, er wird von den entlegensten Teilen der Erde her erweckt werden. Und die von Jehova Erschlagenen werden schließlich an jenem Tag gewiß von einem Ende der Erde bis zum anderen Ende der Erde sein. Sie werden nicht beklagt, noch werden sie zusammengesammelt, noch begraben werden. Zu Dünger auf der Oberfläche des Erdbodens werden sie werden.'" (Jeremia 25: 32-33).

Glücklicherweise wird es aber Überlebende geben, wie dies auch bei Kurukshetra der Fall gewesen sein soll. Die Überlebenden des Krieges von

Jehovas Massenvernichtung

141

Harmagedon werden gerechte Menschen sein, die von unserem Schöpfer für würdig gehalten werden, das Menschengeschlecht am Leben zu erhalten. [122]

Aus den Gedanken der Zeugen Jehovas zur Endzeitschlacht weht einen der Geruch eines alles außerhalb der eigenen Gemeinschaft vernichtenden Rachegedankens an. Die Zeugen Jehovas werden belohnt werden und können sich heute schon an der Vorfreude laben, daß Gott sich an allen anderen rächen wird. [123]

Abgesehen davon, daß in diesem Zusammenhang die von den Zeugen Jehovas zitierte Stelle aus dem Prophetenbuch Jeremia in keinem Fall etwas zu Harmagedon sagt, ist überhaupt nicht einzusehen, wieso jetzt plötzlich von einer sinnbildlichen Auslegung in eine realistische übergewechselt werden soll. Wenn Harmagedon sinnbildlich zu verstehen ist, was die Zeugen Jehovas selbst zugeben, wieso ist dann nicht auch das Geschehen von Harmagedon ein Sinnbild? Der Jeremiatext gehört jedenfalls in eine andere historische Situation als die Vorstellungen der Johannesapokalypse über die Endzeitschlacht. Im letzten Buch der Bibel drückt sich der Widerstand der ersten Christen in Kleinasien gegen das Römische Reich und seinen Kaiser aus. Es ist vor allem ein Trostbuch für die verfolgte christliche Minderheit, das ihnen Mut und Hoffnung zusprechen will. Die Offenbarung des Johannes muß also als Trost für die verfolgte Gemeinde gelesen und darf nicht als martialisches Schlachtengetümmel an die Wand gemalt werden.

Die Johannes-apokalypse ist kein Welt-untergangsfilm

Die Botschaft der Johannesapokalypse läßt sich nicht in einem fotorealistischen Sinn darstellen, sondern kann viel eher in einer sinnbildlichen Weise zusammengefaßt werden:

Seid getrost, der Kampf ist bereits entschieden, Christus ist der Sieger, der Herr der Geschichte; er kommt bald wieder und wird auch hier auf Erden den Kampf Satans gegen die Kirche beenden; dann wird eine neue Welt entstehen, ein neuer Himmel und eine neue Erde. [124]

Den biblischen Gedanken über die Endzeit wird man nicht dadurch gerecht, indem man sie Bild für Bild in bunten Farben und furchterregenden Zügen darstellt. Auf keinen Fall will die Offenbarung des Johannes eine

„160 STADIEN" (= CA. 300 KM)
BLUT WIRD FLIESSEN
Die Offenbarung - Ihr großartiger
Höhepunkt ist nahe! 1988, S. 214

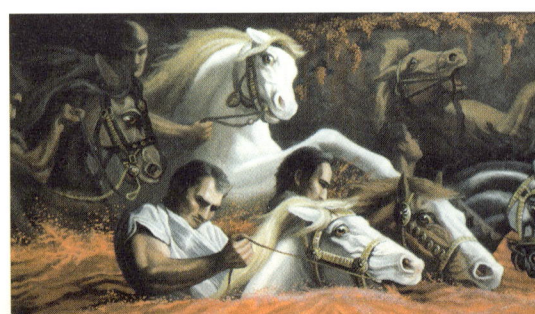

Prognostik zukünftiger kosmischer Ereignisse geben. Ein solcher Versuch der Prognose des tatsächlichen Verlaufs endzeitlicher Ereignisse läuft bei den Zeugen Jehovas lediglich darauf hinaus, ein altes, vormodernes Weltbild zu restaurieren und für die ideologischen Zwecke der Wachtturm-Gesellschaft zu funktionalisieren. Es kommt im Gegenteil darauf an, die hinter den Bildern stehende Glaubens- und Trostbotschaft herauszuarbeiten. Nur so können die Sinnbilder der Endzeit, von der Endzeitschlacht Harmagedon (Offb 16,16), vom Lamm (Offb 5), vom Drachen (Offb 12/13), von der Hure Babylon (Offb 17f.), vom tausendjährigen Reich (Offb 20), von den 144.000 Gesalbten (Offb 7,4), vom neuen Himmel und der neuen Erde (Offb 21), vom himmlischen Jerusalem (Offb 21)..., wie überhaupt die gesamte Apokalyptik in den Kontext der Frohbotschaft eingeordnet werden. Bei aller Deutung und Übersetzung der Bilder der Endzeit muß als Verstehensschlüssel für jedes Bild immer im Blick sein: Der „Jüngste Tag", als Gericht Gottes, trägt nicht *Jesus ist der* ein anonymes oder zornentbranntes Gesicht eines Rachegottes, sondern das *Richter* menschliche Anlitz Jesu. Im Johannesevangelium wird von Jesus gesagt:

Der Dieb kommt nur, um zu stehlen, zu schlachten und zu vernichten; ich bin gekommen, damit sie das Leben haben und es in Fülle haben.
(Joh 10,10 / Einheitsübersetzung)

Mit diesem Schlüssel erschließen sich alle Bilder des Endzeitgeschehens. Das Gericht, die Schlacht, der Untergang der Hure Babylon, die Bekämpfung des Drachens und Satans, all das bringt zum Ausdruck, daß Gott die unmenschlichen und widergöttlichen Mächte besiegen wird. Dies ist nicht bloß eine Aussage über zukünftige Ereignisse, sondern hat im Schicksal des „geschlachteten Lammes" bereits begonnen. Das Lamm herrscht im Himmel und auf der Erde, d.h. es versöhnt beide miteinander. Vorläufig folgt die Gemeinde dem Lamm nach und legt darin Zeugnis gegen den totalitären Herrschaftsanspruchs des Römischen Reiches ab. Dieser Vorgang wird als Kampf zwischen dem Anspruch Gottes und den Ansprüchen dieser Welt dargestellt – der Welt, die sich zum Teil selbst vergötzt und die mit allen möglichen Herrschaftansprüchen „Hurerei" getrieben hat.

144.000 Gesalbte sind dann gerade nicht, wie es die Zeugen Jehovas tun, als eine Aufteilung in zwei Klassen (himmlisch – irdisch) zu verstehen. Das Quadrat von 12, einer Zahl der Fülle und Vollkommenheit, multipli-

---

122 Von Kurukshetra nach Harmagedon – Wie kannst du überleben?, Selters 1987, S. 6f.
123 Zur „Eschatologie als Rache": Bachl, Gottfried: über den Tod und das Leben danach, Graz 1980, S. 182-194.
124 Kehl, Medard: Eschatologie, Würzburg 1986, S. 165.

ziert mit 1.000, versinnbilicht hier den universalen Anspruch der Wiederkunft Christi. Kein Bereich des Universums, kein Mensch wird von seiner Wiederkunft ausgenommen sein. 144.000 Gesalbte symbolisieren die unermeßliche Fülle der Gläubigen Christi, die dem endzeitlichen Volk Gottes, dem neuen Israel, angehören.

Die drei letzten Kapitel der Johannesapokalypse (und damit der Bibel) sind nach ihrem Vorbild, Ezechiel 37 bis 40, gegliedert. Vor der endgültigen Herrschaft Gottes gibt es ein tausendjähriges Vorspiel:

Was nun das „tausendjährige Messias-Reich" angeht, so wird dieses erschlossen einmal aus der Überzeugung, daß die Welt entsprechend ihrer siebentägigen Entstehungszeit (Gen 1,1 - 2,3) auch nur sieben Schöpfungs- bzw. Gottestage lang besteht; und zum anderen aus der Vorstellung, daß ein Tag Gottes (nach Ps 90,4: „Denn tausend Jahre sind für dich wie der Tag, der gestern vergangen ist, wie eine Wache in der Nacht") 1000 Jahre dauert. Die Schlußfolgerung aus diesen beiden Prämissen lautet: Da jetzt die Endzeit eintritt, muß die bisherige Weltzeit ungefähr bei 6000 Jahren liegen. Jetzt bricht bald der siebte Tag der Welt an, der Sabbat der Schöpfung, an dem Gott auch wieder ausruhen wird und deswegen seinem Messias für 1000 Jahre die Herrschaft überläßt, ehe das endgültige Gottesreich beginnt. [125]

Die Zeugen Jehovas sind nicht die ersten, die eine solche Annahme eines messianischen, tausendjährigen „Zwischenreiches" in ihre Anschauungen eingebaut haben. Sie sind auch nicht die ersten, die zu einer zweifelhaften Deutung dieses Bildes gekommen sind. [126]

Das Reich Gottes beginnt hier und jetzt

Für heute verstehbar übersetzt ist aber eine naive Übernahme der biblischen Zeitrechnung nicht möglich. Der theologische Sinn des tausendjährigen Reiches liegt in dem Hinweis auf die bereits begonnene und notwendige Diesseitigkeit der christlichen Hoffnung. Die Begründung des tausendjährigen Zwischenreiches liegt in Christus selbst. Sein Leben, Sterben, Auferstehen stellt den Beginn des neuen Zeitalters (Äons) mitten im alten Zeitalter dar. [127]

In der Auferstehung Jesu und der Sendung seines Geistes hat diese machtvolle Wiederkunft des „Menschensohnes" bereits begonnen; Gott ist seitdem unaufhaltsam dabei, seine menschliche „Gesellschaftsordnung" unter uns aufzurich-

---

125 Kehl, Medard: Eschatologie, aaO., S.170.
126 Vgl. Moltmann, Jürgen: Das Kommen Gottes. Christliche Eschatologie, Gütersloh 1995, S. 167ff.
127 Ebd., S. 219f.

ten. Der Ort, wo sich dies sichtbar ereignet, ist – von ihrer Bestimmung her – die Kirche: Hier versuchen Menschen, in der Umkehr aus allen gewalttätigen Trieben und in der geistgewirkten Kraft des Vertrauens, der Hoffnung, der Liebe miteinander zu leben. Wo immer dies geschieht, vor allem in der Eucharistiefeier und in allen mit ihr verbundenen Zeichen des Heils, kommt deswegen der auferstandene Herr stets von neuem „wieder", um in seinem Geist „das Angesicht der Erde zu erneuern" – eben auf das endgültig glückende, menschliche Reich Gottes hin. [128]

Die Bilder der Zeugen Jehovas von den letzten Dingen, allen voran die Bilder von Harmagedon, sind Katastrophenbilder. Man kann aus diesem Grund auch von einer Katastrophen-Eschatologie [129] sprechen, die katastrophale Auswirkungen nicht nur in der Psyche von Menschen zeitigen kann. Aus der Frohbotschaft ist eine Drohbotschaft geworden. Die biblische Eschatologie, die wirklich Menschen retten und ihnen Hoffnung geben kann, ist eine Eschatologie des „Übergangs"; sie gibt uns allen Zeit zur Umkehr. *Frohbotschaft statt Drohbotschaft*

Ein Gott, von dem die Bibel hymnisch immer wieder bekennt, er habe seine Schöpfung „gut, ja sehr gut" (Gen 1,1-31) erschaffen, wird an das Ende nicht die mutwillige Zerstörung dieser guten Schöpfung stellen, sondern deren Vollendung. Der Gott der Bibel ist ein Gott des Bundes und der Verheißung. Das Endzeitgeschehen wird in seiner Vollendung so umfassend sein, daß es auch eine neue Schöpfung hervorbringen wird. Gott schafft alles neu: „Seht, ich mache alles neu" (Offb 21,5). Von der Aufbauleistung einer irdischen Organisation aus den Trümmern und Ruinen einer alten Welt ist hier keine Rede. Was darniederliegt, wird aufgerichtet werden, und als Kehrseite der Medaille wird durch die Wiederkunft Christi falscher Schein und Größenwahn zerstört und entlarvt. Es kann also beim neuen Himmel und der neuen Erde nicht bloß um eine Neu- und Umgestaltung nach zuvor erfolgter Zerstörung gehen. In Jesus Christus hat die Vollendung der Heilsgeschichte bereits begonnen. „Endzeit" ist das „Jetzt" und bedeutet deshalb im biblischen Sinne keine terminliche, sondern eine qualitative Festlegung.

Sie [die Endzeit / E.T.] ist die Vorgeschichte zu der durch Jesus Christus geprägten Zukunft. Der Gegenwart wird gerecht, wer sie im Horizont dieser Zukunft sieht und dementsprechend handelt. [130]

---

128 Kehl, Medard: aaO., S. 245.
129 Vgl. Moltmann, Jürgen: aaO., S.227.
130 Nocke, Franz-Josef: Eschatologie, in: Schneider, Theodor: Handbuch der Dogmatik, Bd. 2, Düsseldorf 1992, S. 418.

Wir Menschen können an der Zukunft und dem Paradies nicht erst mitbauen, wenn von Gott hier alles kurz und klein geschlagen wurde. Dort, wo Freiheit gewagt wird, wo Gerechtigkeit und Friede hergestellt werden, wo Menschen Hoffnung schöpfen können, wo Wunden Heilung finden, dort bricht die Endzeit an. Daß das oft nicht ohne Kampf und Auseinandersetzung abgeht, wird jeder erfahren können, der sich im Glauben auf die Verheißungen Gottes einläßt.

Das „himmlische Jerusalem" bedeutet das Herabkommen und die Verwirklichung der ursprünglichen Schöpfungsidee durch Gott selbst. Diese Annahme steht in krassem Gegensatz zu den doch sehr irdischen und menschlichen Wunschvorstellungen entspringenden Paradiesbildern der Zeugen Jehovas.

Sterben und Ewiges Paradies auf Erden

Folgen der Endzeit-vorstellungen

Die endzeitlichen Vorstellungen der Zeugen Jehovas wirken sich konkret auf ihr Verständnis von Sterben und Tod und die Möglichkeiten aus, die der einzelne nach dem Tod hat. Ablesbar wird das beispielsweise an Todesanzeigen, die Zeugen Jehovas aufgeben. Hierbei wird auf knappstem Raum zusammengefaßt, was Zeugen Jehovas über Sterben und Tod glauben. Solche Todesanzeigen tragen natürlich keinerlei Symbolik und versuchen in wenigen Sätzen die Wachtturm-Lehre wiederzugeben.

> „... und ich habe die Hoffnung zu Gott,
> welche diese Männer auch hegen,
> daß es eine Auferstehung sowohl der Gerechten
> als auch der Ungerechten geben wird."
> Apostelgeschichte 24:15

Nach einem erfüllten Leben voller neuer Ideen, tiefer Liebe zu dem allmächtigen Gott Jehova und aufopfernder Fürsorge für seine Famile entschlief sanft im gesegneten Alter von 89 Jahren im Beisein seiner Lieben mein geliebter Mann, mein treuer Vater, Schwiegervater und unser lieber Opa

N.N.

Trotz seiner Gebrechen wollte er nicht sterben, da für ihn das Leben bis zuletzt schön und lebenswert war. Diese Kraft schöpfte er aus seinem immer tiefer werdenden Glauben an den liebevollen Schöpfer und Wiederhersteller des irdischen Paradieses Jehova, durch den – gemäß Gottes Wort der Bibel – bald die Menschen ewig in Frieden und Glück auf Erden wohnen werden.

Wir haben mit ihm die Hoffnung, unseren lieben Vati durch die Auferstehung wiederzusehen.

Auf Wiedersehen sagen:

N.N.

Eine solche Todesanzeige verrät viel darüber, was Menschen, die über Jahre hin bestimmten Ideen und Vorstellungen ausgesetzt waren, über das Sterben und den Tod denken und fühlen. Hier ist keine Rede davon, daß Gott den Verstorbenen zu sich genommen hat. Der Verstorbene hing am irdischen Leben, und die Todesanzeige bringt die Hoffnung zum Ausdruck, daß Jehova Gott ihm das Leben in einem irdischen Paradies wiedergeben wird. Die Auferstehung soll auch für die Angehörigen dann ein Wiedersehen bedeuten, nicht in einer vollkommen anderen, sondern in dieser irdischen, allerdings paradiesischen Wirklichkeit. Sterben, Tod und irdisches Paradies hängen im Denken der Zeugen Jehovas eng zusammen. Die Zeugen Jehovas wenden sich vor allem gegen christliche Vorstellungen, in denen nach dem Tod die menschliche Seele in himmlischer Glückseligkeit leben oder in höllischer Pein bestraft werden wird. Solche Vorstellungen seien lediglich Ausdruck des von Gott in den Menschen ursprünglich hineingelegten Unsterblichkeitswunsches. Adam und Eva hatten von Jehova Gott her die Erkenntnis, die zu ewigem Leben führt. Satan verführte das erste Menschenpaar zur Sünde.

Hoffnung auf ein verlängertes Erdenleben

„An dem Tag", an dem unsere Ureltern vom Baum der Erkenntnis von Gut und Böse aßen, wurden sie von Gott verurteilt und starben von seinem Standpunkt aus. Dann wurden sie aus dem Paradies vertrieben und damit begann ihr Verfall, der zum Tode führte.[131]

Die Sündhaftigkeit wird weitervererbt. Deshalb sterben auch scheinbar schuldlose Kleinkinder. Die Menschen sind in den Vorstellungen der Zeugen Jehovas als Geiseln Satans und der Sünde zu betrachten. Jehova Gott will das aber alles nicht; deshalb hat er in Jesus ein Lösegeld bezahlt, das bei den Zeugen Jehovas als „Loskaufopfer" bezeichnet wird. Wer an das „Loskaufopfer" glaubt und auch sonst tut, was Jehova Gott von ihm verlangt (der Wille Jehovas wird allerdings von der Wachtturm-Gesellschaft festgelegt), der wird Harmagedon, die Endzeitschlacht, überleben. Alle anderen werden vernichtet werden.

Geiseln Satans

Was ist aber nun mit Zeugen Jehovas, die sterben, bevor die Endzeitschlacht beginnt? Wo sind diese Toten und in welchem Zustand befinden sie sich?

131 Erkenntnis, die zu ewigem Leben führt, Selters 1995, S. 58.

147

Manchen trauernden Eltern wurde gesagt: „Gott sucht sich die schönsten Blumen aus, um sie zu sich in den Himmel zu nehmen." Stimmt das? Gelangen die Verstorbenen in einen geistigen Bereich? Handelt es sich um das, was einige als Nirwana bezeichnen und als einen glückseligen Zustand beschreiben, frei von allen Schmerzen und Begierden? Sind die Menschen, die wir geliebt haben, durch das Tor der Unsterblichkeit ins Paradies eingegangen? Oder ist der Tod, wie andere behaupten, für diejenigen, die gesündigt haben, der Beginn nie endender Qual? Können die Toten Einfluß auf unser Leben nehmen? Wir müssen Gottes Wort, die Bibel, zu Rate ziehen, um wahrheitsgemäße Antworten auf diese Fragen zu erhalten. [132]

Wie sieht die „wahrheitsgemäße Antwort" aus, die die Zeugen Jehovas aus der Bibel herauslesen? Nach ihrer Auffassung gibt es keine das menschliche Leben überdauernde Seele. Psalm 146,4 wird angeführt als Beleg dafür,

Sterbliche Seele — daß der Mensch ganz und gar stirbt und keine Seele (= hebr. nefesch) zu Gott gelangt. Der „Geist" (= hebr. ruach) des Menschen sei eine Art elektrischer Strom, der gänzlich erlischt, wenn man ihn ausschaltet. So sterbe auch die Seele, wenn der Körper eines Menschen sterbe. Kein wie immer gearteter Teil des Menschen lebt nach den Vorstellungen der Zeugen Jehovas weiter. Die Toten sind tot und haben keinerlei Verbindung oder Einflußmöglichkeiten auf die Lebenden. Die Annahme einer unsterblichen Seele wird von den Zeugen Jehovas auf Einflüsse der griechischen Philosophie auf das Christentum zurückgeführt. Die jüdische Auferstehungshoffnung habe einen solchen Seelenbegriff niemals gekannt. Auch die Erfahrungen von Reanimierten oder die Berichte von okkulten Erscheinungen können für die Zeugen Jehovas nicht als Beweis für eine den Tod überlebende Seele gelten. [133]

Die Zeugen Jehovas kennen zwar eine Beerdigung, die aber kein Gebet für den Verstorbenen beinhaltet. Es wird in der „Beerdigungszeremonie" im großen und ganzen das hier skizzierte Todesverständnis für die Anwesenden in einer Ansprache vermittelt. Die Trauer um den Verstorbenen darf in „angemessener Weise zum Ausdruck gebracht werden". Die Zeugen Jehovas meiden aber alle Trauerbräuche, die den Verdacht aufkommen lassen könnten, sie glaubten an eine unsterbliche Seele, oder für die Toten sollte durch die Lebenden noch irgendeine Hilfestellung erfolgen. Im Klartext bedeutet das, daß der Verstorbene nach seinem Tod für eine zeitlich unbe-

132 Ebd., S. 80.
133 Vgl. Unterredung anhand der Schriften, aaO., S. 411f.

stimmte Spanne nicht existent sein wird. Erst wenn die Endzeitschlacht *Ganztod*
kommt, wird er von Jehova Gott wiederbelebt werden.

Ich möchte den Zeugen Jehovas in der Annahme zustimmen, daß wir
im Alten Testament noch keine deutliche Ausarbeitung eines Seelenbegriffs
haben, wie wir ihn etwa aus der griechischen Philosophie nach Platon kennen. „Nefesch" meint kein vom Leib des Menschen abgegrenztes Geist-
prinzip. Mit diesem Wort ist eher die Lebendigkeit des ganzen Menschen
gemeint, ein Lebensodem, der nach Gen 1,30 den Menschen zu einer
lebendigen „nefesch" erschafft. Trotzdem ist die Annahme der gänzlichen
Nichtexistenz des Verstorbenen eine unzutreffende Interpretation wichtiger
Stellen in der Bibel. Die Toten gelangen nach alttestamentlicher Vorstellung
durch eine Pforte in die „Scheol", ein unterirdisches Totenreich, einen Ort,
der eigentlich kein Ort ist. In der „Scheol" sein, bedeutet vergessen sein,
abgeschnitten sein von Gott und den Menschen (vgl. Jes 14,9-11; Ps 88,6-
13). Die „Scheol" ist ein Ort, an dem die Toten traurig, schemen- und
schattenhaft existieren. Dies ist also keineswegs mit absoluter Nichtexistenz
gleichzusetzen. Als Gegenbild dazu existiert im Alten Testament eine Hoffnung auf Gemeinschaft nach dem Tode. Es heißt an anderer Stelle, daß
Abraham in hohem Alter starb und „mit seinen Vorfahren vereint wurde"
(Gen 25,8). Auch erscheint der verstorbene Geist des Samuel und prophezeit dem Saul (1 Sam 28,8ff.). Sicherlich wäre dies nicht möglich, wenn das
Alte Testament von einer gänzlichen Inexistenz der Toten ausginge. In der
Zeit nach dem babylonischen Exil (586-520 v. Chr.) kamen immer deutli-
chere Überlegungen auf, die den Tun-Ergehen-Zusammenhang der alten
Weisheitslehre – „Den Gerechten geht es gut, den Bösen ergeht es schlecht"
– als brüchig erkannten. Immer mehr Hoffnungen kamen auf, daß Gott *Biblische*
auch über den Tod hinaus dasein und handeln würde. Es scheint berechtigt, *Vorbilder der*
hierbei von „Vor-Bildern des Auferstehungsglaubens" [134] zu sprechen. *Auferstehung*

Im theologischen Nachdenken des Alten Testaments setzte sich zunehmend ein Gottesverständnis durch, das darauf großen Wert legte, daß der
Macht Jahwes kein Bereich der Wirklichkeit, auch nicht die Totenwelt, entzogen sein kann. Besonders drängend wurde die Frage, ob denn dem
Gerechten und mit Jahwe Verbundenen im Tod genau dasselbe Schicksal
widerfahren würde wie dem gottlosen Ungerechten. In der spätnachexili-
schen Theologie (ca. 300-200 v. Chr.) wurde ganz klar die Gewißheit betont und in den Vordergrund gestellt: Jahwes Macht reicht auch in die

---

134 Vgl. Nocke, Franz-Josef: aaO., S. 424f.

„Scheol", und er entreißt die Gerechten nach ihrem Tod dem Schattenreich. Es schien ein unerträglicher Gedanke, daß es nach dem Tod für Gerechte wie Ungerechte gleichermaßen „aus" sein sollte. Psalm 73,23-24 bringt eine solche Hoffnung auf ein Überleben des Todes für den Gerechten zum Ausdruck:

Ich aber bleibe immer bei dir, du hältst mich an meiner Rechten. Du leitest mich nach deinem Ratschluß und nimmst mich am Ende auf in Herrlichkeit. (Einheitsübersetzung)

Eine ähnliche Vorstellung einer Fortexistenz des Toten in der Herrlichkeit Jahwes prägt auch Psalm 49,14-16:

So geht es denen, die auf sich selbst vertrauen, und so ist das Ende derer, die sich in großen Worten gefallen. Der Tod führt sie auf eine Weide wie Schafe, sie stürzen hinab zur Unterwelt. Geradewegs sinken sie hinab in das Grab; ihre Gestalt zerfällt, die Unterwelt wird ihre Wohnstatt. Doch Gott wird mich loskaufen aus dem Reich des Todes; ja, er nimmt mich auf.
(Einheitsübersetzung)

Gegenüber den Zeugen Jehovas kann nach meiner Ansicht deutlich gemacht werden, daß die Seelenvorstellung keineswegs einen absoluten Fremdkörper in den biblischen, alttestamentlichen Vorstellungen darstellt. Auch die Sichtweise Jesu basiert auf der sich im Alten Testament herauskristallisierenden Grundannahme: Der lebensfreundliche Gott Jahwe setzt die Zusage des Lebens auch im Tod an den ihm Verbundenen durch.

Ein besonders eindrückliches Beispiel, in welche Richtung im Judentum diese Fragen weitergetrieben wurden, stellt das Buch der Weisheit dar. Das Buch wird zwar heute im Judentum (und auch von den Zeugen Jehovas) nicht zur Bibel gerechnet; es stand aber zweifellos bei vielen Juden des letzten vorchristlichen Jahrhunderts in hohem Ansehen. Die katholische Kirche erkennt es als ein Buch der Bibel an.

Für die Überlegungen an dieser Stelle kann daran gezeigt werden, in welche Richtung der Gedanke des Überlebens des Todes und der möglichen Entwicklung einer Seelenvorstellung im Judentum vor Jesus weitergedacht wurde.

*Gott hat den Menschen zur Unvergänglichkeit erschaffen
und ihn zum Bild seines eigenen Wesens gemacht.
Doch durch den Neid des Teufels kam der Tod in die Welt,
und ihn erfahren alle, die ihm angehören.
Die Seelen der Gerechten sind in Gottes Hand,
und keine Qual kann sie berühren.
In den Augen der Toren sind sie gestorben,
ihr Heimgang gilt als Unglück,
ihr Scheiden von uns als Vernichtung;
sie aber sind in Frieden.
In den Augen der Menschen wurden sie gestraft;
doch ihre Hoffnung ist voll Unsterblichkeit.
Ein wenig nur werden sie gezüchtigt;
doch sie empfangen große Wohltat.
Denn Gott hat sie geprüft
und fand sie seiner würdig.
Wie Gold im Schmelzofen hat er sie erprobt
und sie angenommen als ein vollgültiges Opfer.*
(Weisheit 2,23 - 3,6 / Einheitsübersetzung)

*Theologische
Verarbeitung
griechischer
Philosophie*

Dieser Text verrät seine Nähe zur griechisch-platonischen Philosophie. Die individuelle Zukunft des Gerechten nach dem Tod wird in den Blick genommen. Nicht von der Auferstehung der Toten, wie noch in anderen Texten des Alten Testaments (vgl. Ez 37; Hos 6; Jes 25) ist hier die Rede, sondern von der „Unvergänglichkeit" und „Unsterblichkeit" der Seelen, d.h. der bleibenden Gemeinschaft der Verstorbenen mit Gott.

Solche biblischen Ansätze haben im Christentum eine vielfältige Wirkungsgeschichte gehabt. Die christlichen Vorstellungen von Himmel, Hölle, Fegefeuer sind also nicht, wie die Zeugen Jehovas meinen, die Integration heidnischer Philosophie, sondern haben ihren Ursprung in der Bibel. Natürlich muß auch zugegeben werden, daß in der Kirchengeschichte die Annahmen über die Seele und ihr jenseitiges Schicksal geradezu massiv sinnliche Züge angenommen haben. Demgegenüber hat es jedoch auch immer wieder Korrekturen aus biblischer Sicht gegeben. Wenn die Zeugen Jehovas heute beispielsweise die Höllenvorstellungen der Kirchen bekämpfen,[135] dann rennen sie gegen einen von ihnen selbst errichteten Popanz an,

---

135 Vgl. Wachtturm vom 15. April 1993: Hat man dir die Wahrheit über die Hölle gesagt?

der auf diese Weise in der christlichen Theologie nicht mehr oder nur noch an ihren extremistischen Rändern vertreten wird. Sie pflegen dieses von ihnen aufgebaute Mißverständnis, um so ihre Anschauungen bei ihren Anhängern um so besser positionieren zu können. Die Kritik der Zeugen Jehovas ist außerdem recht widersprüchlich. Sie kritisieren den nachtodlichen Realismus der Kirchen, verlagern aber lediglich ihren massiven Realismus in die Vorstellungen eines irdischen Paradieses. Dieses soll nach der Schlacht von Harmagedon beginnen, wenn Jehova Gott alle vorher Gestorbenen auferweckt und einer Prüfung unterzogen hat. Es wird hier auf der Erde durch die Aufbauleistungen der Zeugen Jehovas errichtet. Im Grunde wird das irdische Paradies, in dem die „anderen Schafe" zunächst 1000 Jahre leben werden, bevor sie dann einem zweiten Gericht unterzogen werden, nach dem Modell eines „amerikanischen Picknicks" aufgefaßt.

„Nachtod-Pause" Die Zeugen Jehovas gehen fehl in der Annahme, daß nach dem Tod des einzelnen zunächst einmal eine „Pause" im Vollendungsgeschehen eintritt. Es ist geradezu unbiblisch anzunehmen, der Mensch würde im Tod ganz und gar vernichtet. Das Neue Testament ist voller Bilder und Hoffnungen über ein Weiterexistieren nach dem Tod. Hier wird davon gesprochen, daß Gott ein Gott der Lebenden (Lk 20,37f.) ist. Paulus spricht von einer „Wohnung" bei Gott (vgl. 2 Kor 5,1). Jesus sagt zum Schächer am Kreuz: „Du wirst heute mit mir im Paradies sein" (Lk 23,43), und in der Johannesapokalypse wird berichtet, wie die wegen des Wortes Gottes „Hingeschlachteten" Gott darum bitten, endlich Gericht zu halten. Im Hebräerbrief wird klar und eindeutig gesagt, daß der Mensch im Tod dem richtenden Gott begegnet:

Und wie es dem Menschen bestimmt ist, ein einziges Mal zu sterben, worauf dann das Gericht folgt, so wurde auch Christus ein einziges Mal geopfert, um die Sünden vieler hinwegzunehmen.
(Hebr. 9,27-28 / Einheitsübersetzung)

DAS PARADIES:
1000 JAHRE
PICKNICKEN
Der Wachtturm,
1.August 1995

Aus biblisch-christlicher Sicht sind für das Geschehen nach dem Tod keine zeitlichen Kategorien anzuwenden. Alle sprachlichen Ausdrucksversuche des Geschehens nach dem Tod müssen sich ihrer Unangemessenheit bewußt bleiben.

Die Begegnung mit Gott im Tod wird heute als Vollendungsgeschehen menschlicher Identität interpretiert. An einem solchen Vollendungsgeschehen in der Begegnung mit Gott, der die Liebe ist, lassen sich verschiedene Aspekte unterscheiden. In der Begegnung mit der Liebe wird mir mein Zurückbleiben hinter dieser Liebe bewußt. Im Tod erkenne ich hinter allen (Selbst-)Täuschungen meines Lebens meine wahrhaftige Gestalt und Person. Dieser krisenhafte Zustand (Krise = Unterscheidung) ließe sich als Aspekt des „Gerichtes" bezeichnen. Die „Läuterung" oder das sogenannnte „Fegefeuer" kann als ein weiteres Moment, das in der Begegnung mit Gott begründet liegt, gedeutet werden. Der vergebenden Liebe Gottes muß im Tod der Selbstbehauptungswillen des Menschen weichen. Für diesen Aspekt wird in biblischer Sprache an verschiedenen Stellen das Bild des Feuers benutzt:

Aspekte des Vollendungsgeschehens: Gericht, Fegefeuer

Denn einen anderen Grund kann niemand legen als den, der gelegt ist: Jesus Christus. Ob aber jemand auf dem Grund mit Gold, Silber, kostbaren Steinen, mit Holz, Heu oder Stroh weiterbaut: das Werk eines jeden wird offenbar werden; jener Tag wird es sichtbar machen, weil es im Feuer offenbart wird. Das Feuer wird prüfen, was das Werk eines jeden taugt. Hält das stand, was er aufgebaut hat, so empfängt er Lohn. Brennt es nieder, dann muß er den Verlust tragen. Er selbst aber wird gerettet werden, doch so wie durch Feuer hindurch. (1 Kor 3,11-15 / Einheitsübersetzung) [136]

Die Formulierung „... wie durch Feuer hindurch" unterstreicht den Symbolcharakter dieser Textstelle deutlich. Müssen wir auch mit der Möglichkeit des Mißlingens der Vollendung bei Gott rechnen? Kann es das überhaupt geben, eine „negative" Vollendung, die man dann als „Hölle" bezeichnen müßte? Wenn Gott in seiner Liebe freie Wesen geschaffen hat, so ist die Möglichkeit, daß diese Freiheit sich im letzten der Liebe verweigert, durchaus gegeben.

Hölle

In der christlichen Tradition dürfte genau dies mit „Hölle" gemeint sein: Sie wird als eine reale Möglichkeit der menschlichen Freiheit betrachtet, insofern

---

136 Vgl. als weitere biblische Grundlage Offb 1,14; Hebr 12,19; Dan 10,6; Jes 66,15f.

diese ganz und gar aus sich selbst lebt und stirbt und sich in keiner Weise verdanken will. Ob diese Möglichkeit jemals realisiert worden ist oder noch wird, dürfen wir offen lassen. Aber als Möglichkeit hält der christliche Glaube an ihr fest, und zwar vor allem, um das unersetzbare Gewicht der menschlichen Lebensgeschichte, ihrer freien Entscheidung auch gegen das angebotene Geschenk der Liebe Gottes zu betonen. Heilende Gemeinschaft mit Christus gibt es eben nur für den, der sich darin von sich aus positiv einbeziehen läßt. [137]

Die geglückte Hineinnahme menschlicher Identität in die Gemeinschaft des Vaters zum Sohn im Heiligen Geist – das ist die Wirklichkeit der Liebe Gottes – bezeichnen wir als „Himmel". Es ist das atemberaubende Leben in der Gegenwart Gottes, das Zusammensein von geschenkter und angenommener Liebe. Hier versagt im letzten menschliche Sprache, um den Erfahrungsgehalt eines solchen Vollendungsmomentes adäquat zum Ausdruck zu bringen. Die Wachtturm-Gesellschaft kapituliert vor diesen Ausdrucksschwierigkeiten dadurch, daß sie dem Gros ihrer Anhänger die Möglichkeit der Vollendung im „Himmel" von vornherein schon gar nicht in Aussicht stellt. Statt dessen werden die Zeugen Jehovas auf ein irdisches Paradies vertröstet.

Himmel

Satan, Dämonen und der Spiritismus

Die Existenz Satans, die Realität von Dämonen und Geistermächten und die Bekämpfung spiritistischer und satanistischer Praktiken stellt für die Zeugen Jehovas immer wieder ein Thema dar. Satan und seine Machenschaften sollen die Zeichen der herannahenden Endzeit sein. So befaßte sich 1988 die erste Septemberausgabe des Wachtturms mit der Realität Satans. [138] Auch das neue Buch „Erkenntnis, die zu ewigem Leben führt" hat eigens ein Kapitel, das sich der „Bekämpfung böser Geistermächte" [139] widmet.

Die Zeugen Jehovas gehen in ihrer Vorstellung vom Teufel von seiner eindeutigen Realität aus. Genauso sind sie davon überzeugt, daß uns die Bibel von der Existenz von Dämonen- und Geistermächten überzeugen will. Die Gedankengänge und Vorstellungen zu Satan und den Dämonen haben auf den ersten Blick das Ziel, die Zeugen Jehovas in der Bekämpfung des Spiritismus zu motivieren und ihnen eine Erklärung für die Existenz des

Satan – eine Realität

---

137 Kehl, Medard: aaO., S. 294f.
138 Vgl. Wachtturm vom 1. September 1988: Satan – eine Realität.
139 Erkenntnis, die zu ewigem Leben führt, aaO., S. 108-117.
140 Vgl. Wachtturm vom 1. September 1988, S. 3.

Bösen in der Welt zu liefern. In ihrer Argumentation suchen sie sogar Unterstützung bei Papst Johannes Paul II. und Kardinal Ratzinger,[140] „Kronzeugen", die in anderen Zusammenhängen strikt abgelehnt und „verteufelt" würden. Die Zeugen Jehovas konstatieren jedoch, daß der Glaube an die reale Existenz des Teufels, ähnlich wie der Glaube an Gott, in der modernen Welt bei vielen Menschen im Schwinden begriffen sei. Wer nicht an Gott glaubt, so die Zeugen Jehovas, der glaubt auch nicht an seinen Gegenspieler, den Teufel. Auch die Dämonen, als die Gehilfen Satans, gehören zu einem solchen Glauben dazu. Für die Zeugen Jehovas ist der Gottesglaube und der Glaube an Satan eng verbunden. Einen Gottesglauben ohne den Glauben an die Existenz des Teufels und der Dämonen halten sie für defizitär. Diesem Glauben fehlt nach ihrer Auffassung eine entscheidende Dimension. Auf der anderen Seite legt die Wachtturm-Gesellschaft großen Wert darauf, sich von allgemeinen Teufels- und Dämonenvorstellungen zu unterscheiden. Ihre Vorstellungen sollen rein biblisch begründet sein.

Die Wirkmacht des Teufels wird den Zeugen Jehovas drastisch vor Augen geführt. Immer wieder wird er in ausführlichen Schilderungen des

DAS BÖSE IST IMMER UND ÜBERALL: DIE ALLGEMEINE VERUNSICHERUNG DER ZEUGEN JEHOVAS DURCH EINE BEWUSST GESCHÜRTE GEISTER-HYSTERIE

*Satan – die Welt
außerhalb der
Wachtturm-
Organisation*

modernen Satanskults an die Wand gemalt. Hexerei, Spiritismus und Zauberei werden nur als Unterformen des Satanismus angesehen. Voodoo, Santeria, Wicca- und afrikanische Kulte werden in die gleiche Ecke gestellt. Auch die Heavy-Metal-Musik, eine besonders harte Form der Rockmusik, wird als Teil der Wirkmacht Satans betrachtet. Für Zeugen Jehovas ist Satan die treibende Kraft hinter allem Schlechten in der Welt. Im Grunde ist Satan nach der Auffassung der Zeugen Jehovas die Signatur des „Systems der Dinge": Alles, was nicht zu den Zeugen Jehovas gehört, ist des Teufels. Von daher begreift sich die Wachtturm-Gesellschaft als die Instanz, die über das wahre Wesen Satans und der Dämonen aufklären muß:

Vor der Erschaffung der Menschen erschuf Jehova Gott eine große Zahl von Geistgeschöpfen (Hiob 38:4, 7). Wie bereits in Kapitel 6 erklärt wurde, entwickelte sich in einem dieser Engel das Verlangen, daß die Menschen ihn anbeten sollten statt Jehova. Dieses Ziel versuchte der rebellische Engel dadurch zu erreichen, daß er sich dem Schöpfer widersetzte und ihn verleumdete, indem er der ersten Frau gegenüber Andeutungen machte, Gott sei ein Lügner. Passenderweise wurde dieses rebellische Geschöpf daher als Satan (Widerstandleistender), der Teufel (Verleumder), bekannt (1. Mose 3:1-5; Hiob 1:6).

*Dämonentheorie
der Wachtturm-
Gesellschaft*

Später stellten sich weitere Engel auf die Seite Satans, des Teufels. In den Tagen des Noah gaben einige von ihnen ihren Dienst im Himmel auf und nahmen Fleischesleiber an, um auf der Erde ihr Verlangen nach Geschlechtsbeziehungen mit Frauen zu befriedigen. Satan beeinflußte diese Engel zweifellos, diesen Lauf des Ungehorsams einzuschlagen. Das führte dazu, daß sie Bastardnachkommen zeugten, brutale Tyrannen, die als Nephilim bezeichnet wurden. Als Jehova die große Sintflut herbeiführte, vernichtete sie die verderbten Menschen und die widernatürliche Nachkommenschaft der ungehorsamen Engel. Die rebellischen Engel entkamen der Vernichtung dadurch, daß sie sich entmaterialisierten und in den geistigen Bereich zurückkehrten. Doch Gott auferlegte diesen Dämonen Einschränkungen, indem er sie als Ausgestoßene behandelte, die in geistiger Finsternis existieren mußten (1. Mose 6:1-7, 17; Judas 6). Satan, der „Herrscher der Dämonen", und seine bösen Engel haben ihre Rebellion allerdings fortgesetzt (Lukas 11:15). Welches Ziel haben sie? [141]

Wenn man diese Vorstellungen von Satan und den Dämonen liest, fragt man sich, woraus eine solch spekulative dämonologische Theorie gestrickt wird.

---

141 Erkenntnis, die zu ewigem Leben führt, aaO., S.108f.

Die einzelnen biblischen Belege für sich genommen, geben nicht die Berechtigung zur Erstellung eines zusammenhängenden dämonologischen Weltbilds. Im Buch Hiob ist keineswegs etwas von einem rebellischen „Widerstandsleister" Satan zu spüren. Gott selbst gibt Satan die Erlaubnis, Hiob zu prüfen. Theologisch nimmt das Hiobbuch bei der Beantwortung der Frage, wie der gute Gott das Leid der Gerechten zulassen kann, eine Mittelstellung ein. Ursprünglich prüft Gott die Menschen selbst, dann übernimmt ein Wesen (Satan), unter Gottes Duldung, diese Aufgabe, und erst sehr viel später hat sich in der Theologie der Heiligen Schrift ein Modell durchgesetzt, das diese Prüfung selbständig von Satan durchführen läßt. In den nachexilischen Texten des Alten Testaments ist der Satan Ankläger bei Gott. Das Hiobbuch stellt diese Rolle vor. Ursprünglich galt Gott selbst als der Anstifter zur Sünde; erst später tritt eine Gestalt aus dem Hofstaat Jahwes auf, der diese Funktion übernimmt, um Gott nicht als Urheber des Bösen erscheinen zu lassen (1 Kön 22,19). *Biblische Theologie*

Von diesem Augenblick an macht der Satan religionsgeschichtliche Karriere; er bringt es zum Anführer der rebellischen Engel (aethHen 54,6), als „Gott dieser Welt" (2 Kor 4,4) zum Gegenspieler Gottes, zum Besitzer eines eigenen Hofstaats (seine „Engel" sind Mt 25,41; 2 Kor 12,7 erwähnt). Im Jubiläenbuch und im Testament der Zwölf Patriarchen ist er auch Anführer der Dämonen (Jub 10,8; TestAs 6,4; TestIss 7,7). [142]

Dies stellt eine theologische Denkfigur dar, um die Existenz eines guten Gottes mit der gleichzeitigen Existenz des Übels in der Welt zusammendenken zu können. Die Bibel spekuliert nicht über spezielle Daseinsweisen Satans oder der Dämonen. Eine Erzählung über eine „Himmelsrebellion" Satans oder anderer Engel, mit anschließendem „Engelsturz", kennt die Bibel nicht. Erst in neutestamentlicher Zeit wird der Mythos von der Engelsünde und vom Engelsturz greifbar, z.B. 2 Petr 2,4; Jud 6. Die Aufnahme geschieht jedoch sehr dezent. Von Satan ist an diesen Stellen nicht die Rede, und außerdem werden die gestürzten Engel bis zum Gericht unter „Verschluß" gehalten. Solche Überlegungen gehen wohl ursprünglich auf das in Äthiopisch überlieferte Henochbuch zurück. Hier handelt es sich um ein apokryphes, d.h. nicht in den Kanon der Hl. Schrift aufgenommenes Buch.

---

142 Lang, Bernhard: Engel/Teufel, in: Neues Handbuch theologischer Grundbegriffe, München 1984, S. 225.

Mythologisches
Material

Nach diesem Mythos wurden sich mit Menschenfrauen einlassende Engel durch Degradierung bestraft und mußten den Himmel verlassen. Die angeschlossene Ätiologie [Herkunftssage / E.T.] der Dämonen lautet: Die als Riesen vorgestellten halbmenschlichen Kinder der gefallenen Engel erschlugen sich gegenseitig, und aus ihren Leichnamen fahren Dämonen aus, die nun, körperlos, auf der Erde ihr Unwesen treiben. [143]

Dieser Mythos ist durch älteres Material z.B. im Buch Genesis (6,1-4 Götterehen) angeregt, schaffte aber nie den Sprung in die Bibel.

Die Zeugen Jehovas wissen sehr wohl, wie wenig und zurückhaltend in der Bibel vom Satan die Rede ist. Im Alten Testament wird er insgesamt nur 16mal erwähnt: Im ersten Buch der Chronik (21,1), im Hiobbuch (1,6ff.; 2,1ff.) und bei Sacharja (3,1f.). Im NeuenTestament taucht die Rede von Satan genau 31mal auf. Von Dämonen ist ähnlich selten die Rede: im Alten Testament an 13 Stellen, im Neuen Testament an 43 Stellen. Bei allen anderen Textpassagen, die von den Zeugen Jehovas zum Beweis ihrer dämonologischen Überlegungen angeführt werden, darf stark bezweifelt werden, daß hier Satan oder Dämonen gemeint sind. In bewährter Baukastenmethode bauen die Zeugen Jehovas allerdings zusammen, was biblisch nicht zusammengehört. Für jeden Zweifler an der ausgesprochen spekulativen Theorie über Satan und die Dämonen hat die Wachtturm-Gesellschaft auch schon die passende Antwort parat:

Der Schlüssel zu dem Rätsel

Der Christ, der dem Worte Gottes glaubt, findet den Schlüssel zur Antwort auf diese und die zuvor aufgeworfenen Fragen nicht in der Bibelkritik, die die Bibel nur als literarisches Meisterwerk betrachtet, als Produkt des menschlichen Geistes ...

Die Wahrheit wird in Gottes Wort zu Gottes bestimmter Zeit allmählich geoffenbart, entsprechend den Bedürfnissen und der Fähigkeit seiner Diener, sie aufzunehmen (Johannes 16:12, 13 vergleiche 6:48-69).

Die Wachtturm-Gesellschaft begreift sich als die Institution, die das Rätsel Satans und der Dämonen gelöst hat. Wer das völlig unbiblische Theoriegebäude bezweifelt oder auf eine kritische Bibelexegese zurückgreifen will, hat eben noch nicht die Fähigkeit, die Wahrheit der Wachtturm-

---

143 Ebd., S. 224.

Gesellschaft aufzunehmen. Aus den angeführten biblischen Textstellen zu
Satan läßt sich keinesfalls eine solche Teufelsvorstellung entwickeln, wie sie
bei den Zeugen Jehovas vorgestellt wird. Man kann sogar sagen, der Anspruch der Zeugen Jehovas und der Wachtturm-Gesellschaft, eine biblisch
begründete Satanologie und Dämonologie zu bieten, ist völlig irrig. Die
vorgestellten Auffassungen stellen ein wild kombiniertes Sammelsurium aus
Bibelstellen und apokryphen, also nicht-biblischen, Versatzstücken dar. Ein
„Schlüssel zum Rätsel" des Bösen sind die verworrenen Spekulationen auf
keinen Fall. Sie haben jedoch eine andere Funktion.

Es fällt auf, daß im Zusammenhang der Ausführungen zum Satan immer
wieder von ihm als einem Rebellen, einem, der sich gegen Gott auflehnt, die
Rede ist. Für seine Rebellion wird er nach den Vorstellungen der Zeugen
Jehovas aus dem Himmel geworfen und bestraft. An ihm wird exemplarisch
verdeutlicht, wohin diese Aufmüpfigkeit gegen Gott (und gegen die
Wachtturm-Gesellschaft) führt. Dies ist für jeden Zeugen Jehovas nachvollziehbar und wird ihm als erschreckendes Beispiel vor Augen geführt. Skep-
sis, Zweifel, Kritik gegenüber der Wachtturm-Organisation und der Leitenden Körperschaft sind wie die Rebellion Satans gegen Gott einzustufen.

*Dämonologie,
um Anhänger
bei der Stange
zu halten*

*Satan bedient sich heute ähnlicher Machenschaften. Er versucht, in bezug auf
die Güte Jehovas und den Nutzen, den es bringt, Gottes Geboten zu gehorchen,
Zweifel zu säen ...*
*Satan wird sehr wahrscheinlich Widerstand wecken gegen das Bemühen,
durch das Studium der Bibel die Erkenntnis Gottes zu erlangen. Es ist wirklich zu hoffen, daß sich niemand durch solchen Druck davon abhalten läßt, das
Rechte zu tun (Johannes 12:42, 43). Satan bemüht sich skrupellos, jeden ein-
zuschüchtern, der die Erkenntnis Gottes erlangen möchte. [144]*

Jeder eingeweihte Zeuge Jehovas weiß, was gemeint ist, wenn von Zweifel
gegen Gottes Gebote die Rede ist. In der internen Sprachregelung sind das
immer Zweifel gegen die Wachtturm-Gesellschaft, die diese Gebote auto-
ritär repräsentiert. Widerstand gegen „das Studium der Bibel zur Erlangung
der Erkenntnis Gottes" bedeutet selbstverständlich im Zeugenjargon den
Widerstand gegen das Wachtturm-Studium. Immer, so wird den Zeugen
Jehovas eingebleut, stecken hinter allem Widerstand Satan und seine Gehilfen, die Dämonen. Aber nicht nur Schwierigkeiten mit der Wachtturm-

144 Erkenntnis, die zu ewigem Leben führt, aaO., S. 60f.

Gesellschaft, sondern auch auffällige, schwer erklärliche Krankheiten, besonders psychische Erkrankungen, werden auf den Einfluß Satans und seiner Dämonen zurückgeführt. So schreibt eine ehemalige Zeugin Jehovas:

Die Dämonen sind überall

Wir dachten immerzu an Dämonen, so daß ich eine schreckliche Furcht vor ihnen entwickelte. Wenn ich krank und niedergeschlagen war und mich am liebsten umbringen wollte, suchte ich verzweifelt das Haus nach einem Gegenstand ab, der dämonisch sein könnte. Einmal habe ich ein Bild von einem kleinen Mädchen weggeworfen, das in meinem Gästezimmer hing, weil es einen so durchdringenden Blick hatte. Mein Bad hatte damals indische Fliesen, darunter auch eine Dekorfliese mit einem tanzenden Inder darauf. Ich dachte mir, das müsse eine indische Gottheit sein, und schon war sie weg.

Als man mich ins Krankenhaus brachte, war ich geistig und seelisch so krank, daß ich dem Arzt nur entgegenrufen konnte, ich sei wahrscheinlich „dämonisiert", und davon war ich ja auch tatsächlich selbst überzeugt. [145]

Mysteriöse Botschaften in den Bildern der Wachtturm-Gesellschaft

In diesem Zusammenhang muß auch noch auf einen äußerst merkwürdigen Sachverhalt eingegangen werden, auf den ich durch einen Beitrag eines Kritikers der Zeugen Jehovas im Internet aufmerksam geworden bin: In den Bildern der Wachtturm-Literatur befinden sich unterschwellige (subliminale) Symbole und Zeichnungen. Als Außenstehender entdeckt man sie nur, wenn man darauf aufmerksam gemacht wird. Teils handelt es sich um magisch-spiritistische Symbole, teils auch um die Abbildung von Dämonen und Geistwesen.[146] Solche mysteriösen Zeichen und Bilder in Bildern tauchen in der Wachtturm-Literatur über die Jahre hin immer wieder auf. Sie finden sich in den Wachttürmen, aber auch genauso in wichtigen Büchern der Zeugen Jehovas. Es handelt sich dabei um eine solche Fülle von Bildmaterial, daß hier nicht auf alles eingegangen werden kann. Besonders interessante Bilder sollen jedoch herausgegriffen und kurz betrachtet werden.

Im Buch „Du kannst für immer im Paradies auf Erden leben"[147] befindet sich auf Seite 244 ein Bild, auf dem eine Frau im heimischen Wohnzimmer sitzt. Hinter ihr steht offensichtlich ihr Ehemann. Auf dem Wohnzimmertisch ist ein Gegenstand zu sehen, der sich auf keinen Fall im Haushalt eines gläubigen Zeugen Jehovas befinden dürfte: ein astrologisches Symbol, das Bild eines Widders. Jedes „andere Schaf" unter den Zeugen Jehovas wäre ängstlich darauf bedacht, ein solches Symbol aus seinem Haus-

---

145 Gaila Noble: The mental Health of Jehovah's Witnesses, zit. nach: Bergmann, Jerry R.: aaO., S. 22f.
146 Vgl. Barefoot, Derek: The Hour of Darkness. A Battle Against Occult Subversion and Blind Faith, Grand Junction/Colorado 1992.
147 Du kannst für immer im Paradies auf Erden leben, aaO., S. 244.

ASTROLOGISCHES SYMBOL AUF DEM
COUCHTISCH: FÜR ZEUGEN UNDENKBAR!
Du kannst für immer im Paradies auf
Erden leben, 1982, S. 244

rat zu entfernen, um nicht in den Einflußbereich von Dämonen zu gelangen. Hier in diesem Wachtturm-Buch ist ein solches Astrologiesymbol abgebildet. Da es sich um ein im fotorealistischen Stil gemaltes Bild handelt, kann bei der Abbildung nicht von einem Zufall gesprochen werden. Das Astrologiesymbol muß bewußt auf den Wohnzimmertisch gemalt worden sein. Dieses Symbol ist so offensichtlich dorthin drapiert, daß es nicht übersehen werden kann. Zeugen Jehovas, denen ich es zeigte, stritten zwar anfänglich ab, daß es sich hier um einen Widderkopf handeln würde, aber nach genauerem Hinsehen erklären sie sich sein Vorhandensein mit dem Zufall.

Im Paradiesbuch findet man noch weitere solcher „Zufälle". Auf Seite 93 sehen wir im Hintergrund einen Wasserfall mit einer großen Anzahl von dämonisch dreinblickenden Gesichtern. Hier muß man allerdings schon etwas genauer hinschauen, um ein solches verstecktes Detail zu entdecken. Auf Seite 17 desselben Buchs wird man, wenn man es um 180 Grad dreht, deutlich in den Haarlocken Jesu ein dort hinein plaziertes Gesicht entdecken. Kann es unabsichtlich hineingeraten sein, wo man doch weiß, daß nichts die Wachtturm-Gesellschaft verläßt, ohne daß es durch die Zensur der entsprechenden Komitees gegangen ist? Ein weiteres Beispiel: Auf Seite 128 des Paradiesbuchs ist wieder ein Bild aus dem Wohnzimmerbereich einer Zeugen-Familie zu sehen. Dieses Bild ist ebenfalls keine Fotografie, sondern eines der vielen, bei den Zeugen Jehovas üblichen Szenengemälde, die im Bethel handgemalt werden. Diesmal wurde ein „studierendes" Ehepaar abgebildet. In trauter Einigkeit liest man in der Wachtturm-Literatur, die auf dem Tisch ausgebreitet liegt. Im Zusammenhang unserer Fragestellung viel interessanter als diese Szene erscheint aber der Stuhl, der vor dem Tisch steht. In die Rückenlehne des Stuhls ist ein gedrehtes Hexagramm hineingemalt. Das Hexagramm ist ein magisches Symbol zur Abwehr der Geister und Dämonen. Undenkbar eigentlich, daß Zeugen Jehovas einen solchen Gegenstand ihr eigen nennen oder in ihrer Wohnung aufstellen würden. Und doch ist er in diesem Buch abgebildet. Zufällig oder irrtümlich kann ein solches Hexagramm nicht in die Rückenlehne des Stuhls hineingeraten sein. Da es sich um ein handgemaltes Bild handelt, muß auch hier ein Gestaltungswille dahinterstecken.

Regierung Gottes werden, müssen
etwas darüber wissen.

Als letztes Beispiel einer endlosen Reihe solcher Bilder mit versteckten Botschaften soll ein Bild auf der Seite 159 aus dem Buch „Die Offenbarung – Ihr großartiger Höhepunkt ist nahe!" [148] angeführt werden. Jesus überreicht Johannes eine Buchrolle, die dieser essen soll. Die dem Johannes entgegengestreckte Hand enthält aber in ihrer Innenfläche deutlich sichtbar ein Gesicht. Auch hierbei handelt es sich wieder um ein Gemälde, bei dem man davon ausgehen muß, daß die Person(en), die es malte(n), dabei ihren Gestaltungswillen ausdrückte(n) – und die Personen, die dieses Bild veröffentlichten, entweder die geheime Botschaft eines solchen Bildes nicht bemerkt haben oder es bewußt veröffentlichen wollten. Für die zweite Annahme sprechen einige Gründe.

Wie können solche spiritistisch-magischen Zeichen der Kontrolle der Wachtturm-Gesellschaft entgangen sein? Oder: Worin kann der Grund liegen, daß solche unterschwelligen Symbole und Dämonengesichter in den Bildern der Zeugen Jehovas immer wieder auftreten? Hierüber lassen sich Vermutungen mit hohem Wahrscheinlichtkeitsgehalt anstellen. Klar ist, daß die Wachtturm-Gesellschaft sich eindeutig gegen Spiritismus und Magie ausspricht. Trotzdem vertritt sie ein dämonologisches Weltbild. Im „System Satans" lauern die Dämonen überall. Die Wachtturm-Gesellschaft hat ein Interesse daran, daß diese Botschaft immer wieder offen, aber auch das Unterbewußtsein ihrer Anhänger ansprechend, vermittelt wird. In einem solchen Kontext erfüllen die versteckten Bildbotschaften nach meiner Meinung einen eindeutigen Zweck. Die Anhänger sollen in ihren Ängsten unterschwellig manipuliert werden. Sie sollen erkennen, daß man nicht genügend vor Satan und den Dämonen auf der Hut sein kann. Daß die Wachtturm-Gesellschaft mit einer solchen Strategie bei einigen ihrer Anhänger auch Erfolg hat, wurde am oben erwähnten Erfahrungsbericht von Gaila Noble, die in ihrer Dämonenangst die Wohnung nach versteckten spiritistischen Symbolen absuchte, ja bereits verdeutlicht.

148 Die Offenbarung – Ihr großartiger Höhepunkt ist nahe!, aaO., S. 159.

162

Zusammenfassend kann man sagen: Die Lehre der Zeugen Jehovas zu Satan und den Dämonen dient dazu, die eigenen Mitglieder zu disziplinieren und Nicht-Zeugen-Jehovas zu dämonologisieren. In der Wachtturm-Gesellschaft hat es sich eingebürgert, zwischen „wahrer" und „falscher" Religion zu unterscheiden. Willi Pohl aus dem Zweigbüro der Wachtturm-Gesellschaft in Selters i. Ts. merkte in einem Focus-Interview an, daß sie immer mehr zu der Ansicht kämen, „daß der Teufel der Vater der falschen Religion ist". [149]

Unterschwellige Angstmache

Disziplinierung und Dämonologisierung, solche Funktionen gehen nicht konform mit den Absichten der Bibel. Die Bibel will nicht die Mitglieder einer religiösen Gemeinschaft diziplinieren, sondern verfolgt mit den Gedanken über den Satan und die Dämonen eindeutig theologische Absichten. Solche Absichten sind je nach dem Kontext, in dem die Aussagen gemacht werden, unterschiedlich zu beurteilen. Eine einheitliche und vor allem eigenständige biblische Satans- und Dämonenlehre gibt es nicht. Die biblischen Aussagen verfolgen vor allem folgende Ziele: [150]

❖ Sie wollen Auskunft geben auf die Frage: Wie kann es Böses geben angesichts eines guten Gottes?

❖ Sie wollen darauf hinweisen, daß die Welt mehr ist als man sieht. Das Böse wie das Gute ist eine unsichtbare Tiefendimension der Realität, die nicht weniger real ist.

❖ Sie wollen verdeutlichen, daß das Böse nicht bloß unpersönlich, abstrakt bleibt, sondern vor allem auf der personal-existentiellen Ebene für den Menschen erfahrbar wird. Das Böse wird wirklich, wenn jemand es tut.

❖ Sie wollen schließlich betonen, worum es beim christlichen Glauben geht. Gottes Macht hat in Jesus Christus alle dunklen Mächte besiegt (vgl. Röm 3,38).

Glaube an Jesus Christus erkennt man daran, daß er Menschen Vertrauen ermöglicht und sie nicht einschüchtert und in große Ängste stürzt. Dieses Vertrauen den Menschen glaubwürdig zu vermitteln, ist der eigentliche Missionsauftrag der Christen. Die Zeugen Jehovas werden einem solchen Auftrag nicht gerecht.

Glaube an Jesus Christus entmachtet die Angst

---

149 Wer wählen geht, fliegt raus, Focus vom 22. Januar 1996.
150 Vgl. dazu: Sattler, Dorothea/Schneider, Theodor: Engel, Dämonen und Teufel, in: Schneider, Theodor (Hg.): Handbuch der Dogmatik, Bd. 1, Düsseldorf 1992, S. 163-166.

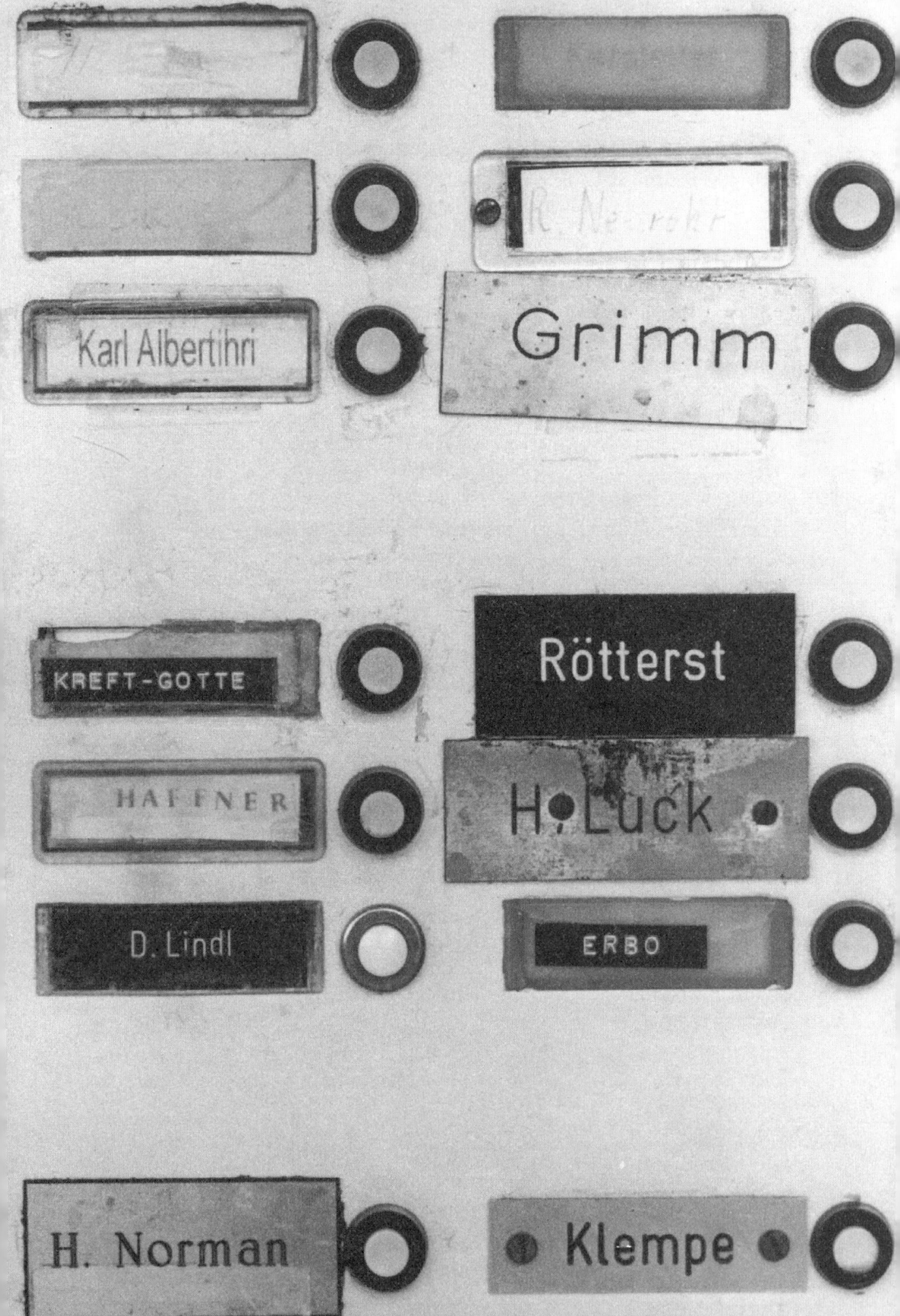

DIE PRAXIS

Welche Rolle Christen nach Auffassung der Wachtturm-Gesellschaft in dieser Welt spielen sollten, vor allem was sie zu der Lösung allgemein drängender Probleme, wie z.B. der Umweltverschmutzung, beitragen sollten, macht eine Anweisung im Wachtturm vom 15. April 1993 deutlich:

Müssen sich Christen aktiv für den Umweltschutz einsetzen?
Als Jesus auf der Erde war, versuchte er nicht, all die sozialen Probleme seiner Zeit zu lösen. Wenn Jehova durch sein messianisches Königreich seine gerechten Grundsätze durchsetzen wird, werden die Umweltprobleme ein für allemal gelöst sein. Daher sind Zeugen Jehovas in dieser Hinsicht ausgeglichen. Aus Liebe zum Nächsten zeigen sie Achtung vor dem Besitz anderer, aber sie setzen das Predigen der Botschaft von Gottes Königreich richtigerweise an die erste Stelle (Matthäus 6:33). [151]

Damit ist klar, Missionierung für die Wachtturm-Gesellschaft geht vor jedem Engagement für die Welt. Und bei entsprechender Stundenzahl im Predigen für das Königreich Gottes bleibt für die Lösung irgendwelcher sozialer Probleme sowieso keine Zeit mehr. Da vertröstet man die Zeugen Jehovas auf das „messianische Königreich", in dem es dann keine Probleme mehr geben wird. Ob das jesuanisch ist? Predigen, missionieren und ansonsten die Welt mit ihren Problemen sich selbst überlassen? Wann beginnt eigentlich das Königreich Gottes? Erst in ferner Zukunft oder auch schon vorscheinend da, wo die ursprüngliche Schöpfung Gottes wieder aufleuchtet? Jedenfalls meint Jesus mit dem Aufruf „Das Reich Gottes ist nahe herbeigekommen" (Mk 1,15), daß schon in seiner Gegenwart Anzeichen der Vollendung in Gott sichtbar und erfahrbar werden: Dort wo weniger von der Schöpfung zerstört wird und wo Menschen friedvoller und gerechter miteinander leben, dort wird etwas vorweggenommen, was am Ende sein

Mission geht vor

---

151 Wachtturm vom 15. April 1993.

JEDER IST MAL DRAN: DIE FLÄCHEN-
DECKENDE UND SYSTEMATISCHE MISSION
DER ZEUGEN JEHOVAS
Foto: Theo Rosenfeld

*Nicht
Vertröstung
– Mitarbeit
ist gefragt*

wird und was von Gott her von Anfang an gilt: „Es war sehr gut" (Gen 1,31). Der Wille Gottes ist die gute und versöhnte Schöpfung. Der Beitrag des Menschen daran ist nicht die Vertröstung, sondern die Mitarbeit. Jesus wird im Weltgericht nicht fragen: Wie viele Wachttürme habt ihr verteilt?, sondern: Habt ihr Hungernde gespeist, Dürstenden zu trinken gegeben, Fremde und Obdachlose aufgenommen, Nackte bekleidet, Kranke und Gefangene besucht? (vgl. Mt 25,31-46). Diesem Gericht haben sich schon jetzt alle, die sich auf Christus berufen, zu stellen – auch die Zeugen Jehovas!

Haus-zu-Haus-Dienst

Von Haus zu Haus, von Tür zu Tür verkündet Gottes Wort. In jeder Stadt, in jedem Dorf seht nach den Schafen dort. Daß Gottes Königreich regiert, wie Jesus prophezeit', wird nun von Christen, jung und alt, gepredigt erdenweit ...
    Natürlich nicht an jeder Tür sich neigt ein hörend Ohr. Man schimpft auf uns, und manche woll'n so bleiben wie zuvor. Genauso war's zu Jesu Zeit; obwohl geschmäht, er sprach: „Die Schafe hören meinen Ruf." Drum lassen wir nie nach.
    So preisen wir das Königreich, gehn froh von Haus zu Haus. Ob jemand „Schaf", ob „Bock" will sein, wählt jeder selbst sich aus. Auf jeden Fall Jehovas Nam' erwähnt, die Wahrheit lehrt! Durch unsern Dienst von Tür zu Tür die Herde dann sich mehrt. [152]

Das Lied trägt den Titel „Von Haus zu Haus" und führt im Untertitel eine Bibelstellenangabe: Apostelgeschichte 20:20. Zeuge-Jehovas-sein bedeutet, man wird das aus dem bisher Gesagten schon erahnen, totalen Einsatz für die Organisation. Auch wenn es Widerstände gibt, die Welt muß gerettet werden. Alle Zusammenkünfte in der Woche, ob nun öffentlicher Vortrag und Wachtturm-Studium oder Theokratische Predigtdienstschule, ob Dienstzusammenkunft oder Versammlungsbuchstudium, alles hat den Zweck und Sinn, optimal für die Gespräche an den Haustüren präpariert zu sein. Weitere Schulungsmaßnahmen sind die mehrmals jährlich stattfindenden Kreiskongresse mit oft mehreren tausend Teilnehmern und die Bezirkskongresse mit fast 10.000 teilnehmenden Personen. Die Zeugen Jehovas verstehen sich als ein „erdenweites" Predigtwerk, das ihnen selbst nur

---

152 Singt Jehova Loblieder, aaO., S. 32.

Freude machen darf und den anderen die Rettung bringen soll. Daß die Menschen nicht immer mit Freude reagieren und die Zeugen Jehovas ablehnen, darauf werden sie schon im Liedgut vorbereitet. Man lebt bei den Zeugen Jehovas ein wenig aus einem „Märtyrergefühl" heraus, das ins Bewußtsein hineinführt, zu einer Elite zu gehören. „Jesus ist auch geschmäht worden" wird zur Durchhalteparole für den schwierigen Missionsdienst an den Haustüren. Vor allen Dingen ist ein Zeuge Jehovas daran beteiligt, so jedenfalls redet es dem einzelnen die Wachtturm-Gesellschaft ein, die Welt und die Menschen in „Schafe" und „Böcke" zu scheiden. Was es heißt, zu der einen oder anderen Kategorie zu gehören, ist schon erläutert worden (siehe S. 137ff.). Die nicht unerhebliche Zunahme der Anhängerschar in den letzten Jahren zeigt, daß die Methode der persönlichen Ansprache von Menschen an den Haustüren durchaus erfolgversprechend ist.

Märtyrergefühl und Elitebewußtsein

Es mag fast stereotyp klingen, aber wie bei allen ihren Aktivitäten, so versuchen die Zeugen Jehovas auch den Haus-zu-Haus-Missionsdienst direkt aus der Bibel zu begründen. Angeführt werden besonders zwei Bibelstellen, die für die Zeugen Jehovas die entscheidende Begründung ihrer Missionspraxis von Haus zu Haus liefern sollen. In Apostelgeschichte 5,42 ist zu lesen, wenn wir es Wort für Wort übersetzen:

Und jeden Tag im Heiligtum und nach Häusern nicht hörten sie auf zu lehren und (als Evangelium) zu verkünden den Gesalbten, Jesus.

In der Übersetzung der Zeugen Jehovas hingegen lesen wir:

Und jeden Tag fuhren sie im Tempel und von Haus zu Haus ununterbrochen fort, zu lehren und die gute Botschaft über den Christus, Jesus, zu verkünden. (Neue-Welt-Übersetzung)

In Apostelgeschichte 20,20 heißt es, ebenfalls wörtlich übersetzt:

Wie nichts ich zurückhielt von dem Nützlichen, es (etwa) nicht euch zu berichten und euch zu lehren, öffentlich und nach Häusern.

Ganz anders wiederum die Zeugen Jehovas in ihrer Übersetzung:

167

... wobei ich mich nicht davon zurückhielt, euch alles, was nützlich war, kund-
zutun und euch öffentlich und von Haus zu Haus zu lehren.
(Neue-Welt-Übersetzung)

„zu Hause"
oder von
„Haus zu Haus"

In beiden Textstellen ist von „nach Häusern" die Rede. Zunächst wird das „kata" (griech., = nach, auf, zu) in „kat' oikon bzw. oikous" (griech., = nach Häusern) von den Zeugen Jehovas nicht in einem adverbialen Sinn verstanden. Dann müßte es nämlich „zu Hause, in den Häusern" heißen, im Gegensatz zur „Öffentlichkeit" oder im „Heiligtum". Die Zeugen Jehovas möchten das „kata" in einem distributiven Sinn verstanden wissen.[153] Dann ist in dieser Textstelle „je Haus" oder „von Haus zu Haus" gemeint. So verstanden kämen die beiden Textstellen in der Apostelgeschichte der Art der Haus-zu-Haus-Mission als biblische Begründungsgrundlage sehr entgegen. Es gibt kaum Bibelübersetzungen, die einem solchen, von den Zeugen Jehovas favorisierten Sinn folgen. Zu offensichtlich ist auch der Zweck, der hier mit einer solchen Übersetzung verfolgt wird. Es scheint auch mehr als gewagt, aus den oben genannten Stellen eine urchristliche Missionspraxis abzuleiten, die heute so nur noch die Zeugen Jehovas richtig praktizieren. Es mag ja sein, daß die ersten Christen auch in Privathäusern missioniert haben und dabei von Haus zu Haus gegangen sind. Sicher ist jedoch auch, daß sie es nicht so taten wie die Zeugen Jehovas heute. Auch war das Selbstverständnis der ersten Christen sicherlich ein ganz anderes. Warum?

Haus-zu-Haus-Dienst heißt für einen Zeugen Jehovas die strikte Übernahme der Verpflichtung, für seine Gemeinschaft zu werben und zu missionieren, wo immer er es nur kann.

Macht die Wahrheit täglich bekannt: Jeden Tag sollten wir nach Möglichkeiten
suchen, anderen die Wahrheit zu vermitteln. Gelegenheiten bieten sich ohne
weiteres. Kannst du dir ein paar Minuten Zeit nehmen und jemand anrufen,
der deiner Meinung nach empfänglich ist und einem solchen Anruf vorher
zugestimmt hat? Oder wie steht es damit, jemandem, den du zu Hause nicht
antreffen kannst, einen Brief zu schreiben? Hast du daran gedacht, dem
Ladeninhaber beim Einkauf einen Traktat anzubieten? Wahrscheinlich kom-
men dir noch viele andere Gelegenheiten in den Sinn, die du jeden Tag hast,
um deine Hoffnung mit anderen zu teilen. Jehova wird dir helfen, wenn du
dich anstrengst und ein bißchen Freimut beweist (1. Thes. 2:2). [154]

153 Vgl. Wachtturm vom 1. August 1991, S. 24.
154 Unser Königreichsdienst, Februar 1996.

168

Damit der einzelne Zeuge Jehovas auch wirklich täglich die „Wahrheit predigt", bekommt er eine Verkündigerdienstkarte, mit deren Hilfe sein Missionseifer von der Wachtturm-Gesellschaft überprüft werden kann. Auf dieser Karte hat er seinen Status („Gesalbter"/„Anderes Schaf") anzugeben und die Abgabe von Literatur an den Haustüren oder in den Fußgängerzonen nachzuweisen. Auch die Anzahl der Stunden im Missionsdienst müssen hier eingetragen werden. So können die Ältesten, die die Verkündigerdienstkarten überprüfen, etwaige Lauheit schnell dingfest machen.

Kontrolliertes Engagement

Jeder wird zustimmen, daß eine solche bürokratische Erfolgskontrolle des Haus-zu-Haus-Dienstes sicherlich nicht aus den Belegstellen der Apostelgeschichte herzuleiten ist.

In Deutschland ist jedes Wohnhaus in den Gebietskarten der Zeugen Jehovas erfaßt. Die Gebiete, Stadt wie Land, werden flächendeckend und systematisch „durchgearbeitet". Auch eine solche flächendeckende Missions-Systematik ist der Bibel gänzlich fremd und nicht ohne weiteres aus ihr ableitbar. Der Besuch bleibt nicht dem Zufall überlassen. Über jeden Besuch fertigen die Zeugen Jehovas in einem speziellen Formular eine Haus-zu-Haus-Notiz an. Da solche Informationen auch an die Ältesten weitergegeben werden, besitzen diese einen gründlichen Datenbestand über ganze Regionen.

Missionsdaten

In den Haus-zu-Haus-Notizen wird vor allem festgehalten, wenn die Zeugen mögliches Interesse an ihrer Organisation und deren Schriften verspüren; aber auch wenn die Besuchten zu kritisch sind und für die „anderen Schafe" eine Gefahr darstellen könnten. Interesse wird bei den Zeugen Jehovas auch dann vermutet, wenn man lediglich eine Schrift abnimmt, um seine Ruhe zu haben.

Bei einem vermuteten oder tatsächlichen Interesse werden Wiederbesuche unternommen. Bei größerem Interesse der Angesprochenen wird ein Heimbibelstudium, d.h. das Durchlesen eines einschlägigen Buches der Wachtturm-Gesellschaft, ange-

HAUS-ZU-HAUS-NOTIZ:
DATENSAMMLUNG FÜR JEHOVA GOTT
(UND DEN AUFSEHER)

HAUS-ZU-HAUS-NOTIZEN			
Stadt/Ort:			
Straße:		Gebiets-Nr.:	
NAME DES VERKÜNDIGERS:			
Abkürzungen	WV — wieder vorsprechen NH — nicht zu Hause	B — beschäftigt K — Kind	M — Mann F — Frau
Haus-Nr.	Datum	Ab-kürzung	Name, Literaturabsatz und Bemerkungen

S-8-X   11/82   Printed in Germany

boten. Das stellt häufig den Einstieg dar, um zum Besuch des Königreichssaals eingeladen zu werden.

Nun rechnen die Zeugen Jehovas schon damit, nicht an jeder Tür ein „offenes Ohr" zu finden. Daß einige Menschen nicht auf die Königreichsbotschaft hören wollen, hat für die Zeugen zweierlei Auswirkung. Einerseits fühlen sie sich durch die Ablehnung in Gemeinschaft mit Jesus, der mit seiner Botschaft auch auf Ablehnung gestoßen sei, ein Gefühl, das den inneren Gruppenzusammenhalt noch verstärkt. Und zum anderen trainieren sie in ihrem Gesprächsverhalten immer wieder für den Fall, daß man sie an den Haustüren abweisen will. Aus dem Büchlein „Unterredung anhand der Schriften" lernt der Zeuge Jehovas systematisch, in vielen Fällen auswendig, für den Haus-zu-Haus-Dienst auf Einwände und Argumente von Gegnern eine passende Antwort parat zu haben. Es stellt ein regelrechtes Kompendium rhetorischer Floskeln für den Haus-zu-Haus-Dienst dar. Im ersten Kapitel werden Einleitungen für den Predigtdienst vorgeschlagen. Die Vorschläge behandeln Themen, von denen die Zeugen Jehovas vermuten, daß sie für ihr zu missionierendes Gegenüber von Interesse sein könnten, beispielsweise Alter/Tod, Beschäftigung/Wohnverhältnisse, Bibel/Gott, Familie/Kinder, Krieg/Frieden, Leben/Glück, Ungerechtigkeit/Leid, Tagesgeschehen, Verbrechen/Sicherheit, Zukunft/Sicherheit. Solche Gesprächeinleitungen folgen einer einfachen, aber grundlegenden rhetorischen Regel: Wer fragt, der führt.

Einstudierte *„Haben Sie sich je die Frage gestellt, warum wir alt werden und sterben?"*
Fragen
„Haben Sie sich schon einmal mit der Frage beschäftigt, ob mit dem Tod alles vorbei ist?"

„Ist die Bibel für Sie das Wort Gottes oder lediglich ein gutes Buch, das von Menschen geschrieben wurde?"

„Können wir jedoch angesichts der heute in der Welt herrschenden Schwierigkeiten ein gutes Ende erwarten?"

„Heute möchten wir Sie gern einmal fragen, was Sie sich darunter vorstellen, wenn Sie in Ihrer Bibel den Ausdruck ‚ewiges Leben' lesen?"

„Haben Sie gestern abend die Nachrichten im Fernsehen gesehen? Was halten Sie von dem Bericht über ...?" *[Erwähne ein aktuelles Ereignis, das Beunruhigung ausgelöst hat.]* [155]

---

155 Unterredung anhand der Schriften, aaO., S. 10-15.

Mit Einleitungsfragen, die dem Gesprächspartner zu denken geben, versuchen die Zeugen Jehovas gleich am Anfang, das Heft, die Führung in die Hand zu bekommen. Der Einstieg soll Interesse wecken, gleichzeitig beunruhigen und somit die Motivation zur Gesprächsführung begründen. Daß dies nicht immer ganz einfach ist, lernen die Zeugen Jehovas schon im nächsten Kapitel. Es trägt den Titel: „Auf Äußerungen eingehen, durch die ein Gespräch abgebrochen werden soll". Die Zeugen Jehovas werden aufgefordert, die hier gemachten Vorschläge nicht auswendig zu lernen, sondern eigene Worte zu benutzen. Wer aber die Formulierungen der Zeugen Jehovas an der Haustür im Ohr hat, wird entdecken, daß sie hier ihre Quelle haben. Gesetzt den Fall, jemand, der von den Zeugen Jehovas besucht wird, antwortet an der Haustüre:„ICH BIN NICHT INTERESSIERT." Daraufhin bekommen die Zeugen Jehovas sieben Vorschläge, wie sie eine solche Äußerung parieren können. Hier werden nur einige erwähnenswerte aufgeführt:

„Darf ich Sie fragen, ob Sie damit meinen, daß Sie nicht an der Bibel interessiert sind, oder ob Sie an Religion im allgemeinen kein Interesse haben? Ich stelle diese Frage, weil wir viele angetroffen haben, die früher einmal religiös eingestellt waren, heute aber nicht mehr zur Kirche gehen, weil sie dort viel Heuchelei beobachtet haben [oder weil sie das Empfinden haben, bei der Religion handelt es sich einfach um ein gewinnbringendes Unternehmen; oder weil sie nicht mit der Einmischung der Religion in die Politik einverstanden sind; usw.] Die Bibel verurteilt solche Praktiken auch, und sie bietet uns die einzige Grundlage, vertrauensvoll in die Zukunft zu blicken."
    „Ich verstehe Sie. Vor wenigen Jahren dachte ich genauso. Aber dann las ich in der Bibel etwas, was mir half, die Dinge in einem anderen Licht zu sehen." [Zeige der Person, worum es sich handelt.]
    „Würde es Sie interessieren, wenn ich Ihnen aus der Bibel zeigen könnte, wie Sie Ihre verstorbenen Angehörigen wiedersehen können [oder was der eigentliche Zweck des Lebens ist; oder wie die Bibel uns helfen kann, daß unsere Familie nicht auseinanderbricht; usw.]?"
    „Haben Sie das schon öfter gesagt, wenn Jehovas Zeugen vorsprechen? ... Haben Sie sich eigentlich schon einmal gefragt, warum wir wiederholt bei Ihnen vorsprechen oder was wir zu sagen haben? ... Kurz gesagt, ich bin aus

Einstudierte Antworten

dem Grund zu Ihnen gekommen, weil ich etwas weiß, was auch Sie wissen soll-
ten. Warum sollten Sie sich das nicht einmal anhören?" [156]

Jetzt können natürlich potentielle Gesprächspartner an den Haustüren nicht
nur ihr allgemeines Desinteresse bekunden, sondern sie könnten auch sagen:

„ICH INTERESSIERE MICH NICHT FÜR RELIGION", oder: „ICH BIN
AN ZEUGEN JEHOVAS NICHT INTERESSIERT", oder: „WIR SIND HIER
BEREITS ALLE CHRISTEN", oder: „ICH BIN BESCHÄFTIGT", oder:
„WARUM SPRECHEN SIE SO OFT BEI UNS VOR", oder: ... [157]

Für keine Eventualität überläßt die Wachtturm-Gesellschaft etwas dem Zufall. Auf jede dieser Abweisungen erhält der Haus-zu-Haus-Missionar einen
mehrfachen passenden Anwortvorschlag. Die Zeugen Jehovas sollen die
Antworten zwar nicht auswendig lernen, trotzdem tun das viele. So kann
von spontanen, persönlichen und authentischen Antworten keine Rede sein.
Auch zu den thematischen Stichworten von A wie Abtrünnigkeit bis Z wie
Zungenrede werden dem Zeugen Jehovas regelrechte Kurzvorträge für die
Haustürmission offeriert. Alle Vorträge laufen nach dem Schema: „Jemand
könnte sagen – Darauf könnte man erwidern."

Nach dem hier aufgedeckten Vorgehen der Zeugen Jehovas bei ihrem
Haus-zu-Haus-Dienst muß noch einmal in aller Deutlichkeit gesagt werden, der Anspruch der Zeugen Jehovas, die „Vorbilder der ersten Jahrhunderte im Haus-zu-Haus-Dienst nachzuahmen", geht vollkommen an der
tatsächlichen Realität vorbei. Bei Jesus gibt es die hoffnungsfrohe Zusiche-
rung, daß man sich keine Gedanken darüber zu machen braucht, was man
den Menschen sagen soll (vgl. Mt 10,19-20; Lk 12,11f.). Schon gar nicht
wird empfohlen, antrainierte Antworten abzuspulen. Was die Zeugen Jehovas im Haus-zu-Haus-Dienst sagen und was ihnen eingegeben wird, stammt
weitgehend von der Wachtturm-Gesellschaft. Wer wissen will, was im Bezug
auf bestimmte Themen durch die Köpfe der Zeugen Jehovas geht, der kann
das knapp und bündig, gespickt mit vielen einschlägigen Bibelstellen, aus
der Publikation „Unterredung anhand der Schriften" erkennen. Es gibt fast
keinen Einwand, der hier nicht rhetorisch geschickt aufgenommen und mit
den stereotypen Antworten der Wachtturm-Gesellschaft zu entkräften versucht wird. Ein Zeuge Jehovas ist also für das Gespräch an den Türen mit

---

156 Ebd., S. 15f.
157 Ebd.

einer Menge an gesprächstechnischen Vorgaben gerüstet, während er damit rechnen kann, daß sein Gegenüber meist unvorbereitet in ein solches Haustürgespräch geht. Wer ein Gespräch führen und nicht gänzlich der Eloquenz der antrainierten Selbstsicherheit dieser Missionare erliegen will, sollte sich zu den zentralen Themen des christlichen Glaubens ebenfalls vorbereiten. Manchmal kann es schon hilfreich sein, durch Fragen selbst in die führende Position bei einem solchen Gespräch zu gelangen. Sehr häufig hat aber ein Gespräch einfach keinen Sinn, weil ein Zeuge Jehovas nur dann in ein Gespräch eintreten kann, wenn er seinen Standpunkt an seinen Gesprächspartner „verkaufen" kann.

Rhetorische Grundregel: Wer fragt, der führt

Mit dem Haus-zu-Haus-Dienst ist es für den Zeugen Jehovas noch nicht getan. Jeder zweite und vierte Samstag im Monat ist „Zeitschriftentag", d.h. an diesem Tag sollen die Zeitschriften „Wachtturm" und „Erwachet!" auf den Straßen und in den Fußgängerzonen verstärkt angeboten werden. Wegen der vielen Schulungsverpflichtungen und der intensiven Predigttätigkeit ist klar, daß für einen Zeugen Jehovas kaum Raum für private Freizeit bleibt. Ein Zeuge Jehovas steht unter einem beständigen missionarischen Leistungsdruck. Die Wachtturm-Gesellschaft nimmt wenig Rücksicht auf die persönliche Situation eines Menschen. Angesichts des nahenden Harmagedon müssen die Leistungsquoten erfüllt werden.

Wachtturm-Studium

Alle Vermutungen und Spekulationen, die Zeugen Jehovas würden am Sonntag in ihren Königreichssälen einen Gottesdienst oder eine liturgieähnliche Veranstaltung abhalten, gehen fehl. Zwar wird das, was sonntags im Königreichssaal geschieht, mit einem Lied und einem Gebet eingeleitet, aber im Zentrum dieser Veranstaltung steht das Erlernen der „Neue-Welt-Anschauung" der Wachtturm-Gesellschaft. Bevor es zum eigentlichen Wachtturm-Studium kommt, hören die Zeugen Jehovas und sehr oft auch andere interessierte Personen, die noch nicht fest an die Gemeinschaft gebunden sind, einen „öffentlichen Vortrag", für den auch in den Zeitungen vor Ort geworben wird. Ein solcher Vortrag kann von den unterschiedlichsten Themen handeln. Es gibt keine Gesprächs- oder Diskussionsmöglichkeit dazu. Häufig referiert ein Ältester aus einer Nachbar-

Auch sonntags wird gelernt

versammlung oder auch ein Kreisaufseher die Ideen und die Lehre der Wachtturm-Gesellschaft zu bestimmten allgemeinen Fragen. Die Themen-palette reicht von „Wie kann der Sittenverfall gestoppt werden", „Schei-dung – um welchen Preis?", „Arbeitslos, wie geht es weiter?" bis zu „Wird unsere Erde zur Müllhalde?" oder „Das Fernsehen, der Kasten, der die Welt veränderte". In fast allen Vorträgen, die ich selbst angehört habe, wurde vom Redner zunächst einmal die Schlechtigkeit und Boshaftigkeit der Welt herausgestellt, die in jedem Fall in den Abgrund führen wird. Meist wird dann mit einem biblischen Zitat belegt, wie durch Jehova Gott das ganze schlechte System dieser Welt zerstört wird, um dann mit Hilfe der Wacht-turm-Gesellschaft etwas Neues aufzubauen; bis es soweit ist, müssen die Zeugen Jehovas „fortwährend Erkenntnis in sich aufnehmen" und der Welt die Wahrheit bringen. Nach dem Vortrag folgt eine kurze Pause. Danach beginnt das etwa einstündige „Wachtturm-Studium". Man sollte sich durch den Begriff „Studium" nicht irreführen lassen. Im Wachtturm-Studium geht es nicht ums Studieren, es geht nicht um das Abwägen verschiedener Positionen und Ansichten, es geht auch nicht darum, sich eine eigene Meinung zu bilden, sondern in erster Linie soll die Lehre der Wachtturm-Gesellschaft wiederholt und gelernt werden. „Neue Erkenntnis in sich auf-nehmen" bedeutet im Klartext, den in den Wachttürmen behandelten Stoff zu repetieren. Wer es wagen sollte, in seiner Ahnungslosigkeit als Neuer bei einem solchen Wachtturm-Studium eine Frage zu stellen, die seine persön-liche Frage ist, der wird mehr oder weniger freundlich, aber bestimmt, aus dem Königreichssaal hinauskomplimentiert. Gefragt werden darf und wird nur das, was die Wachtturm-Gesellschaft im jeweiligen Wachtturm als Fragen vorgesehen hat.

Wie hat man sich ein solches Wachtturm-Studium konkret vorzustellen? Zunächst einmal haben alle im Königreichssaal Anwesenden ihr persönliches Wachtturm-Exemplar mitgebracht, aufgeschlagen und das an dem jeweili-gen Sonntag vorgesehene Zentralkapitel durchgearbeitet. Auf der Bühne, die sich in jedem Königreichssaal befindet, beginnt nun ein „Bruder" ab-schnittsweise das jeweilige Zentralkapitel vorzulesen. „Schwestern" dürfen diesen Lesedienst beim Wachtturm-Studium nicht vollziehen, da sie im Königreichssaal kein Lehrrecht haben. Die Zeugen Jehovas beziehen sich hierbei auf 1. Timotheus 2:11,12:

Eine Frau lerne in Stille mit aller Unterwürfigkeit. Ich erlaube einer Frau nicht, zu lehren oder Gewalt über einen Mann auszuüben, sondern sie sei in [der] Stille. (Neue-Welt-Übersetzung)

Der „Bruder" liest nun den entsprechenden Abschnitt, und ein anderer stellt die am unteren Rand der jeweiligen Seite im Wachtturm angegebene Frage. Da die Zeugen Jehovas das Kapitel zu Hause schon einmal durchgelesen und intensiv bearbeitet haben, melden sich jetzt sehr viele, sogar schon Kinder, um die gestellte Frage zu beantworten. Wer sich von den Zeugen Jehovas gemeldet hat und dann vom „Aufseher" drangenommen wurde, wartet geduldig, bis ein Bruder mit einem Mikrofon, meist an einer langen Mikrofonstange befestigt, an seinem Platz ist, bevor er die Anwort gibt.

Der Wachtturm wird auswendig gelernt

Der prinzipielle lerntechnische Vorgang beim Wachtturm-Studium ist immer gleich. Sonntag für Sonntag werden überall auf der Welt über 4 Millionen Menschen mit der gleichen Methode in der Wachtturm-Anschauung gefestigt. Als Beispiel sei eine Seite aus dem Wachtturm-Studium im Februar 1996 ausgewählt, wobei die Auswahl nicht unter einem bestimmten thematischen Gesichtspunkt erfolgte.

Wie aus diesem Beispiel leicht ersichtlich, bietet die Beantwortung der Fragen normal begabten Personen keine allzu großen Schwierigkeiten. Durch die Ziffer wird jede Frage einem bestimmten Abschnitt zugeordnet. Die Fragen bedeuten im letzten nichts anderes als die Aufforderung zu einer mehr oder weniger korrekten Wiederholung des gelesenen Inhalts aus dem Wachtturm. Vielleicht kommen einem bei Lesen des obigen Wachtturm-Abschnitts ganz andere Fragen. Solche persönlichen Fragen sind aber beim Wachtturm-Studium im Königreichssaal nicht erwünscht. Es liegt auf der

SCHULISCHES ABFRAGEN, DAMIT DER STOFF AUCH SITZT
Der Wachtturm, 15. Februar 1996, S. 8

Hand, daß es sich bei den Wachtturm-Fragen um keine echten Fragen handelt. Vielmehr haben die Abschnittsfragen im Zentralkapitel des Wachtturms einen anderen Zweck. Die Wachtturm-Gesellschaft benutzt hier lediglich eine einfache Lern- und Wiederholungstechnik, um ihre Gedankenwelt an den Mann oder die Frau zu bringen. Über Jahre hin wird der ideologische Stoff wieder und wieder durchgearbeitet und gelernt. Wer über Jahre dieser Technik ausgesetzt ist, kennt nichts anderes als den hierbei vermittelten Inhalt und ist sogar noch nicht einmal mehr zu eigenem Fragen in der Lage. Frage- und Antwortspiel im Wachtturm-Studium laufen automatisch ab. Der „Bruder", der das Wachtturm-Studium anleitet und beaufsichtigt, kann durch sein Lob, aber auch durch seinen Tadel, noch Lernverstärkungen in diesen Prozeß einbringen. Neulinge und Anfänger werden meistens gelobt. Das trägt zu einer gesteigerten Lernmotivation bei. Auf Dauer gesehen wird durch das Wachtturm-Studium die Persönlichkeit eines Menschen grundlegend verändert.

Persönliche Fragen sind nicht erwünscht

Das Wachtturm-Studium hat vor allem die Funktion, den Menschen eine andere Sprache zu geben, eine Sprache mit einer eigenen Begrifflichkeit, die die Menschen in ihrer Persönlichkeit verändert und ihrem sozialen und familiären Umfeld entfremdet. Am Ende eines solchen Prozesses können sich die Zeugen Jehovas nur noch unter ihresgleichen verständigen. Das schottet sie von der Außenwelt ab und läßt sie die internen Sprachregelungen als lebensnotwendig empfinden.

Begriffe und Sprachregelungen, mit denen die Zeugen Jehovas sich untereinander verständigen, müssen für Außenstehende übersetzt werden:

„Neue-Welt-Sprache"

Harmagedon	Großes Blutbad für alle Nicht-Zeugen.
Fortgesetzt Erkenntnis in sich aufnehmen	Sich immer wieder der Ideologie der Wachtturm-Gesellschaft ausliefern.
Helleres Licht	Die Leitende Körperschaft der Wachtturm-Gesellschaft korrigiert sich.
Der treue und verständige Sklave	Das oberste Machtzentrum der Wachtturm-Gesellschaft.

Überrestmitglieder	Der noch lebende Teil der 144.000 auserwählten Zeugen Jehovas, die mit Christus im Himmel herrschen werden.
Andere Schafe	Die nicht zu den 144.000 Auserwählten gehörende Teil der Zeugen Jehovas.
Große Volksmenge	Synonym für „andere Schafe".
Weltsystem dieser Dinge	Die von Satan geführte Politik, Kultur und Gesellschaft, die sich der Wachtturm-Gesellschaft verweigert.
Theokratische Predigtdienstschule	Systematisches Erlernen von Gesprächstechniken für die Haus-Mission.
Zeugnis-Geben	Verpflichtung zur ständigen Missionierung.

Kein Genuß von Blut

Für die Zeugen Jehovas ist die Frage nach dem Umgang mit menschlichem Blut zu *dem* Unterscheidungsmerkmal und „Markenzeichen" geworden. Zumindest im öffentlichen Bewußtsein verbindet man die Frage nach der religiösen Erlaubtheit der Bluttransfusion mit den Zeugen Jehovas (im Unterschied zu anderen christlichen Gruppen). Die Einstellung der Zeugen Jehovas hat eminent glaubens- und lebenspraktische Auswirkungen und kann im Ernstfall tödliche Folgen haben. So zum Beispiel am 28. Oktober 1991, als eine 20jährige Zeugin Jehovas schon vor der Geburt ihrer Tochter eine eventuell notwendige Blutübertragung schriftlich ausschloß. Sie verblutete bei den während der Geburt auftretenden Komplikationen. Im September 1995 verzichetete das Berner Regierungsstatthalteramt darauf,

Blutverweigerung als Markenzeichen

177

gegen die Angehörigen und den behandelnden Arzt strafrechtliche Konsequenzen einzuleiten. [158]

Der einzelne Zeuge Jehovas wird in seiner Haltung zur Blutfrage bei einem Krankenhausaufenthalt eingehend von einem Krankenhausverbindungskomitee beraten. Der kranke Zeuge Jehovas wird, wie man von ehemaligen Zeugen weiß, auch im Krankenhaus überwacht. Eine solche Überwachung wird in den Dienstanweisungen für die Ältesten angeraten. Im Kapitel „Personen, die aufgrund gesundheitlicher Probleme mit der Blutfrage konfrontiert werden, brauchen besonderen Beistand", heißt es:

In seltenen Fällen ist es erforderlich, daß rund um die Uhr jemand Wache hält. [159]

Wie kommt es zu einer solchen Haltung zur Frage des „Genusses von Blut"? [160] Für die Zeugen Jehovas hat sich Jehova Gott klar und eindeutig zur Blutfrage geäußert. Der Mensch hat diesen Äußerungen zu gehorchen und darf sie, selbst bei Gefahr für sein Leben, nicht übertreten. In den Schriften der Zeugen Jehovas und in ihren Argumentationen wird eine ganze Palette buchstabengetreu verstandener Bibelstellen angeführt, die den Willen Gottes besonders in bezug auf die Bluttransfusion belegen sollen. Die Verweigerung der Aufnahme von Blut, ganz gleichgültig in welcher Form, wird von den Zeugen Jehovas als ein Akt der Loyalität gegenüber *Loyalitäts-* Jehova und seiner Organisation der Wachtturm-Gesellschaft betrachtet. *beweis* Zum Verbot der Aufnahme von Blut zählt auch die Eigenbluttransfusion und die Aufnahme von Präparaten, die „Blutfraktionen" enthalten. Wie es um Präparate steht, die Bestandteile von Blut enthalten (z.B. Albumin, Immunoglobulin u.a.), scheint auch unter den Zeugen Jehovas zweifelhaft. Die Inanspruchnahme solcher Produkte ist wohl in die Entscheidungsfreiheit des einzelnen gestellt. Impfungen sind, nach einer Weisung des Präsidenten Knorr von 1952 erlaubt, obwohl viele Impfstoffe Blut oder Blutsubstanzen enthalten. [161]

Als die wichtigste Bibelstelle in der biblizistischen Argumentationskette gilt Apg 15:28,29:

Der heilige Geist und wir selbst haben es für gut befunden, euch keine weitere Bürde aufzuerlegen, als folgende notwendigen Dinge: euch von Dingen zu

158 Vgl. Kleine Zeitung, Bern 23. September 1995.
159 Gebt acht auf euch selbst und auf die ganze Herde, aaO., S. 21.
160 Vgl. zum folgenden Abschnitt: Bergmann, Jerry R.: Jehovas Zeugen und die Bluttransfusion (Computermanuskript), Essen 1991.
161 Weber, Herbert/Valentin, Friederike: Die Zeugen Jehovas. Zwischen Bewunderung und Befremdung, Freiburg i. Brsg. 1994, S. 75.

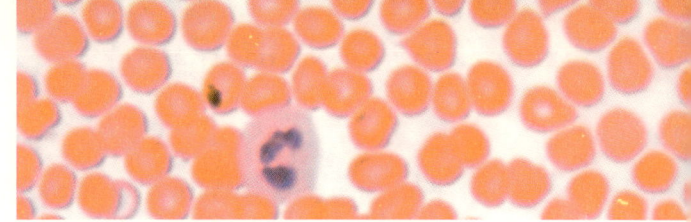

enthalten, die Götzen geopfert wurden, sowie von Blut und von Erwürgtem *[das heißt getötet, ohne auszubluten / E.T.]* *und von Hurerei. Wenn ihr euch vor diesen Dingen sorgfältig bewahrt, wird es euch gutgehen. Bleibt gesund!* (Neue-Welt-Übersetzung)

Für die Zeugen Jehovas werden an dieser Stelle Blutgenuß, Götzendienst und Hurerei auf eine moralische Ebene gestellt. Alle drei sind absolut zu vermeiden und widersprechen den Anordnungen Jehova Gottes. Zur Begründung der Ablehnung des Blutgenusses wird außerdem 1. Mose 9:3, 4 angeführt:

Jedes sich regende Tier, das am Leben ist, möge euch zur Speise dienen. Wie im Fall der grünen Pflanzen gebe ich euch gewiß das alles. Nur Fleisch mit seiner Seele – seinem Blut – sollt ihr nicht essen. (Neue-Welt-Übersetzung)

Desweiteren wird auch noch 3. Mose 17:11, 12 angeführt, um zu belegen, daß Jehova Gott die Verwendung von Blut lediglich für Opferzwecke erlaubt habe:

Denn die Seele des Fleisches ist im Blut, und ich selbst habe es für euch auf den Altar gegeben, damit Sühne geleistet wird für eure Seelen, denn das Blut ist es, das Sühne leistet durch die Seele [darin]. Darum habe ich zu den Söhnen Israels gesagt: „Keine Seele von euch soll Blut essen, und kein ansässiger Fremdling, der als Fremdling in eurer Mitte weilt, soll Blut essen." (Neue-Welt-Übersetzung)

Obwohl in diesen biblischen Belegstellen vom Opferkult und vom Tierblut gesprochen wird, also nicht von dem Verbot einer Bluttransfusion die Rede sein kann, weiten die Zeugen Jehovas das Blutverbot auch auf menschliches Blut aus. Bluttransfusion gilt für sie als „intravenöse Ernährung". Sie halten diese für eine Art „Kannibalismus": Ein Mensch verspeist Teile eines anderen. Wenn ein Arzt, der die Gesundheit eines Patienten wiederherstellen will, so argumentieren die Zeugen Jehovas, die Aufnahme eines Giftes (z.B. Nikotin, Alkohol) verbietet, dann bleibt auch die Art der Aufnahme, ob oral

Die Aufnahme von Blut, in welcher Form auch immer, wird untersagt

oder intravenös, verboten. Eine solche Argumentation gilt nach Meinung der Zeugen Jehovas ebenso für das Blutverbot Jehova Gottes. Auch die intravenöse Aufnahme von Blut bleibt nach ihrer Meinung unerlaubt.

In zwei Schriften, „Jehovas Zeugen und die Blutfrage" (1977) und „Wie kann Blut dein Leben retten?" (1990), wird von der Wachtturm-Gesellschaft ausführlich zur Blutfrage Stellung bezogen. In diesen Schriften werden auch medizinische Aspekte der Verweigerung von Bluttransfusionen erörtert und die Gefährlichkeit der Transfusion von menschlichem Blut drastisch vor Augen geführt. Diese Schriften verlassen weitgehend die biblische Argumentation und wollen vor allem abschreckende Wirkung zeitigen. Eindringlich wird beispielsweise vor der Gefahr der Infektion mit Hepatitis-Viren oder HIV gewarnt. Die Gefahren der Bluttransfusion werden immer wieder an individuellen Krankengeschichten illustriert. Blutersatzstoffe, Flüssigkeiten ohne Blutbestandteile (z.B. Kochsalzlösungen) oder Blutvolumenexpander werden von den Zeugen Jehovas als mit dem Willen Jehovas übereinstimmend akzeptiert. Das Krankenhausverbindungskomitee arbeitet unter allen Umständen darauf hin, daß eine Bluttransfusion vermieden wird. Ein Zeuge Jehovas, der aufgrund gesundheitlicher Probleme mit der Blutfrage konfrontiert wird, soll in jedem Fall zu einem Arzt in Behandlung gehen, der mit Blutersatzstoffen arbeitet und die Auffassung der Zeugen Jehovas bezüglich der Bluttransfusion respektiert. Die Einwände gegen die Verweigerung der unter Umständen lebensrettenden Gabe einer Bluttransfusion werden von der Wachtturm-Gesellschaft folgendermaßen argumentativ vom Tisch gewischt:

Wenn die Situation wirklich so ernst ist, kann der Arzt garantieren, daß der Patient nicht stirbt, wenn er Blut erhält? ... Es gibt aber jemand, der einem Menschen Leben geben kann, und zwar Gott. Wäre es nicht Ihrer Meinung nach eine schlechte Entscheidung, wenn jemand Gott angesichts des Todes den Rücken kehrt, in dem er sein Gesetz übertritt? Ich glaube fest an Gott. Sie auch? [162]

Lebens-
gefährliche
religiöse
Pflicht

Die Zeugen Jehovas berufen sich bei der Durchsetzung einer solchen Entscheidung zynischerweise auf die Gewissensfreiheit. Zynisch ist ein solcher Versuch deshalb, weil er gerade nicht die individuelle Gewissensfreiheit achtet, sondern versucht, mit einer angeblich „göttlichen Vorgabe" das Gewissen des einzelnen zu binden. Die Wachtturm-Gesellschaft beharrt auf

---

162 Unterredung anhand der Schriften, aaO., S. 22-25.

der ihnen vom Grundgesetz Artikel 4 zugesicherten freien Ausübung ihrer religiösen Pflichten. Sie läßt dabei allerdings außer acht, daß das Grundgesetz auf Artikel 1, der Unantastbarkeit der menschlichen Würde, fußt. Die Wachtturm-Gesellschaft stellt eindeutig die Beachtung ihres Grundsatzes zur Blutfrage über die Bewahrung und Rettung eines Menschenlebens. [163]

In allen Äußerungen der Zeugen Jehovas zur Frage der Bluttransfusion wird mit großen Angstgemälden gearbeitet, um dann am Ende anscheinend „freimütig" aufzufordern, der einzelne solle entscheiden, „für welche Überzeugung es sich lohnt zu sterben".

Durch die Einstellung der Zeugen Jehovas zur Bluttransfusion entsteht nicht nur für den oder die Betroffenen, sondern auch für den behandelnden Arzt eine juristisch schwierige Sachlage. Grundsätzlich gilt: Das verfassungsrechtlich garantierte Recht der Selbstbestimmung muß bei Erwachsenen, die eine solche Entscheidung in klarem Bewußtsein und in Kenntnis der daraus sich ergebenden Konsequenzen treffen, respektiert werden.

Das Recht und die Pflicht eines Arztes, einem kranken Menschen nach Möglichkeit zu helfen und ihn selbst von seinem Leiden zu heilen, finden in dem grundsätzlichen Selbstbestimmungsrecht des Menschen über seinen Körper Grenzen und sind demzufolge auch bei der Hilfeleistungspflicht zu beachten. Bei den Zeugen Jehovas kommt hinzu, daß die gemäß Artikel 4, Abs. 1 GG [Grundgesetz / E.T.] verfassungsrechtlich geschützte Glaubensfreiheit auch diejenigen religiösen Überzeugungen schützt, die für eine konkrete Lebenssituation eine ausschließliche religiöse Reaktion für das beste und adäquate Mittel halten, um die Lebenslage nach der Glaubenshaltung zu bewältigen (BVerfGE 32, 98). Konsequenz hieraus ist, daß sich ein Arzt weder wegen unterlassener Hilfeleistung oder gar fahrlässiger Tötung strafrechtlich verantworten müßte, wenn er bei dieser eingangs geschilderten Sachlage von einer Bluttransfusion absieht, und die Patientin deswegen verstirbt (voluntas, non salus aegroti suprema lex!) [Der Wille, nicht die Heilung des Patienten, ist das oberste Gesetz. / E.T.]. [164]

Medizin-juristische Problemlage

Juristisch wird der gesamte hier angesprochene Problemkomplex unter den Stichworten Notstand (§ 34 StGB), Nothilfe (§32 StGB) und rechtfertigende Pflichtenkollision behandelt. In der ärztlichen Praxis lassen sich verschiedene Fallgruppen unterscheiden:

163 Vgl. auch: Jehovas Zeugen und die Blutfrage, Selters 1977, S. 22-25.
164 Ratzel, Rudolf: Juristische Aspekte der Bluttransfusion, in: Der Frauenarzt, 33, 7/1992, S. 676.

❖ Notwendige Eingriffe mit hoher Wahrscheinlichkeit einer Bluttransfusion: Äußert ein erwachsener, einsichtsfähiger Patient nach erfolgter Aufklärung seine unmißverständliche Ablehnung einer Bluttransfusion, darf ein Arzt nicht operieren. Das Risiko für die geringere Effektivität oder die ausbleibende Heilung trägt der Patient, nicht der Arzt.

❖ Notwendige Eingriffe mit geringem Risiko einer Bluttransfusion: Solche Operationen dürfen unternommen werden. Wenn sich allerdings während der Operation die Notwendigkeit einer Bluttransfusion ergibt und der Patient vor der Operation seine Verweigerung einer Bluttransfusion geäußert hat, dann sollte die Operation, wenn sie ohne schwerwiegende Gefahr für den Patienten abzubrechen ist, abgebrochen werden. Wenn dies jedoch nicht möglich ist, kann dem Arzt kein strafrechtlicher Vorwurf gemacht werden, wenn er sich gegen das Gewissen des Patienten entscheidet und dessen Leben rettet.

❖ Nicht dringend notwendige Eingriffe mit dem möglichen Risiko einer Bluttransfusion: Der Arzt darf einem Patienten nicht schon deshalb seine ärztliche Hilfeleistung verweigern, weil ihm dessen Einstellung zu einer möglichen Therapieform unvernünftig erscheint. Eingriffe, die nicht dringend sind, können von einem Arzt abgelehnt werden, wenn er nicht das Risiko eingehen will, möglicherweise in eine Situation zu kommen, in der er sich über den Patientenwillen hinwegsetzen müßte.

Minderjährige Kinder

Diese Falldifferenzierungen gelten für den erwachsenen, bei klarem Verstand einsichtsfähigen Patienten. Anders gelagert ist die Fragestellung bei minderjährigen Kindern. In der Literatur wird immer wieder Bezug auf ein Urteil des Oberlandesgerichtes Hamm vom 10.10.1967 (NJW 1968, 221) genommen. Folgender Sachverhalt stand hier zum Entscheid:

Die Eltern, beide Zeugen Jehovas, lehnten aus religiöser Überzeugung bei ihrem soeben neugeborenen Kind, das an einer Erythoblastose [Bluterkrankung, E.T.] litt, die zur Lebensrettung dringend notwendige Blutaustauschtransfusion ab. Der Arzt durfte sich in diesem Fall über den entgegenstehenden Willen der Eltern hinwegsetzen, da die Verweigerung der Einwilligung angesichts der großen Erfolgschancen und der geringen Gefährlichkeit aus der Sicht ex ante [nachträglich / E.T.] eine rechtsmißbräuchliche Ausübung des elterlichen Sorgerechts darstellt. [165]

165 Vgl. Ratzel, Rudolf: aaO., S. 678.
166 Weber, Herbert/Valentin, Friederike: aaO., S. 74.
167 Zu dem Fall eines Österreichischen Babys, das 1993 starb, weil seineEltern als Zeugen Jehovas eineBehandlung mit Blutkonservenabgelehnt hatten vgl. Aus Christlicher Verantwortung,Tübingen 1.Jg., Nr. 2/93, S.13ff.

182

In einem solchen Fall kann der Arzt unter dem Gesichtspunkt der Nothilfe eine Notstandslage geltend machen. Wäre der Eingriff jedoch aufschiebbar gewesen, hätte er die vormundschaftsgerichtliche Genehmigung (§ 1666 BGB) vor der Durchführung der Maßnahme einholen müssen.

Wie ernst es den Zeugen Jehovas mit ihrer Haltung zum „Genuß von Blut" ist, erkennt man daran, daß jeder und jede von ihnen ein sogenanntes „Bluttestament" bei sich trägt. Dabei handelt es sich um ein Formular, in dem jeder Zeuge Jehovas seine Ablehnung der Bluttransfusion bekundet. Eine solche Karte ist mehrfach unterschrieben: vom Träger selbst, von einem nahen Verwandten und von einem weiteren Zeugen Jehovas. In gewissen Abständen wird das „Bluttestament" erneuert. Damit gewinnt diese Karte den Charakter eines scheinbar amtlichen Dokumentes und kann gleichzeitig dazu dienen, die Gesinnung eines Zeugen Jehovas und seine Loyalität zur Doktrin in regelmäßigen Abständen zu überprüfen. Die Annahme einer Bluttransfusion, auch einer Eigenbluttransfusion, wird mit Gemeinschaftsentzug bestraft. Erlaubt ist den Zeugen die Wiederverwendung von Blut, sofern es bei der Operation ausströmt.

Eigenbluttransfusion ist auch verboten

Auch für Kinder versuchen Zeugen Jehovas ihre angeblich von Jehova so gewollte „Blutideologie" durchzusetzen. [166] In einigen Fällen ist auch bekannt geworden, daß den Eltern das Sorgerecht für ihr Kind, zumindest vorübergehend, entzogen wurde.

An der Blutfrage wird die ganze Widersprüchlichkeit der Anschauungen der Zeugen Jehovas deutlich. In der Blutfrage ist auch der Bereich ihrer Anschauungen berührt, der für Betroffene am ehesten lebensgefährlich werden kann. [167]

Der „Nagel", an dem diese Vorstellungen der Wachtturm-Gesellschaft und damit der Zeugen Jehovas hängen, ist die „Steinbruchmethode", mit

DAS „BLUTTESTAMENT":
LEBENSGEFÄHRLICHER
LETZTER WILLE

der einzelne Bibelzitate aus der Heiligen Schrift herausgebrochen und völlig zusammenhanglos in unsere Gegenwart hineinversetzt werden. So wird man gerade nicht den Aussageabsichten des Wortes Gottes gerecht, sondern kann einzelne Aussagen ganz im Sinne der Zeugenlehre umdeuten.

Aus diesem Grund muß auf den biblischen und antiken Kontext der Frage nach dem Blut etwas genauer eingegangen werden: Eine allgemeine antike Annahme, nicht spezifisch nur für Israel, geht davon aus, daß das Blut der Sitz des Lebens ist. Das Leben aber steht nicht in der Verfügungsgewalt des Menschen, sondern gehört Gott. Von daher ist die ehrfürchtige Scheu gegenüber dem Blut in damaliger Zeit zu verstehen. Hierin liegt auch der *Blutfrage* Grund, warum Gott Blutopfer gebracht werden und warum beim Tieropfer *gehört* das Blut Gott vorbehalten blieb. Die Blutfrage in religiöser Hinsicht gehört *in den* also ursprünglich in den Zusammenhang des Opferkults. Nur in diesem Zu- *Opferkult* sammenhang ist sie adäquat zu verstehen. Der religöse Opferkult existiert heute nicht mehr. Damit ist auch Gottes Gebot für den Opferkult gegenstandslos geworden.

Wenn man die von den Zeugen Jehovas angeführte Bibelstelle Gen 9,3-4 in einer anderen Übersetzung liest, wird schnell deutlich, daß sich die Aussage des Verses 4 nicht auf den Genuß von Blut, sondern auf den Genuß von Fleisch, in dem noch Blut ist, bezieht:

Nur Fleisch in dem noch Blut ist, dürft ihr nicht essen.
(Einheitsübersetzung)

Die Neue-Welt-Übersetzung verschleiert hier den eigentlichen Textsinn. „Blut" wird in der genannten Textstelle synonym zu „Leben" verwendet. Man könnte auch übersetzen: „Nur Fleisch, in dem noch Leben ist, sollst du nicht essen."

Damit ist also gemeint: Gott gibt die Erlaubnis für den Verzehr von tierischem Fleisch. Das Tier muß lediglich vollständig ausgeblutet sein. So wird sichergestellt, daß kein lebendiges Tier verzehrt wird. Damit wird auch der Respekt vor dem von Gott gegebenen Leben gewahrt. Hiermit sind die Grenzmarkierungen eines Verständnisses dieser biblischen Stelle abgesteckt. Den Text auch auf das Verbot einer Bluttransfusion auszulegen, stellt eine unzulässige interpretatorische Umbiegung hin auf die Ideologie der Zeugen Jehovas dar.

Selbst im orthodoxen Judentum, dessen strenge und strikte Auslegung der Tora bekannt ist, kam man nie auf die Idee, das Verbot des Essens von Fleisch, in dem noch Blut ist, auf das Verbot von Bluttransfusionen auszuweiten. In 1 Sam 14,31ff. wird sogar berichtet, daß die Israeliten nichtausgeblutetes Fleisch gegessen haben. Dieses Unrecht führt nicht zu einem Ausschluß vom Volk Gottes, sondern ist durch ein dargebrachtes Blutopfer wieder aus der Welt zu schaffen. Die Opfertiere werden auch hier anschließend von den Israeliten verzehrt, während Gott das Blut gehört.

Auch für die von den Zeugen Jehovas angeführte Textstelle Apg 15,28f. gilt, daß man sie in ihrem Zusammmenhang verstehen muß. Der Hintergrund dieser Textstelle ist folgender:

Zur Zeit des Paulus wurden immer mehr Heiden zu Christen, und es kam in den Gemeinden die Frage auf, ob die Heidenchristen, wie die Judenchristen, dem mosaischen Gesetz zu unterwerfen seien oder ob für sie andere Bedingungen gelten sollten. Es gab die Position: „Wenn ihr euch nicht nach dem Brauch des Mose beschneiden laßt, könnt ihr nicht gerettet werden" (Apg 15,1 / Einheitsübersetzung). Das war eine Streitfrage, die die Gemeinde in Antiochien zu spalten drohte. Die Frage wurde nicht in der Gemeinde selbst gelöst, sondern das „Apostelkonzil" in Jerusalem rang um einen Kompromiß. Der Trend dieses Kompromisses war klar und stellte eindeutig die Weichen für die Heidenmission. Petrus sprach den Kompromiß aus: Gott macht keine Unterschiede zwischen Judenchristen und Heidenchristen (Apg 15,9). Es soll den Heidenchristen kein Joch auf ihren Nacken gelegt werden (Apg 15,10). Trotz dieses Trends gab es offensichtlich beim Jerusalemer „Apostelkonzil" Vorbehalte gegenüber einer nicht an das mosaische Gesetz gebundenen Heidenchristengemeinde. Der Apostel Jakobus schien diese Vorbehalte zu repräsentieren; er sprach sie aus. Gegenüber solchen Vorbehalten mußte ebenfalls ein Kompromiß gefunden werden.

Probleme der Heidenmission

Apg 15,29 gibt nun die Weisung und den Kompromißvorschlag des Apostels Jakobus wieder, „Götzenopferfleisch, Blut, Ersticktes und Unzucht zu meiden". Er sollte den Gemeinden in Antiochien, Syrien und Zilizien mitgeteilt werden (Apg 15,23). Der Beschluß galt also für einen ganz bestimmten Adressatenkreis und nicht für alle christlichen Gemeinden. Zeugen Jehovas, die doch sonst sehr auf einer Buchstabentreue beharren, sollten diese klare Adressierung ebenfalls zur Kenntnis nehmen. Auf gar keinen Fall kann Apg 15 als selbstverständliche Übernahme alttestamentlicher Blutverbote in die Urchristenheit angesehen werden. Der Kontext hier war die Heidenmission; der Kontext dort war meist der Opferkult. In der Heidenmission standen andere Fragen an. Zum Beispiel war es damals von eminent überlebenswichtigem Interesse für die ersten Gemeinden, wie, bei aller Öffnung auf andere Kulturen hin, man sich nicht selbst götzendienerische Praktiken einhandelte. So betreffen alle Verbote aus Apg 15,29 götzendienerische Praktiken, die es strikt zu vermeiden galt. Es wäre für die christlichen Gemeinden tödlich gewesen, wenn sie sich am Götzendienst in heidnischer Umwelt (Blutritus, Götzenopferfleisch, religiöser Prostitution, Erwürgen als religiöser Ritus) beteiligt hätten. Wenn die Christengemeinden hier keine klare Trennlinie gezogen hätten, wäre es unmöglich gewesen, für ihre Botschaft ein Profil zu gewinnen.

Die Verdeutlichung des christlichen Profils, wie sie Apg 15,29 anstrebt, hatte zwei Richtungen: Einmal sollten Judenchristen sehen, daß es sich bei den Heidenchristen um echte Christen handelte, die keine götzendienerischen Praktiken mehr ausübten. Die andere Richtung war die Profilierung gegenüber der heidnischen Umwelt, die die Botschaft vom Heilshandeln Gottes nicht verstanden hätte, wären die Christen noch götzendienerischen Praktiken verhaftet gewesen. Eine solche Profilierungsfrage stellte sich natürlich nicht in allen Christengemeinden. Dieser Sachverhalt macht dann auch die klare Adressierung verständlich.

Von der Freiheit eines Christen

Die ersten Christen haben mit Apg 15,29 eindrucksvoll demonstriert, daß wegen einer Speisevorschrift nicht die Ausbreitung des Evangeliums in Frage gestellt sein darf. Überhaupt war in den ersten Gemeinden der Umgang mit Weisungen sehr flexibel und moderat. Paulus macht an anderer Stelle deutlich, daß es auch Ausnahmen von Speisevorschriften gab.

Alles was auf dem Fleischmarkt verkauft wird, das eßt, ohne aus Gewissenhaftigkeit nachzuforschen. Denn dem Herrn gehört die Erde und was sie erfüllt. Wenn ein Ungläubiger euch einlädt und ihr hingehen möchtet, dann eßt, was euch vorgesetzt wird, ohne aus Gewissensgründen nachzuforschen. Wenn euch aber jemand darauf hinweist: Das ist Opferfleisch!, dann eßt nicht davon, mit Rücksicht auf den, der euch aufmerksam macht, und auf das Gewissen; ich meine das Gewissen des anderen, nicht das eigene ...
(1 Kor 10,25-29 / Einheitsübersetzung)

186

Die Empfehlung, nicht zu essen, wird hier also nicht aus Rücksicht auf das mosaische Gesetz ausgesprochen, sondern um bei anderen keinen Anstoß zu erregen oder gar mit einem Götzendiener verwechselt zu werden. Paulus gibt im Grunde das wieder, was der „Freiheit eines Christenmenschen" von Anfang an wohl entsprach. Für Jesus jedenfalls war klar:

... daß alles was durch den Mund hineinkommt, in den Magen gelangt und dann wieder ausgeschieden wird ... Was aber aus dem Mund herauskommt, das kommt aus dem Herzen, und dies macht den Menschen unrein.
(Mt 15,17f., Einheitsübersetzung)

Der christliche Glaube ist keine Ernährungslehre und keine medizinische Heilslehre. Es geht dabei um Anschauungen und Einsichten, um Herzenseinstellungen:

... denn das Königreich Gottes ist nicht Essen und Trinken, es ist Gerechtigkeit, Friede und Freude im Heiligen Geist. (Röm 14,17 / Einheitsübersetzung)

Der „Genuß von Blut" bildet hier keine Ausnahme in der Beurteilung durch Jesus oder Paulus.

Eine solche Flexibilität, die den christlichen Glauben auszeichnet, scheint es auch am Anfang bei den Zeugen Jehovas gegeben zu haben. Die rigorose Haltung zur Bluttransfusion hat sich erst später entwickelt. Für den ersten Präsidenten Charles T. Russell war die Gabe von Blutkonserven noch kein Problem. Für ihn galt Apg 15,29 lediglich als Weisung, um die Judenchristen nicht vor den Kopf zu stoßen.[168] Erst seit den 40er Jahren dieses Jahrhunderts, unter Präsident Rutherford, wird die Bluttransfusion verboten und dann sehr bald auch mit der Strafe des Gemeinschaftsentzugs belegt.[169] Bei der Frage nach dem Verbot oder der Billigung einer Bluttransfusion darf die Bibel nicht als medizinischer Ratgeber, der sie nicht ist und nicht sein kann, mißbraucht werden. Aus der Bibel heraus läßt sich die Notwendigkeit bzw. Nichtnotwendigkeit einer Bluttransfusion nicht begründen. Es handelt sich bei der „Blutfrage" der Zeugen Jehovas um eine Frage medizinisch-ethischer Vernunft. Dabei sollten die Warnungen der Zeugen Jehovas vor einer vorschnellen oder unbedachten Gabe von Blutkonserven ernstgenommen werden. Es ist jedoch eine Binsenweisheit, daß

Kein menschliches Handeln ohne Risiko

168 Vgl. Zion's Watchtower 1892, S. 351.
169 Vgl. Wachtturm vom 1. Februar 1947, S. 63; Erwache! vom 22. Dezember 1948, S.13; Wachtturm vom 15. März 1961, S. 190f.

187

mit jedem menschlichen Handeln bestimmte Risiken verbunden sind. So ist auch die Gabe von Bluttransfusionen nicht risikofrei. Solchen Risiken entgeht man aber nicht mit einem unhinterfragbaren biblischen Verbot, sondern man handelt sich, wie man an den Todesfällen durch verweigerte Bluttransfusionen sieht, andere, weitaus schlimmere Risiken ein.

Apg 15,29 stellt bei genauer Analyse kein prinzipielles Verbot oder eine generelle Vorschrift dar, geschweige denn ist hier das Verbot der Bluttransfusion intendiert. Wer dies trotzdem behauptet, tut dies vermutlich, weil er mit dieser Behauptung undurchsichtige Ziele verfolgt. Für die Wachtturm-Gesellschaft und die Gemeinschaft der Zeugen Jehovas erfüllt das Verbot der Bluttransfusion eine gruppensoziologische Funktion. Es ist ein geeignetes Instrument, die Loyalität des einzelnen Zeugen zur Gruppe und zur Ideologie zu messen. Wer ein solches Verbot der Bluttransfusion „gottgegeben" bejaht, der wird auch höchstwahrscheinlich bereit sein, für die Wachtturm-Gesellschaft sein Leben zu geben. Solche Anhänger wünscht sich die Leitende Körperschaft in Brooklyn.

Gedächtnismahl und Taufe

Die Zeugen Jehovas scheinen eine nahezu ritual- oder liturgiefreie religiöse Gemeinschaft zu sein. Dies darf nicht verwundern, da die religiösen Ziele der Wachtturm-Gesellschaft eher in der Herstellung und im Vertrieb ihrer eigenen Literatur zu sehen sind. Außerdem kommt hinzu, daß sich die Zeugen Jehovas bewußt von der gottesdienstlichen Praxis der katholischen, evangelischen und anderen christlichen Kirchen abgrenzen wollen. Selbst das sonntägliche Wachtturm-Studium hat in seinem Ablauf wenig gottesdienstliche Elemente. Eine Zusammenkunft, die einmal im Jahr stattfindet, fällt hierbei jedoch aus dem für die Zeugen Jehovas üblichen Rahmen: das Gedächtnismahl. Dies sei nach Auffassung der Zeugen Jehovas der „einzige Anlaß, den zu feiern Jesus Christus seine Jünger angewiesen hatte". [170]

Terminierungs-schwierigkeiten des Gedächtnis-mahls

Nach der Auffassung der Zeugen Jehovas trug sich dieses Mahl Jesu, dessen Gedächtnis sie begehen wollen, am 14. Tag des Monats Nisan im Jahre 33 n. Chr. zu. Der Monat Nisan ist der Monat, der nach jüdischer Zeitrechnung nach dem Neumond der Frühjahrs-Tagundnachtgleiche (21.

170 Unterredung anhand der Schriften, aaO., S. 170.

188

März) folgt. Der Termin dieses Mahles ist jedoch mit der Sicherheit, die die Zeugen Jehovas vorgeben, nicht aus dem Neuen Testament abzuleiten.

Alle vier Evangelien stimmen darin überein, daß Jesus an einem Freitag starb. Nach Matthäus, Markus und Lukas war dieser Freitag das Paschafest, während Johannes andeutet, daß der Sabbat (also der Samstag) das Paschafest gewesen sei, d.h. Jesus am Vortag gekreuzigt wurde. Da das Paschafest immer während des Vollmondes des Monats Nisan gefeiert wird, hat man versucht, einen Vollmond während der Regierungszeit des Pilatus zu datieren, der auf einen Freitag oder einen Samstag fiel. Am astronomisch wahrscheinlichsten ist Freitag, der 7. April des Jahres 30 n. Chr. [171]

Mit einer solchen Unsicherheit ergeben sich auch Datierungsschwierigkeiten für das Abendmahl Jesu, die auch nicht durch die selbstsicheren Behauptungen der Zeugen Jehovas beseitigt werden können. Mit welcher Begründung die Zeugen Jehovas den 14. Nisan, das wäre der 6. April des Jahres 33 n. Chr. gewesen, als Zeitpunkt des Abendmahles bestimmt haben wollen, bleibt für einen unvoreingenommenen Beobachter schleierhaft.

Aus den biblischen Berichten wird aus der unterschiedlichen Terminierung des Abendmahls bzw. der Kreuzigung auch eine unterschiedliche Theologie abgeleitet. Nach den Synoptikern (Mt, Mk, Lk) feierte Jesus mit seinen Jüngern das traditionelle Seder, also ein Paschamahl (vgl. Mt 26,17; Mk 14,12; Lk 22,7ff.). Bei Johannes handelte es sich lediglich um eine Mahlzeit am Vorabend (vgl. Joh 13,7; 13,1). Die Synoptiker spielen auf den Sinngehalt des Paschamahls, die Befreiung Israels aus der Knechtschaft Ägyptens, an. Johannes hingegen erreicht über die terminliche Verschiebung eine andere theologische Deutung der Kreuzigung. Der Tod Jesu fällt bei Johannes in die Stunde der Schlachtung der Lämmer im Tempel. Jesus ist also für ihn das geopferte Lamm Gottes (vgl. Joh 1,29.36).

Im allgemeinen christlichen Sprachgebrauch handelt es sich beim „Gedächtnismahl" der Zeugen Jehovas um die Erinnerung an das „letzte Abendmahl" Jesu. Die spezielle Terminologie der Zeugen Jehovas hat neben theologischen auch wieder Profilierungsgründe gegenüber anderen christlichen Gemeinschaften. Zum „Gedächtnismahl" laden die Zeugen Jehovas öffentlich, auch Interessierte und „Menschen guten Willens", ein. Mit Slogans wie „Ein Ereignis, das Sie nicht versäumen sollten" [172] wird auf das Gedächtnismahl aufmerksam gemacht.

---

171 Vgl. Lohfink, Gerhard: Der letzte Tag Jesu. Die Ereignisse der Passion, Freiburg i. Brsg. 1981.
172 Wachtturm vom 15. März 1996.

GEDÄCHTNISMAHL:
DEMNÄCHST OHNE „TEILNEHMER"
Der Wachtturm, 15. März 1996,
S.32

Das Gedächtnismahl findet häufig in angemieteten Sälen oder Bürgerhäusern statt, da auch Menschen aus dem Sympathisantenumfeld der Zeugen Jehovas angesprochen werden. Die Wachtturm-Gesellschaft unterscheidet zwischen „Gedächtnismahlanwesenden" und „Gedächtnismahlteilneh

Anwesende und mern". „Anwesende" sind alle „anderen Schafe" und auch Nichtgetaufte,
Teilnehmer die zum Gedächtnismahl gekommen sind und aus der Feier „großen Nutzen und Erkenntnis ziehen". Der Wachtturm betont in immer wieder veröffentlichten Artikeln, daß das Gedächtnismahl für die „irdische Klasse" entscheidende Bedeutung haben soll. [173]

Die „Gedächtnismahlteilnehmer" sind die schon erwähnten „Überrestmitglieder", die insofern aktiv an diesem Mahl teilnehmen, als sie von den dargereichten Symbolen Brot und Wein essen dürfen. Die „Gedächtnismahlanwesenden" betrachten lediglich die Symbole, während die „Gedächtnismahlteilnehmer" sie verzehren. Die Proportion Anwesende – Teilnehmer war im Jahrbuch der Zeugen Jehovas 1993 für das Dienstjahr 1992 nachzulesen: 11.431.171 Gedächtnismahlanwesende zu 8.683 Gedächtnismahlteilnehmern. [174] Die Zahl der Anwesenden nimmt wohl jährlich zu und übersteigt, da es sich auch um interessierte Menschen handelt, die Anzahl der getauften Zeugen Jehovas um ein Vielfaches. Die Zahl der Teilnehmer nimmt aufs Ganze gesehen ab, da die Überrestmitglieder durchweg der älteren Generation angehören.

Welche Bedeutung hat das Gedächtnismahl in der Anschauungswelt der Zeugen Jehovas? Die Wachtturm-Gesellschaft ist darauf bedacht, das
Gedächtnismahl: „Gedächtnismahl" Jesu als seine vollkommene Neukreation vorzustellen.
symbolische Das in Mt 26,26-30 erzählte Abendmahl Jesu sei kein Paschamahl gewesen,
Neukreation behaupten die Zeugen Jehovas immer wieder. [175] Obwohl die Jünger für
Jesu Jesus ein Paschamahl vorbereiten wollten (vgl. Mt 26,17), habe er im

---

173 Vgl. Wachtturm vom 15. März 1993.
174 Jahrbuch der Zeugen Jehovas 1993, S. 33.
175 Vgl. Wachtturm vom 15. März 1993, S. 3.

190

Anschluß an das Paschamahl mit den Resten des noch vorhandenen Brotes und Weines das Gedächtnismahl eingesetzt. Jesus wollte damit eine Erinnerung an seinen Tod stiften. Gleichzeitig sollte das „Gedächtnismahl" einen „Loskauf von den Sünden" darstellen. Die Einsetzungworte Mt 26,26-28 übersetzt die Wachtturm-Gesellschaft in der Neue-Welt-Übersetzung folgendermaßen:

Nehmt, eßt! Dies bedeutet meinen Leib ... Trinkt daraus, ihr alle; denn dies bedeutet mein „Blut des Bundes" ...

Zum Vergleich der ökumenische Text aus der Einheitsübersetzung:

Nehmt und eßt; das ist mein Leib ... Trinkt alle daraus; das ist mein Blut, das Blut des Bundes ...

Das griechische „estin" wird von den Zeugen Jehovas mit „bedeuten", „besagen", „darstellen" wiedergegeben. Wörtlich bedeutet es jedoch „ist". So spricht die englische Ausgabe „The Kingdom Interlinear Translation of the Greek Scriptures" (Die Königreich Interlinear-Übersetzung der griechischen Schriften) der Zeugen Jehovas in einer Wort-für-Wort-Übersetzung von „this is the body of me" („das ist mein Leib"), während die Neue-Welt-Übersetzung unvermittelt in „this means my body" überwechselt. Offensichtlich bevorzugen die Zeugen Jehovas in ihrem Gedächtnismahlverständis eine eher symbolistische Interpretation. Es soll anscheinend nicht das Mißverständnis aufkommen, daß es sich beim Gedächtnismahl um ein sakramentales Geschehen handeln könnte. Der Schwerpunkt des Zeugenverständnisses liegt auf einer Gedenkfeier. In Jesus, so die Zeugen Jehovas, sei deutlich geworden, daß es einem Menschen möglich sein kann, an der Gottergebenheit gegen alle Widerstände festzuhalten. Das Opfer Jesu war von Jehova Gott vorgesehen, um die Menschen, die daran denken und sich erinnern, zu erlösen. Zumindest sollen die erlöst werden, die „Glauben an ihn ausüben".

Gedenkfeier und kein Sakrament

Denn so sehr hat Gott die Welt geliebt, daß er seinen einziggezeugten Sohn gab, damit jeder, der Glauben an ihn ausübt, nicht vernichtet werde, sondern ewiges Leben habe. (Joh 3:16 / Neue-Welt-Übersetzung)

Diese eigentümliche Übersetzung wird nur auf dem Hintergrund des Sprachgebrauchs der Zeugen Jehovas verstehbar. „Glaubensausübung" bedeutet, für die Wachtturm-Gesellschaft in der Organisation aktiv tätig zu sein. Jesus hat mit seinem Abendmahl das gestiftet, was die Zeugen Jehovas als seine Nachfolger heute begehen. Jesus fand es passend, daß sie an seinen Tod denken sollten. Brot und Wein, die beim Gedächtnismahl herumgereicht werden, symbolisieren lediglich Jesu „sündlosen Leib" und sein „Lebensblut". Es erscheint den Zeugen Jehovas zumindest im Hinblick auf das „Blut" nur das Symbolverständnis plausibel, da Jehova Gott nach Genesis 9,4 und Apostelgeschichte 15,28f. den Verzehr von Blut untersagt hat.

Verzehr von Brot und Wein nur für „Gesalbte"

Der Verzehr dieser Symbole ist aber beim Gedächtnismahl der Zeugen Jehovas auch nicht jedermann gestattet. Nur Personen, die Christus in den „Bund für ein Königreich" (Lk 22,29) aufnimmt, ist dies erlaubt. Mit der Auswahl der „kleinen Herde" (Lk 12,32), mit einer genauen Gesamtzahl von 144.000 (Offb 14,1-3), wurde im Jahr 33 n. Chr. begonnen. Abgeschlossen war dieser Prozeß erst in den 30er Jahren unseres Jahrhunderts. (Wer allerdings die Auswahl vorgenommen hat, darüber gibt es keine Informationen.) Für die nicht zu den 144.000 „Gesalbten" gehörende „irdische Klasse" wird aber ein „ewiges Leben auf einer paradiesischen Erde" ermöglicht. Die Zweiteilung der Zeugen Jehovas in „Gesalbte" und „andere Schafe" hat beim Gedächtnismahl auch konkrete Auswirkungen. In vielen Versammlungen führt die Zweiteilung dazu, daß beim Gedächtnismahl die Symbole Brot und Wein herumgereicht werden, alle Anwesenden sie betrachten und „Erkenntnis daraus ziehen", aber niemand von den Symbolen nehmen darf. Nach der gängigen Auslegung braucht die „irdische Klasse" nicht von Brot und Wein zu nehmen, da sie für immer auf der Erde leben wird. Die „himmlische Klasse", also die, die mit „Christus im Himmel herrschen werden", benötigt allerdings den Verzehr der Symbole, um ewiges Leben zu bekommen.

Jesu gesalbte Nachfolger, die in den neuen Bund aufgenommen worden sind, sind berechtigt, von den Gedächtnismahlsymbolen zu nehmen ...

Letztendlich wird der neue Bund aber für alle gehorsamen Menschen Segnungen mit sich bringen, und du kannst zu denen gehören, die diese Segnungen empfangen ... Die 144 000 geistigen Israeliten, die mit ihm an der Herrschaft teilhaben werden, stellt die Bibel als mit dem Lamm, Jesus Christus, auf dem himmlischen Berg Zion stehend dar. Nach ihrer Auferstehung werden sie gemeinsam mit Christus als Mitkönige und Mitpriester herrschen (2. Samuel 7:11-16; Offenbarung 7:4; 14:1-4; 20:6). Nur wer in den neuen Bund mit Jesus aufgenommen ist, ist berechtigt, beim Abendmahl des Herrn von den Symbolen zu nehmen. Gottes Geist bezeugt mit dem Geist der Gesalbten, daß sie seine Kinder und Miterben mit Christus sind ...

Es würde Jehova mißfallen, wenn sich jemand als ein zum himmlischen König- und Priestertum Berufener ausgeben würde, ohne wirklich dazu berufen zu sein (Römer 9:16; Offenbarung 22:5). Als sich Korah das Priestertum anmaßte, wurde er deswegen von Gott hingerichtet (2. Mose 28:1; 4. Mose 16:4-11, 31-35) ... [176]

Die Zeugen Jehovas haben eigene Vorstellungen darüber, wer am Gedächtnismahl nicht bloß anwesend sein, sondern auch teilnehmen darf. Sie haben auch eine eigene Meinung darüber, wie oft das Gedächtnismahl gefeiert werden sollte. Ein solcher Gedenktag sollte nach ihrer Auffassung nur einmal im Jahr begangen werden. Die Zeugen Jehovas behaupten, daß auch die ersten Christen nur einmal im Jahr das Abendmahl Jesu begangen hätten. [177] Eine entscheidende Bibelstelle, die einem solchen Verständnis der Zeugen Jehovas entgegensteht, ist Apg 2,46:

Tag für Tag verharrten sie einmütig im Tempel, brachen in ihren Häusern das Brot und hielten miteinander Mahl in Freude und Einfalt des Herzens. (Einheitsübersetzung)

Diese Textstelle hebt hervor, daß die neutestamentlichen Gemeinden an die Mahlpraxis Jesu „täglich" anknüpften. Das stellt einen klaren Bezug zum letzten Abendmahl Jesu dar. Das „Brechen des Brotes" (griech.: klasis tou artou) ist geradezu das Erkennungszeichen der Anwesenheit des auferstandenen Herrn (vgl. Lk 24,30). *Tägliches „Brechen des Brotes"*

Die Gemeinde versammelt sich am ersten Wochentag, „um das Brot zu brechen" (Apg 20,7). Der Terminus des „Brotbrechens", als Bezeichnung des Abendmahls, setzte sich in der neutestamentlichen Tradition durch. Auch Paulus spricht vom „Brot, das wir brechen" (1 Kor 10,16) und meint damit die Feier des Herrenmahls, das ein Paschamahl war. Der gesamte neutestamentliche Zusammenhang spricht gegen die Argumente der Zeugen

---

176 Wachtturm vom 15. März 1993, S. 6f.
177 Vgl. ebd., S. 5.

Jehovas. Weil das so ist, müssen sie folgerichtig in ihren Übersetzungen das „Brotbrechen", das ein deutliches Textmerkmal zur Erinnerung an das Paschamahl Jesu darstellt, kurzerhand wegfallen lassen und durch „Mahlzeiten" ersetzen:

Und Tag für Tag waren sie fortgesetzt einmütig im Tempel anwesend, und sie nahmen ihre Mahlzeiten in Privathäusern ein und nahmen mit großer Freude und Aufrichtigkeit des Herzens Speise zu sich.
(Apg 2:46 / Neue-Welt-Übersetzung)

Soviel läßt sich zumindest von einer Sichtung des biblischen Urtextes gegen die Auffassungen der Zeugen Jehovas vom Abendmahl sagen:

Vergegenwärtigung des Auferstandenen

Die christlichen Gemeinden haben von Anfang an wöchentlich am Tag der Auferstehung Abendmahl gefeiert. Bei diesem Mahl wurde das „Brotbrechen" als Vergegenwärtigung des Auferstandenen verstanden. Der Charakter eines Gedenktages spielte dabei nur eine untergeordnete Rolle. Die Erfahrung war, daß dort, wo zwei oder drei in seinem Namen versammelt waren, der Herr mitten unter ihnen gegenwärtig war. Es ist nicht bekannt, daß bei solchen Feiern zwischen einer „himmlischen und einer irdischen Klasse" unterschieden wurde, wie die Zeugen Jehovas meinen.

Im Gegenteil: Ein Kennzeichen der ersten Gemeinden muß wohl gewesen sein, daß in ihren Reihen keine Rangunterscheide mehr gemacht wurden:

Durch den einen Geist wurden wir in der Taufe alle in einen einzigen Leib aufgenommen, Juden und Griechen; Sklaven und Freie; und alle wurden wir mit dem einen Geist getränkt. (1 Kor 12,13 / Einheitsübersetzung)

Wie sieht der Ablauf eines „Gedächtnismahls" gewöhnlich bei den Zeugen Jehovas aus?

Ablauf des Gedächtnismahls

❖ Beginn mit einem Lied aus dem Liederbuch „Singt Jehova Loblieder", z.B. Lied Nr. 87 „Das Abendmahl des Herrn".
❖ Gebet eines Ältesten. Das Gebet hebt besonders den Dienst im weltweiten Predigtwerk der Zeugen Jehovas hervor und das Vorrecht, hierbei mitzutun.

194

❖ Ansprache eines „Bruders" zu den Fragen um das Gedächtnismahl: Was symbolisieren Brot und Wein? Wer darf Brot und Wein nehmen? Wie oft soll das Gedächtnismahl gefeiert werden? Wie kann man Nutzen aus dem Gedächtnismahl ziehen? usw.

❖ Unterbrechung des Vortrags, kurzes Gebet, Darbietung der Symbole Brot und Wein. Die Symbole werden auf einer Schale bzw. in einem Weinglas herumgereicht, von jedem entgegengenommen, angeschaut und weitergereicht. (Aus den oben genannten Gründen dürfen die wenigsten von den Symbolen nehmen.) Das nichtverzehrte Brot und der nichtgetrunkene Wein werden anschließend weggeworfen bzw. weggeschüttet.

❖ Abschluß des Vortrags. Meist wird ein eindringlicher Appell erhoben, die Zusammenkünfte in den Versammlungen zu besuchen, weil nur so „Nutzen aus dem Gedächtnismahl gezogen werden kann".

❖ Schlußlied, z.B. Nr. 105 „Huldigt dem Erstgeborenen Jehovas". In diesem Lied heißt es u.a.: „Die Feinde er vernichtet in Harmagedons Schlacht; doch Gottes Diener sehen des Königreiches Pracht."

❖ Kurzes Gebet, Verabschiedung.

Ein solches Ablaufschema kann den biblischen Textbestand nicht als Grundlage beanspruchen. Denn über den Verlauf des Abendmahls weichen die biblischen Texte voneinander ab. Paulus (1 Kor 11,23-25) und Lukas (Lk 22,20) trennen die Brot- und Becherhandlung. Dies dürfte dem jüdischen Festmahl eher entsprochen haben. Matthäus (Mt 26,26-28) und Markus (14,22-24) bringen Brot und Becher in einem unmittelbaren Nacheinander. Dies dürfte die Eucharistiepraxis der ersten Gemeinden widerspiegeln. Jedenfalls ist bei keinem Evangelisten eine längere Ansprache Jesu über den Sinn des „Gedächtnismahls" aufgezeichnet. Auch das genaue Stiftungswort Jesu bleibt in der Bibel unklar. Paulus und Lukas überliefern den Auftrag: „Tut dies zu meinem Gedächtnis". Markus und Matthäus wissen von einem solchen Auftrag nichts. So läßt sich also auch die alleinige Betonung des Gedächtnisaspekts des letzten Abendmahls von den Texten des Neuen Testaments her nicht halten.

Aus einem solchen Ablaufschema der Zeugen Jehovas läßt sich jedoch sehr leicht das dahinterstehende Grundverständnis des „Gedächtnismahls" ableiten. Den zentralen Teil des Gedächtnismahls stellt der Vortrag dar. Hier

Vortrag als
Hauptteil

195

ist nichts zu spüren von einem Heilszeichen. Es geht der Wachtturm-Gesellschaft selbst in einem solchen Gedenkzeichen um die Verbreitung ihrer Anschauungen und um sonst nichts. Die Symbole werden so wortreich erklärt, als bestünde die Gefahr, daß sie aus sich selbst sprechen könnten. Mit der Reduktion des Abendmahls Jesu auf ein heute einmal im Jahr zu feierndes Gedenkmahl widersprechen die Zeugen Jehovas dem biblischen Anliegen. Außerdem handelt es sich bei einem Symbol um mehr als ein reines Erinnerungszeichen.

Jüdische Wurzeln   Wenn der „Jude" Jesus das Paschamahl mit seinen zwölf Jüngern feierte, dann war das eine Symbolhandlung, in der sehr viel mehr realisiert wurde als die Einsetzung eines Erinnerungstags. Jesus hat nichts vollkommen Neues geschaffen, indem er das Abendmahl feierte. Er knüpfte an die Festtraditionen seines Volkes an. Die Bedeutung des Mahls in Israel und damit auch für Jesus war viel umfassender, als das die Zeugen Jehovas wahrhaben wollen. Von Anfang an spielte das Mahl in der Geschichte Israels eine *Gemeinschaft* herausragende Rolle. Für Jesus bedeutete das Mahlhalten ein „Zeichen von Gemeinschaft" (vgl. Gen 18,1-8), aber auch die „Verbundenheit" mit Gott. Nach dem Bundesschluß am Sinai heißt es: „... und sie durften Gott sehen und sie aßen und tranken" (Ex 24,11).

Bund   Das, was im Abendmahlssaal geschah, spielte in eindeutiger Weise auf den Bund am Sinai an. Deshalb muß auch dem Opfergedanken bei diesem Mahl eine wichtige Rolle zugemessen werden:

Das ist das Blut des Bundes, den der Herr ... mit euch geschlossen hat.
(Ex 24,11 / Einheitsübersetzung)

Opfer   In dem Geschehen schwingt eine Erinnerung an die Opferung Isaaks mit (vgl. Gen 22,2). In alter Zeit wurde auch nach einem Vertrags- oder Bundesschluß als Besiegelung ein Blutopfer dargebracht.

Das Dankgebet, der Lobgesang eines Juden nach dem Mahl, wurde ebenfalls von Jesus und seinen Jüngern gesungen. Jedenfalls erwähnen Mt 26,30 und Mk 14,26 diese Tatsache ausdrücklich. Oft wird der Abschluß *Erinnerung* mit einer Anamnese, d.h. mit einer dankenden Erinnerung an die Heilstaten Gottes verbunden (vgl. Dtn 8, 7-18).

Vorläufig kann also gesagt werden: Die Beschränkung des Abendmahls auf ein Gedächtnismahl stellt eine unzulässige Einschränkung dar. Das Mahl als Zeichen der Gemeinschaft, der Gottesnähe, das Mahl als Opfer, als Bundesbesiegelung und als Gedächtnis: An alle diese Bedeutungebenen konnte Jesus anküpfen, als er mit seinen Jüngern das Paschamahl feierte. Das Neue, das Jesus mit seinem Abendmahl brachte, ist, daß er die ganze Bedeutungsbreite des biblisch-alttestamentlichen Mahlgedankens auf sich, sein Leben und sein Schicksal anwendete. Jesus stiftete Gemeinschaft. In ihm realisierte sich die Wirklichkeit Gottes. Er war das Opferlamm, und im Feiern und Vollzug dieses Mahles wird die vergangene Glaubenserfahrung auch heute präsent. Wenn die Zeugen Jehovas ihren Gedächtnisbegriff biblisch verstehen könnten, dann würde ihnen deutlich, daß das Paschagedächtnis eben nicht bloß ein erinnerndes Zurückdenken meint, sondern eine Aktualisierung und Vergegenwärtigung einer geschichtlichen Erfahrung, der Befreiung aus der Knechtschaft Ägyptens. Die Paschanacht gilt dem Juden als die Nacht, in welcher der Messias kommen wird.

Präsenz geschichtlicher Erfahrungen

Im gesamten Neuen Testament ist nachzuweisen, daß das Mahl in der Verkündigung Jesu eine zentrale Rolle spielte. Es läßt sich nicht auf einen einzigen Gedächtnisakt am 14. Nisan reduzieren. Im letzten Abendmahl läßt sich das Leben und die Botschaft Jesu symbolisch zusammenfassen. Das Essen und Trinken Jesus war für seine Gegner sogar ein Unterscheidungskriterium, um ihn gegen Johannes den Täufer auszuspielen (vgl. Mt 11,18f.). Im Mahl vergegenwärtigt sich für Jesus die anbrechende Gottesherrschaft. Deshalb hielt er Mahl mit Zöllnern, Sündern und Pharisäern (vgl. Mk 2,17; Lk 7,36-50).

Mt 22,1-10 spricht im Bild des großen Gastmahls die Einladung Gottes an alle Menschen aus. Bei dieser Einladung, so der Hinweis des biblischen Bildes, stehen eher die Erstberufenen in der Gefahr, die Einladung auszuschlagen und das Fest zu verpassen. Der Wunsch der Zebedäussöhne, die Plätze neben Jesus zu besetzen, war ein Wunsch nach einer Hierarchie im Reich Gottes. Einem solchen Wunsch wurde offensichtlich eine prompte Absage erteilt (vgl. Mk 10,36-40).

Einladung an alle

Sollte da nicht auch die Einteilung der Zeugen Jehovas in eine „himmlische" und eine „irdische Klasse" eine Ablehnung erfahren? Das Königreich Gottes beginnt eben nicht mit neuen Machtverteilungen, mit dem alten „Oben" und „Unten", sondern dann, wenn die Völker „mit Abraham, Isaak und Jakob ... zu Tisch liegen" (Mt 8,11). Die Zwei-Klassen-Gesellschaft derjenigen, die speisen dürfen und mit Christus im Himmel

Gemeinschaft haben, und derjenigen, die nicht in den Genuß der Speisen kommen, sondern auf ein irdisches Paradies vertröstet werden, ist im Mahlgedanken Jesu nirgends intendiert, geschweige denn ausgedrückt.

Vom Horizont des Mahlverständnisses in Israel will Jesu Abendmahl ein Realsymbol und damit ein Sakrament sein. „Brot" und „Wein", „Leib" und „Blut" sind Realsymbole in dem Sinne, daß durch sie und in ihnen das geschieht, was sie darstellen: Person und Leben Jesu. Jesus faßte in den Symbolen „Brot" und „Wein" sich und seine Existenz zusammen. Überall da, wo dieses Geschehen wiederholt wird, kann damit nicht nur auf Vergangenes verwiesen werden. Realsymbol meint, es geschieht das, auf das verwiesen wird, wirklich. In den einzelnen Abendmahlsberichten [178] spiegelt sich die eucharistische Praxis und die theologische Deutung von verschiedenen urchristlichen Gemeinden wieder. Nur so sind die Unterschiede im Termin, im Ablauf und bei den Stiftungsworten des Abendmahls erklärbar. Deutlich wird durch den biblischen Befund auch, daß die Kirchen dem Abendmahl bzw. der Eucharistiefeier berechtigterweise Sakramentcharakter zusprechen. Die Zeugen Jehovas hingegen haben große Probleme, ihre Sicht des Abendmahls als „Gedächtnismahl" als biblisch zu erweisen. [179]

Brot und Wein sind Realsymbole

Taufe bei den Zeugen Jehovas

Eine weitere Handlung der Zeugen Jehovas, die an eine religiöse Zeremonie erinnert, ist die Taufe. Für die Zeugen Jehovas stellt die Taufe ein Zeichen wahrer Jüngerschaft Jesu dar. Nur wer durch völliges Untertauchen getauft wurde, gehört zu ihnen und damit zu der Gemeinschaft, die die Endzeitschlacht von Harmagedon überleben wird.

TAUFE IM NICHT-
SCHWIMMER-BECKE
ENDLICH VOLL
DAZUGEHÖREN!
Foto: Ullstein
Bilderdienst

Bei den Zeugen Jehovas ist das „Untertauchen" zu einem Synonym für die „Taufe" geworden. Die Taufe wird als Schlußpunkt und Bestätigung einer grundlegenden Einweisung in die Lehren der Zeugen Jehovas angesehen. Wer ein umfangreiches Programm der Einweisung durchlaufen hat, wer regelmäßig in den Königreichssaal kommt und einer Überprüfung durch die Ältesten standhält, der wird als Anwärter für die Taufe auf einem der nächsten Kongresse vorschlagen. Der ganze Vorgang wurde 1983 in dem Buch „Organisiert, unseren Dienst durchzuführen" festgelegt. Seit Ende 1995 hat die Wachtturm-Gesellschaft ein neues Verfahren zur Zulassung zur Taufe eingeführt. Im Gegensatz zu früheren Zeiten, wo mindestens zwei Bücher im „Heimbibelstudium" durchgearbeitet werden mußten, ist heute nur noch das „Studium" des Buches „Erkenntnis, die zu ewigem Leben führt" notwendig. Mit dieser Verkürzung soll sich nach dem Willen der Wachtturm-Gesellschaft schneller herausstellen, ob es Sinn macht, tatsächlich mit einem potentiellen Kandidaten weiterzuarbeiten. Außerdem sollen Interessierte schneller zur Taufe und damit zu einer festeren Bindung an die Wachtturm-Gesellschaft gebracht werden.[180] Das Erkenntnis-Buch ist darauf aus, dem Leser ein „Schlüsselerlebnis" zu vermitteln, den Schlüssel zu ewigem Leben. Im 18. Kapitel, dem vorletzten, drückt die Wachtturm-Gesellschaft die wahre Absicht, die sie mit der Forderung der Lektüre dieses Buches verfolgt, aus:

Ist es angesichts dessen, daß du die Erkenntnis Gottes in dich aufgenommen hast, nicht angebracht, die geistigen Dinge auf dich ganz persönlich zu beziehen? Wahrscheinlich brennst du darauf, deinen Verwandten, deinen Freunden und anderen das zu erzählen, was du gelernt hast. Vielleicht tust du es sogar schon, indem du wie Jesus bei sich bietenden Gelegenheiten informell mit anderen über die gute Botschaft sprichst ... Wahrscheinlich möchtest du jetzt mehr tun. Christliche Älteste werden sich gern mit dir darüber unterhalten, um festzustellen, ob du die Voraussetzungen erfüllst und in der Lage bist, einen Anteil an der regulären Königreichspredigtdiensttätigkeit der Zeugen Jehovas zu haben. Wenn das der Fall ist, werden die Ältesten dafür sorgen, daß du einen Zeugen Jehovas im Predigtdienst begleiten kannst ... Der regelmäßige Besuch der christlichen Zusammenkünfte und ein sinnvoller Anteil am Predigtwerk zeigen auch, daß du bereut hast und umgekehrt bist und daß du entschlossen bist, im Einklang mit der Erkenntnis Gottes zu leben.

178 Vgl. Mt 26,26-29; Mk 14,22-25; Lk 22,14-20; 1 Kor 11,23-26.
179 Vgl. zum Ganzen: Pesch, Rudolf: Wie Jesus das Abendmahl feierte, Freiburg i. Brsg. 1976.
180 Vgl. Aus Christlicher Verantwortung, 4/95; 1/96, Tübingen 1996, S. 16.

Was ist der nächste logische Schritt? Es ist der Schritt, sich Jehova Gott hinzugeben ... Gemäß den Worten Jesu müssen sich alle, die seine Jünger werden, taufen lassen (Matthäus 28:19, 20). Warum ist das noch notwendig, nachdem du Gott deine Hingabe erklärt hast? Da du dich Jehova hingegeben hast, weiß er, daß du ihn liebst. Doch gewiß möchtest du noch mehr tun, um anderen deine Liebe zu Gott zu zeigen. Deine Hingabe an Jehova Gott kannst du durch die Taufe öffentlich bekanntgeben (Römer 10:9, 10). [181]

Welches Verständnis verbinden die Zeugen Jehovas mit der Taufe durch Untertauchen? Auch hier legen sie wieder großen Wert darauf, einen biblischen Auftrag getreu zu erfüllen und gleichzeitig nicht in eine Verwechslung mit den Taufhandlungen anderer christlicher Gemeinschaften zu kommen. Die Taufe der Zeugen Jehovas wird meist auf Kongressen in angemieteten Hallenbädern durch vollständiges Untertauchen des Taufbewerbers vollzogen. Wenn dabei „im Namen des Vaters und des Sohnes und des Heiligen Geistes" getauft wird, so wird diese Formel nicht in einem trinitarischen Sinn gebraucht und verstanden. Aus dem oben zitierten Text wird zunächst deutlich: Die Taufe stellt in der Wachtturm-Organisation kein Heilszeichen der Gnadenzuwendung Gottes dar, sondern sie ist die logische Konsequenz eines Schulungswegs in der Organisation. Die Taufe ist bei den Zeugen Jehovas kein Sakrament. Sie gibt lediglich ein Signal und Erkennungszeichen in der Organisation und nach außen, daß der Betreffende die Voraussetzungen für eine intensivere Bindung an die Zeugen Jehovas erfüllt. Nicht Gott wendet sich dem Täufling zu, sondern der Täufling wendet sich der Organisation zu. Beim sakramentalen Verständnis der Taufe steht die Gabe Gottes im Vordergrund, beim Taufverständnis der Zeugen Jehovas kommt es auf die organisationskonforme Leistung des Täuflings an.

Taufe: vorläufige Etappe auf dem Schulungsweg

Wie angemessen ist die Interpretation des biblischen Befundes durch die Zeugen Jehovas? Nach Joh 3,22; 4,1 hat Jesus selbst getauft. Joh 4,2 gibt aber an, daß nicht Jesus taufte, sondern nur seine Jünger.

Darauf ging Jesus mit seinen Jüngern nach Judäa. Dort hielt er sich mit ihnen auf und taufte ... Jesus erfuhr, daß die Pharisäer gehört hatten, er gewinne und taufe mehr Jünger als Johannes – allerdings taufte nicht Jesus selbst, sondern seine Jünger – ... (Joh 3,22; 4,1f. / Einheitsübersetzung)

181 Erkenntnis, die zu ewigem Leben führt, aaO., S. 174f.

Nimmt man an, daß Jesus nicht getauft hat, dann ist dies aus dem Selbstverständnis Jesu heraus verstehbar zu machen. Jesus vergibt die Sünden aus eigener Vollmacht. Das geschieht voraussetzungslos. Es bedarf weder eines längeren Umkehr- oder Schulungsweges noch eines Ritus des Untertauchens. Geht man hingegen davon aus, daß Jesus doch getauft hat, so steht auch seine Taufe nicht als Schlußpunkt einer willigen Einfügung in die Organisation Jesu. Das Taufverständnis ist in den ersten Gemeinden sehr disparat. Es reicht von der Taufe als Befreiung von der Sünde, über Geisttaufe, der Taufe als Geburt von oben her, bis hin zum Tod als Taufe.

Biblisches Taufverständnis

Das frühe Christentum gehört grundsätzlich in das Feld jüdischer Taufbewegungen. Außer der Wassertaufe werden diskutiert Feuertaufe, Geisttaufe, Bluttaufe und Taufe auf den Namen Jesu. Diese Formen sind zunächst alles andere als einheitlich. Erst im Laufe des 1. Jh. bildet sich eine einheitliche christliche Taufe heraus. [182]

Wehrdienstverweigerung und Zivildienst

Die Zeugen Jehovas wollen vor allem politisch neutral sein. So beteiligen sie sich nicht an gesellschaftlichen und politischen Vollzügen in einem Staatswesen. Dazu gehört auch, daß sie sich nicht an Wahlen beteiligen. Militärische oder zivile Dienste in einem Staat lehnen die Zeugen Jehovas kategorisch ab. In Deutschland hat sich ihr Verhältnis zum „Zivildienst" als Wehrersatzdienst in jüngster Zeit geändert. In welcher Weise, darauf wird noch genauer einzugehen sein.

Als biblische Grundlage ihres Verhältnisses zum Staat betrachten die Zeugen Jehovas vor allem Römer 13. In der Auslegung dieser Bibelstelle wollen sie sich den Anordnungen eines Staates unterordnen und auf gar keinen Fall in den Verdacht kommen, staatsgefährdend zu sein. Sie stellen sich selbst als die „respektvollsten" und „gesetzestreuesten" Bürger eines Landes dar.

Verhältnis zum Staat

Die „obrigkeitlichen Gewalten"
Wer oder was sind die „obrigkeitlichen Gewalten"? Wie Paulus in den folgenden Versen zeigt, handelt es sich um menschliche Regierungsgewalten

---

182 Berger, Klaus: Theologiegeschichte des Urchristentums, Tübingen/Basel 2. Aufl. 1995, S. 117.

(Römer 13:1-7, Titus 3:1). Jehova hat diese Regierungsgewalten zwar nicht ins Dasein gebracht, aber sie bestehen mit seiner Zulassung. Daher konnte Paulus schreiben: „Die bestehenden Gewalten stehen in ihren relativen Stellungen als von Gott angeordnet." Was zeigt das in bezug auf die irdische Autorität an? Daß sie Gottes Autorität untergeordnet ist oder geringer als diese (Johannes 19:10, 11). Wenn daher ein Konflikt zwischen menschlichen Gesetzen und Gottes Gesetzen besteht, müssen Christen sich von ihrem biblisch geschulten Gewissen leiten lassen. Sie müssen „Gott, dem Herrscher, mehr gehorchen als den Menschen" (Apostelgeschichte 5:29).

Meistens handeln die obrigkeitlichen Regierungsgewalten allerdings als „Gottes Dienerin uns zum Guten" (Römer 13:4). Inwiefern? Denken wir nur einmal an die zahlreichen Dienste, die die obrigkeitlichen Gewalten leisten, beispielsweise in Form des Postdienstes, der Polizei, der Feuerwehr, des Gesundheitswesens und der Bildungseinrichtungen. „Darum zahlt ihr auch Steuern", erklärte Paulus, „denn sie sind Gottes öffentliche Diener, die für ebendiesen Zweck beständig dienen" (Röm 13:6). Wir sollten uns „ehrlich benehmen", was das Zahlen von Steuern oder andere gesetzliche Verpflichtungen betrifft (Hebräer 13:18).

Manchmal mißbrauchen die obrigkeitlichen Gewalten ihre Macht. Befreit uns das von der Verpflichtung, ihnen untertan zu sein? Keineswegs. Jehova sieht verwerfliches Tun der Regierenden (Sprüche 15:3). Die Tatsache, daß er die Menschenherrschaft duldet, bedeutet nicht, daß er deren Verdorbenheit ignoriert; das erwartet er auch von uns nicht. Tatsächlich wird Gott bald „alle ... Königreiche zermalmen und ihnen ein Ende bereiten", um sie durch die Herrschaft seiner eigenen gerechten Regierung zu ersetzen (Daniel 2:44). Doch bis dahin dienen die obrigkeitlichen Gewalten einem nützlichen Zweck. [183]

Neutralität mit Anpassung verwechselt

Den Zeugen Jehovas müßte eigentlich klar sein, daß sie mit einer solchen Position keineswegs neutral sind. Sich aus politischen und gesellschaftlichen Vorgängen herauszuhalten, bedeutet noch nicht, neutral zu sein. Bei einer solchen Form von Neutralität besteht eher die Berechtigung, von Angepaßtheit zu sprechen. Wer nicht wählen geht, ist nicht neutral, sondern bestätigt eben den Status quo.

Doch scheint ihre Stellungnahme auf eine positiv würdigende Sichtweise des Staates und der staatlichen Gewalt hinzudeuten. Der Text würdigt die gemeinschaftlichen staatlichen Dienste und sieht selbst noch in staatlichem

---

183 Erkenntnis, die zu ewigem Leben führt, aaO., S. 132f.

Machtmißbrauch einen „nützlichen Zweck". Andererseits wird aber das Ende aller staatlichen Regierung als kurz bevorstehend erwartet, so daß die Obrigkeit stark relativiert wird. Die Tatsache, daß an anderer Stelle der Staat als „irdische Organisation Satans" bezeichnet wird,[184] deutet gleichzeitig auf eine widersprüchliche Haltung der Zeugen Jehovas zum Staat und zur Gesellschaft hin. Wenn die staatliche Obrigkeit eine, wie es oben heißt, von „Gott eingesetzte Dienerin" ist, dann bleibt schwer verständlich, warum ein Dienst für diesen Staat mit der Strafe des Gemeinschaftentzugs belegt wird. So neutral, wie die Zeugen Jehovas zu sein vorgeben, sind sie in der Realität also nicht.

Jehovas Zeugen verhalten sich gegenüber den politischen und militärischen Angelegenheiten der Nationen neutral (Joh 17:16; ...).

Sie hindern andere nicht daran, sich an politischen Wahlen zu beteiligen, für politische Ämter zu kandidieren, sich nichtneutralen Organisationen anzuschließen, politische Schlagworte zu rufen usw.

Da wahre, Gott hingegebene Christen „kein Teil der Welt" sind, verläßt ein Glied der Versammlung, das fortgesetzt die christliche Neutralität verletzt und nicht bereut, durch seine Handlungsweise die Gemeinschaft der neutralen Christenversammlung (Joh 15:19; 17:14-16; ...).[185]

Für die Wachtturm-Gesellschaft stellt die Verweigerung des Wehrdienstes eine hochgradige Erfüllung der Neutralitätspflicht dar. Auch in diesem Zusammenhang sind die Zeugen Jehovas der festen Überzeugung, Wehrdienstverweigerung erfülle in einzig richtiger Weise das biblische Gebot der Nächsten- und Friedensliebe. Den Kirchen werfen sie Beteiligungen an Kriegen und Waffensegnungen vor.

Mit diesen Vorhaltungen sprechen die Zeugen Jehovas ein großes Maß an Schuld an, das die Kirchen auch zugestehen. Sie haben in ihrer Geschichte zu wenig darauf hingewirkt, daß die Menschen den Frieden suchen und ihm nachjagen (vgl. 1 Petr 3,11). Sie haben im Gegenteil einen nicht geringen Anteil an der Verherrlichung des Krieges. Man sollte den Kirchen aber auch eine Entwicklungsfähigkeit und einen Umkehrwillen zutrauen. So heißt es etwa im 2. Vatikanischen Konzil:

Darum möchte das Konzil den wahren und hohen Begriff des Friedens klar-

---

184 Die Offenbarung – Ihr großartiger Höhepunkt ist nahe!, Selters 1988, S. 286.
185 Gebt acht auf euch selbst und auf die ganze Herde, aaO., S. 140.

legen, die Unmenschlichkeit des Krieges verurteilen und mit allem Ernst einen Aufruf an alle Christen richten, mit Hilfe Christi, in dem der Friede gründet, mit allen Menschen zusammenzuarbeiten, um untereinander in Gerechtigkeit und Liebe den Frieden zu festigen und all das bereitzustellen, was dem Frieden dient ...

Verurteilung des Rüstungs- wettlaufs

Darum muß noch einmal erklärt werden: Der Rüstungswettlauf ist eine der schrecklichsten Wunden der Menschheit, er schädigt unerträglich die Armen. Wenn hier nicht Hilfe geschaffen wird, ist zu befürchten, daß er eines Tages all das tödliche Unheil bringt, wozu er schon jetzt die Mittel bereitstellt.

Gewarnt vor Katastrophen, die das Menschengeschlecht heute möglich macht, wollen wir die Frist, die uns noch von oben gewährt wurde, nützen, um mit verschärftem Verantwortungsbewußtsein Methoden zu finden, unsere Meinungsverschiedenheiten auf eine Art und Weise zu lösen, die des Menschen würdiger ist. Die göttliche Vorsehung fordert dringend von uns, daß wir uns von der alten Knechtschaft des Krieges befreien. [186]

Das Konzil machte deutlich, daß es durchaus möglich ist, ein endzeitliches Bewußtsein mit der Ächtung des Krieges und der Aufforderung zum Friedensengagement zu verbinden.

Den Zeugen Jehovas steht es keineswegs gut an, die Schuld und das Versagen nur bei anderen zu suchen und die eigene Schuld zu übersehen. Zumindest ist es allgemeine biblisch-christliche Tradition, damit zu rechnen, daß man selbst etwas im Auge hat, wenn man nur den Splitter des anderen sieht (vgl. Mt 7,3).

Die Haltung der Zeugen Jehovas zum Wehrdienst war keineswegs immer so neutral, wie sie heute vorgeben. 1943 veröffentlichte die Wachtturm-Gesellschaft eine Mitteilung, nach der Hunderte von Mitgliedern ihrer Gemeinschaft den Militärdienst leisteten. [187] Zum anderen erscheint der angebliche Pazifismus der Zeugen Jehovas doch recht fragwürdig. Die Sprache ihrer Botschaft steckt voller offener und sublimer Gewalttätigkeit. Ihre Wehrdienstverweigerung hat gerade nicht die Mitarbeit und das Engagement für den Frieden in der Welt und unter den Menschen im Sinn. Friede ist, so die Zeugen Jehovas, für Nicht-Zeugen überhaupt nicht mehr erreichbar. Die Hoffnungen und die Ängste eines Zeugen Jehovas zielen auf Harmagedon. Dabei handelt es sich in den Vorstellungen der Zeugen Jehovas immerhin um den schrecklichsten Vernichtungskrieg, den die Welt je gese-

Der scheinbare Pazifismus der Zeugen Jehovas

---

186 Pastorale Konstitution über die Kirche in der Welt von heute „Gaudium et spes", 77, 81.
187 Vgl. Trost, Band 21, Bern, Nr. 505 vom 1.10.1943/Nr. 506 vom 15.10.1943.

hen hat. Und sie werden ungerührt zusehen, wie der größte Teil der heute lebenden Menschen vernichtet wird. Die Sprache der Zeugen Jehovas im Hinblick auf Harmagedon ist im wahrsten Sinne des Wortes „blutrünstig".

Es wird eine Ausrottung sein. Der Blutstrom aus der Kelter ist sehr tief, das Blut reicht den Pferden bis an die Zäume, und der Blutstrom erstreckt sich 1600 Stadien weit (* 1600 Stadien sind etwa 300 Kilometer [Offenbarung 14:20]). Diese riesige Zahl, die man erhält, indem man das Quadrat von vier mit dem Quadrat von zehn multipliziert (4x4x10x10), sagt nachdrücklich aus, daß die Vernichtung offenkundig die ganze Erde betreffen wird (Jesaja 66:15, 16). Die Vernichtung wird vollständig und unwiderruflich sein ...

Mögen wir alle entschlossen sein, uns niemals vom Weinstock dieser Welt beflecken zu lassen, damit wir nicht mit dem Weinstock der Erde zerstampft werden, wenn Jehovas Strafurteil vollstreckt wird. [188]

Dieses „Schlachtfest Gottes" den Menschen in aller angstmachenden Dramatik vorzustellen, haben die Zeugen Jehovas keine Skrupel. Ein solcher Krieg am Ende der Zeiten scheint ihnen gerechtfertigt. Die Wehrdienstverweigerung der Zeugen Jehovas ist vor einem solchen Hintergrund hauptsächlich durch Angst erzeugt, nicht durch eine echte Friedenssehnsucht motiviert. Ihr Menschenbild ist geprägt von einem gewalttätigen Gottesbild und einem pessimistischen Geschichtsverständnis. Sie verweigern den Wehrdienst nur deshalb, weil sie in der Angst leben, in der Endzeitschlacht mitvernichtet zu werden. Sie engagieren sich deshalb nicht für den Frieden in dieser Zeit, weil sie Angst haben, von dieser Welt „befleckt" zu werden. Die Wehrdienstverweigerung eines Zeugen Jehovas ist nicht genauso einzuschätzen wie die eines Pazifisten, der sich dann auf andere Art und Weise für den Frieden einsetzt.

Motiv für die Wehrdienstverweigerung: Angst

Den Zeugen Jehovas ist sicherlich kein Verständnis dafür abzuringen, daß auch der Wehrdienst, wie Beispiele aus der jüngsten Geschichte unseres Landes belegen, ein friedenschaffender oder -erhaltender Dienst sein kann.

In kleinen Schritten scheint aber auch die Wachtturm-Gesellschaft änderungsfähig zu sein. Ich bin der Meinung, daß man die Zeugen Jehovas auf ihre ideologischen Positionen in der Vergangenheit ansprechen, sie aber darauf nicht für alle Zeiten festlegen sollte. Bisher galt für die Zeugen Jehovas die Verpflichtung zur „Totalverweigerung". Man verweigerte nicht

188 Die Offenbarung – Ihr großartiger Höhepunkt ist nahe!, aaO., S. 214f.

nur den Wehr-, sondern auch den Wehrersatzdienst. Wer Zivildienst leistete, wurde von der Wachtturm-Gesellschaft wie ein Abtrünniger behandelt. Viele, gerade junge Zeugen Jehovas haben für ihre „Totalverweigerung" Geld- und Gefängnisstrafen in Kauf genommen.

Die Umbrüche jüngster Zeit scheinen in der Wachtturm-Gesellschaft und damit bei den Zeugen Jehovas doch gravierend zu sein. Am 18. März 1996 gab es im Informationsdienst der Zeugen Jehovas eine Pressemitteilung, die ein neues Kapitel im Verhältnis der Zeugen Jehovas zum Staat aufschlagen sollte. Der erstaunten Zeugenwelt wurde mitgeteilt, daß die Leitende Körperschaft „zu einer erweiterten Erklärung von Römer 13 gekommen ist". Im Wachtturm vom 1. Mai 1996 heißt es:

Doch was ist, wenn der Staat von einem Christen für einen begrenzten Zeitraum einen zivilen Dienst verlangt, der Bestandteil einer staatlichen Dienstpflicht ist, die unter der Verwaltung einer Zivilbehörde steht? Auch in diesem Fall muß der Christ eine persönliche Gewissensentscheidung treffen, nachdem er sich informiert hat ...

Bei ihren Nachforschungen müssen jene Christen eine Reihe biblischer Grundsätze im Sinn behalten. Paulus sagte, daß Christen „Regierungen und Gewalten als Herrschern gehorsam, bereit für jedes gute Werk und vernünftig sein müssen, indem sie allen Menschen gegenüber alle Milde an den Tag legen" (Titus 3:1, 2). Gleichzeitig wäre es für diese Christen angebracht, sich über die vorgesehene zivile Tätigkeit zu informieren. Könnte jemand, der sie annimmt, die christliche Neutralität bewahren? (Micha 4:3, 5; Johannes 17:16). Hat sie irgend etwas mit der falschen Religion zu tun? (Offenbarung 18:4, 20, 21). Wird man durch die Tätigkeit möglicherweise daran gehindert oder ungebührlich darin eingeschränkt, seinen christlichen Verpflichtungen nachzukommen? (Matthäus 24:14; Hebräer 10:24, 25). Oder könnte man weiterhin in geistiger Hinsicht Fortschritte machen, vielleicht sogar im Vollzeitdienst stehen, während man den geforderten Dienst leistet? (Hebräer 6:11, 12).

Zivildienst jetzt erlaubt *Was wäre, wenn die ehrliche Beantwortung dieser Fragen einen Christen zu dem Schluß kommen ließe, der zivile Dienst sei ein „gutes Werk", etwas, was er im Gehorsam gegenüber der Obrigkeit ausführen kann? Das wäre seine Entscheidung vor Jehova. Die ernannten Ältesten sollten, wie alle anderen auch, das Gewissen des Bruders voll und ganz respektieren und ihn weiterhin als Christen betrachten, der in gutem Ruf steht.* [189]

---

189 Wachtturm vom 1. Mai 1996.

Der Text fährt fort, zu betonen, daß die gegenteilige Entscheidung eines Zeugen Jehova genauso zu respektieren sei. In einem Begleitschreiben zu diesem Wachtturmartikel wurden die Ältestenschaften auf die Lehränderung vorbereitet: Sie sollen in den Versammlungen für die „erweiterten Erkenntnisse" der Leitenden Körperschaft bezüglich der Pflichten dem Staat gegenüber um Verständnis werben. Der Tenor des Schreibens ist Beschwichtigung. Es habe sich grundsätzlich nichts geändert. Im Bezug auf zivile Dienste sei der einzelne Zeuge auch weiterhin auf sein Gewissen verwiesen.

Kritiker der Zeugen Jehovas halten eine solche Kehrtwendung und die dazu abgegebene Erklärung für eine „Unverfrorenheit" der Wachtturm-Gesellschaft. [190]

Diese Einschätzung mag grundsätzlich richtig sein, wenn man auch die vielen menschlichen Schicksale von Zeugen Jehovas bedenkt, die bisher für die Verpflichtung zur „Totalverweigerung" ins Gefängnis wanderten. Wenn man jedoch darauf achtet, in welchem Zusammenhang diese Lehränderung steht, wird vielleicht erkennbar, daß die Wachtturm-Gesellschaft eben keine „geschlossene Gesellschaft" sein kann, sondern auch auf inneren und äußeren Druck reagieren muß.

In der Pressemitteilung der Zeugen Jehovas zu ihrem geänderten Verhältnis zum Staat wird zu Anfang darauf hingewiesen, man wolle die von Kirchenvertretern und Sektenbeauftragten aufgestellte Behauptung zurückweisen, die Zeugen Jehovas seien staatsfeindlich. Offensichtlich verspricht sich die Wachtturm-Gesellschaft in den gerichtlichen Auseinandersetzungen um die Anerkennung als „Körperschaft öffentlichen Rechtes" (siehe S. 69ff.) eine bessere Argumentationsbasis für eine solche staatliche Anerkennung. Zum anderen reagiert die Spitze der Wachtturmhierarchie auf das Unverständnis, das besonders junge Zeugen Jehovas dem Standpunkt der „Totalverweigerung" entgegengebracht haben. Man darf darauf hoffen und kann damit rechnen, daß solche „Öffnungsprozesse" ihrerseits wieder Rückkopplungseffekte auf die Zeugen Jehovas haben werden. Möglicherweise werden dann die in zivilen Diensten tätigen Zeugen Jehovas entdecken, daß die Welt außerhalb ihrer Organisation doch nicht ganz und gar das „Systems Satans" ist. Es könnte natürlich auch sein, daß die Wachtturm-Gesellschaft damit rechnet, wenn sie die Anerkennung als Körperschaft möglicherweise zugesprochen bekommt, selbst als eine anerkannte

Öffnungs-
prozeß?

---

190 Vgl. Erklärung von Gerald Becker vom 22. März 1996 (unveröffentlichtes Manuskript).

Dienststelle für Zivildienst zu fungieren. Jedenfalls darf man erwarten, daß eine Organisation, die Körperschaft öffentlichen Rechtes sein will, sich solchen gesellschaftlichen und für das Gemeinwohl nützlichen Aufgaben nicht nur aus Eigeninteresse stellt.

Schule und Erziehung

Für Kinder im Vorschulalter stehen bei den Zeugen Jehovas vor allem zwei Bücher bereit: „Auf den Großen Lehrer hören" (Selters 1972) und „Mein Buch mit biblischen Geschichten" (Selters 1978). Für Jugendliche gibt es ein anderes Buch zu ihrer Erziehung und Bildung: „Fragen junger Leute. Praktische Antworten" (Selters 1989). In all diesen Büchern wird das Erziehungs- und Bildungsverständnis der Wachtturm-Gesellschaft implizit mitformuliert. Kinder und Jugendliche sollen mit dem Studium der Bücher in

„Gesunde Denkmuster" ein „gesundes Denkmuster" gebracht werden. Bei Kleinkindern sollen die Eltern das Buch vorlesen und die Kinder in ein Gespräch verstricken. Mit dem „gesunden Denkmuster" ist selbstredend die Anschauungswelt der Wachtturm-Gesellschaft gemeint. Dies kann man allein schon daran erkennen, daß in den Kinder- und Jugendbüchern der Zeugen Jehovas keine andere Studiertechnik zugelassen wird, als vom Wachtturm-Studium her bekannt: Vorlesen oder Lesen eines Abschnitts und dann die Beantwortung der am unteren Rand zum gelesenen Abschnitt gestellten Frage. Die Eltern bekommen zum Vorlesen folgende Anweisung:

Ihr werdet viele wohlgezielte Fragen in dem gedruckten Stoff finden. Wenn ihr zu diesen Stellen kommt, werdet ihr dort einen Gedankenstrich (–) sehen, der euch daran erinnert, daß ihr innehalten und euer Kind ermuntern sollt, sich zu äußern. Kinder lieben es, in ein Gespräch gezogen zu werden. Wenn dies nicht geschieht, schwindet ihr Interesse schnell. Doch was noch wichtiger ist, diese Fragen werden euch eine Hilfe sein, zu erfahren, was im Sinn eures Kindes vorgeht. Natürlich mag das Kind Antworten geben, die weit davon entfernt sind, richtig zu sein. Aber der gedruckte Stoff, der auf jede Frage folgt, ist dazu bestimmt, dem Kind zu helfen, ein gesundes Denkmuster zu entwickeln. [191]

---

191 Auf den Großen Lehrer hören, Selters 1972, S. 6.

Das Vorlesen und Fragen aus diesem Buch hat also keinen anderen Sinn, als herauszubekommen, was in dem Kind vorgeht, und ihm von Kindesbeinen an den Stoff der Zeugen Jehovas zu vermitteln. Die Wachtturm-Gesellschaft verspricht allen, die ihre Kinder mit dieser Methode erziehen, daß die Familien nicht auseinandergehen werden und die Kinder etwa auf die Idee kämen, eigene Wege zu gehen. Den Kindern wird schon früh dasselbe beigebracht wie ihren Eltern. Sie werden immer wieder zum „Studium" und zum „Missionieren" im Sinne der Zeugen Jehovas angehalten.

Was benötigen wir gemäß den Worten des Großen Lehrers, um ewig leben zu können? – Wir müssen Erkenntnis in uns aufnehmen. Das bedeutet, daß wir lernen müssen. Darum studieren wir die Bibel.

    Wie aber wird uns dadurch, daß wir etwas von Jehova lernen, geholfen, ewig zu leben? – Denke daran, daß alles Leben von ihm kommt. Um seine Gunst zu besitzen, müssen wir ihn als den allein wahren Gott anbeten. Aber wir können ihn nicht richtig anbeten, wenn wir nicht auf das hören, was er sagt. So, wie wir jeden Tag Nahrung benötigen, müssen wir auch jeden Tag etwas über Jehova lernen ...

    Der Große Lehrer sagt uns unter anderem, daß wir mit anderen Menschen über Gott und sein Königreich sprechen sollten. Er selbst tat das, um uns zu zeigen, wie wir es tun sollten. Wenn wir also wirklich von Jesus gelernt haben, so ist das etwas, was wir tun werden. Tust du es? [192]

Der „Große Lehrer" ist in Wirklichkeit die Wachtturm-Gesellschaft

Mit den Kindern von Zeugen Jehovas geschieht nichts anderes als mit den Erwachsenen. Wer „studiert" und „missioniert", bekommt das Überleben auf einer paradiesischen Erde versprochen. Jesus wird als das große Vorbild vorgestellt, so als sei er ein Zeuge Jehovas gewesen. Für Jugendliche werden von der Wachtturm-Gesellschaft, gegen den allgemeinen Schulfrust, fast

---

192 Ebd., S. 189.

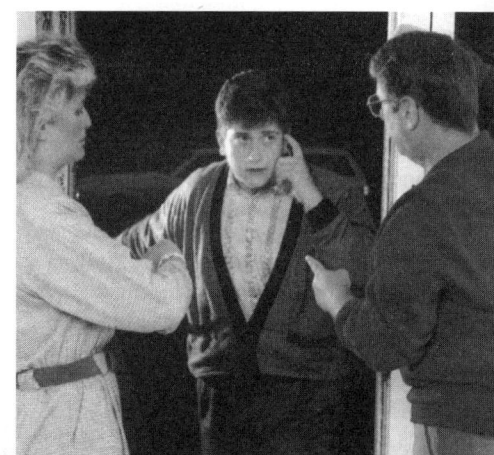

AUTORITÄRE ERZIEHUNG:
VON JEHOVA GOTT GEWOLLT.
Fragen junger Leute, 1989, S. 30

euphorische Bekenntnisse für den Schulbesuch abgelegt. Schulbildung sei eben wichtig für gute Berufsaussichten. Aber alle diese Bekenntnisse scheinen dann nichts als Lippenbekenntnisse zu sein, wenn man zu guter Letzt doch entdecken muß, daß die Wachtturm-Gesellschaft ihre Grundabsichten mit dem Plädoyer für Schulbildung verfolgt:

Am wichtigsten ist es aber, daß dich eine Schulbildung für christliche Aufgaben ausrüsten kann. Wenn du dir gute Lerngewohnheiten angeeignet hast und die Kunst des Lesens beherrschst, fällt es dir leichter, Gottes Wort zu studieren (Psalm 1:2). Hast du in der Schule gelernt, dich richtig auszudrücken, so kannst du andere besser die biblischen Wahrheiten lehren. [193]

Studieren, um zu missionieren

Für einen Jugendlichen, der in einer Zeugen-Jehovas-Familie groß geworden ist, wird sofort verständlich, welcher Stellenwert der Schulbildung zukommt. Im letzten soll sie lediglich zum „Studium" und zum „Missionieren" im Sinne der Wachtturm-Gesellschaft befähigen. Im Bildungsverständnis der Wachtturm-Gesellllschaft und damit auch in den Köpfen der Zeugen-Jehovas-Eltern tauchen Begriffe wie Eigenständigkeit, Mündigkeit, Selbstbewußtsein, Entscheidungs- und Kritikfähigkeit und Freiheit nicht auf. Dies scheinen für Zeugen Jehovas keine Bildungsziele zu sein. Im Grunde schürt die Wachtturm-Gesellschaft schon bei den Kindern und Jugendlichen ein tiefes Mißtrauen gegenüber der Gesellschaft und Kultur des jeweiligen Landes, in dem sie leben. Im Prinzip beinhaltet für die Wachtturm-Gesellschaft der Schulbesuch die Gefahr, „schlechter Gesellschaft ausgesetzt" zu sein; [194] die Kinder und Jugendlichen der Zeugen Jehovas werden vor obszöner Sprache, Tabakgenuß, Drogenmißbrauch und vorehelichen Geschlechtsbeziehungen gewarnt. Auch von nationalen oder religiösen Feiertagen, Schulsport und außerschulischen Aktivitäten wird deutliche Distanzierung eingefordert. Eine regelrechte Angst vor „Verunreinigung" wird von der Wachtturm-Gesellschaft geschürt. Sie macht keinen Hehl daraus, daß sie ein solches Bildungswesen als eine „Prüfung Satans" betrachtet. [195]

Nach der Broschüre „Jehovas Zeugen und die Schule" (Selters 1983) ist nun 1995 eine neue Broschüre zu Fragen der Schule und Erziehung erschienen. Der Titel ist diesmal etwas abgewandelt: „Jehovas Zeugen und die Schulbildung". Die jüngste Broschüre versucht im Gegensatz zur älteren,

193 Fragen junger Leute. Praktische Antworten, Selters 1989, S. 137.
194 Vgl. Unser Königreichsdienst, Jg. 38, Nr. 8/ August 1995, S. 1.
195 Vgl. ebd., S. 1: Nach außen hin wird das Bildungsverständnis der Zeugen Jehovas in harmonischen Selbstdarstellungsbroschüren vermittelt.

eine deutlich positivere Einstellung der Zeugen Jehovas zu Bildungs- und
Erziehungsfragen zu zeichnen. Die eigentlichen Trennungslinien werden
hier kaum noch herausgestellt und äußerst dezent behandelt. Die neue
Broschüre soll den Lehrern erklären, warum Zeugen-Jehovas-Kinder sich
abweichend verhalten. Sie beginnt mit einem hochlöblichen Zitat aus der
„World Book Encyclopedia":

*Bildung soll Menschen helfen, nützliche Mitglieder der Gesellschaft zu werden.
Sie sollte ihnen auch helfen, Wertschätzung für ihr kulturelles Erbe zu entwickeln und ein befriedigenderes Leben zu führen.* [196]

Wenn man aber einige Seiten weiter liest, daß Geburtstage, Weihnachten
und alle anderen Feste strikt als „heidnisch" abgelehnt werden, ist kaum
noch verstehbar, wie eine solche Haltung eine Wertschätzung des kulturellen Erbes hervorrufen soll. Die Schulbroschüre zielt in erster Linie auf
Lehrpersonen ab. Dabei kann die Wachtturm-Gesellschaft sicherlich kaum
der Überzeugung sein, diese würden den propagandistischen Ton dieses
Machwerks nicht bemerken.

Jehovas Zeugen wollen „biblische Bildung" vermitteln, und damit ist
klar, daß sie die Ideologie der Wachtturm-Gesellschaft verbreiten wollen.
Das Bildungsverständnis der Zeugen Jehovas ist die Aufforderung zur Iso-
lation von dieser Welt und von der jeweiligen Gesellschaft, in der die
Zeugen Jehovas leben.

Dieser Rückzug in eine selbstkonstruierte und kontrollierte Wachtturm-
Welt macht einen eindeutigen pädagogischen Fundamentalismus notwendig. [197] Bildung als individuelle Aneignung der Kultur und Realität wird im
Verständnis der Zeugen Jehovas als Sünde denunziert. Jugendlichen wird
der Rat gegeben, sich bei ihren Unternehmungen nicht mit dieser Welt ein-
zulassen. Überall lauern Gefahren. Der Zeugen-Jehovas-Jugendliche soll
entweder in der Familie etwas unternehmen oder sich allein beschäftigen –
und vor allem mit anderen Zeugen-Jehovas-Familien zusammenkommen.
Möglichst sollten Erwachsene bei Unternehmungen der Jugendlichen dabei
sein:

*Pädagogischer
Fundamenta-
lismus*

*Die Gegenwart Erwachsener verhindert oft, daß ein Zusammensein außer
Kontrolle gerät.* [198]

---

196 Jehovas Zeugen und die Schulbildung, Selters 1995.
197 Zum Bildungsverständnis vgl. Langewand, Alfred: Bildung, in: Lenzen, Dieter: Erziehungswissenschaften.
     Ein Grundkurs, Reinbek 1994, S. 69-98.
198 Fragen junger Leute, aaO., S. 302.

Wie weit die Wachtturm-Gesellschaft die pädagogische Realität in ihren eigenen Reihen in den Griff bekommen will, zeigt das nächste Zitat. Es zeigt zugleich auch, wie weit sie sich von der pädagogischen Realität außerhalb ihrer eigenen Reihen entfernt hat:

Wenn Christen zusammen sind, kann man sich außerdem gegenseitig geistig erbauen. Allerdings denken einige Jugendliche, das würde den Spaß verderben. „Sind wir mit anderen zusammen", klagt ein christlicher Jugendlicher, „heißt es gleich: Komm nimm deine Bibel, wir spielen biblische Spiele." Der Psalmist sagt indessen: „Glücklich ist der Mann, der ... seine Lust hat an dem Gesetz Jehovas" (Psalm 1:1,2). Unterhaltungen – oder sogar Spiele –, die sich um die Bibel drehen, können also sehr viel Freude machen. Vielleicht mußt du nur dein biblisches Wissen vertiefen, damit du dich besser beteiligen kannst.

Ein weiterer Vorschlag ist, andere erzählen zu lassen, wie sie Christen geworden sind. Oder lockere die Stimmung auf, indem du einige bittest, lustige Begebenheiten zu erzählen. Oft kann man daraus einiges lernen. Man könnte auch verschiedene Kapitel aus diesem Buch als Grundlage für interessante Gespräche nutzen. [199]

Keine echte Kinder- und Jugendarbeit

Solche Vorschläge der Freizeitgestaltung können nur unter Zeugen Jehovas funktionieren. Also auch in der Freizeit sollen sich Jugendliche nach der Methodik der Wachtturm-Gesellschaft „bilden". Hier wird ein Defizit der Versammlungen der Zeugen Jehovas deutlich. Es gibt keine echte Kinder- oder Jugendarbeit bei den Zeugen Jehovas. Von jungen Zeugen Jehovas wird, soweit sie sich dafür noch eine Sehnsucht bewahrt haben, die einseitige Ausrichtung des „Gemeindelebens" der Zeugen Jehovas auf „Studium" und „Mission" bemängelt. Kinder und Jugendliche werden in die Versammlung der Erwachsenen fünfmal pro Woche mitgenommen, ohne daß in irgendeiner besonderen Weise pädagogisch auf sie Rücksicht genommen wird. Herausbildung der individuellen Persönlichkeit mit allen Gaben und Fähigkeiten, die ein Mensch in seiner Gottebenbildlichkeit mitbekommen hat, ist nicht das Ziel solcher Anstrengungen. Ich selbst konnte in Königreichssälen beobachten, wie Kinder und Jugendliche mit strengen disziplinarischen Maßnahmen in das Wachtturm-Studium hineingezwungen wurden.

Die Schulbroschüre nennt den Ort, wo den Zeugen Jehovas die wirkliche Bildung vermittelt wird. Es ist die Theokratische Predigtdienstschule.

---

199 Ebd., S. 302.

Hier trainieren Zeugen Jehovas ständig, wie sie ihre Mission noch besser an den Mann oder an die Frau bringen können. Es handelt sich hierbei also um keine Bildung um der Person willen, sondern „damit sie anderen die biblischen Lehren noch wirkungsvoller erklären können". [200] Die Theokratische Predigtdienstschule will, wie der Name schon andeutet, keine „Schule" im herkömmlichen Sinn sein. Sie bereitet die Zeugen Jehovas für den Predigtdienst vor. Hier wird für den Missionsdienst fit gemacht. Man lernt, wie man rhetorisch geschickt spontane Ausstrahlung an den Haustüren „rüberbringen" kann.

Fast zeitgleich mit den 5 Millionen Exemplaren der „Schulbroschüre" erschien im „Königreichsdienst" ein Artikel mit der Frage: „Welche Ziele habt ihr euren Kindern gesteckt?". Die Wachtturm-Gesellschaft teilt hier den Zeugen Jehovas mit,

... daß Jehova uns durch sein Wort und seine Organisation genau zeigt, welchen Weg wir einschlagen sollten! (Jes. 30:21).

Statt ihren unerfahrenen Kindern die Entscheidung zu überlassen, welcher Lebensweg der beste ist, schulen weise Eltern sie auf dem Weg, den sie gehen sollten, und wenn die Kinder älter werden, werden sie „nicht davon abweichen" (Spr. 22:6). Christliche Eltern wissen aus Erfahrung, daß sie sich nicht allein auf ihr eigenes Urteil verlassen können; sie müssen auf Jehova vertrauen (Spr. 3:5, 6) ...

Eltern können ihren Kindern lohnende Ziele stecken, die ihnen helfen, sich auf die „wichtigeren Dinge" zu konzentrieren (Phil. 1:10). Damit können sie bereits beim Familienstudium beginnen, indem sie die Kinder ermuntern, dessen Wichtigkeit zu schätzen und daraus zu lernen. Es ist gut, wenn sich Kinder angewöhnen, den Stoff für die Zusammenkünfte vorzustudieren und sich darauf vorzubereiten, Kommentare mit eigenen Worten zu geben. Die regelmäßige Beteiligung am Predigtwerk ist wichtig. Kleine können sich daran beteiligen, indem sie Traktate anbieten, Bibelverse vorlesen oder das Zeitschriftenangebot machen. Sofern sie lesen können, kann es ihren Fortschritt in geistiger Hinsicht beschleunigen, wenn sie sich in die Theokratische Predigtdienstschule eintragen lassen ...

Wenn Kinder vor dem Eintritt ins Teenageralter stehen – gegebenenfalls sogar noch früher – sollten die Eltern mit ihnen realistisch darüber sprechen, welche Laufbahn sie sich zum Ziel setzen können. Ratgeber in der Schule und

Erziehung zur Unmündigkeit

200 Jehovas Zeugen und die Schulbildung, aaO., S. 11.

Klassenkameraden können sie leicht zugunsten weltlicher materialistischer Ziele beeinflussen. Eltern sollten ihren Kindern helfen, in der Schule Fächer zu wählen, in denen sie praktisch geschult werden und die sie ausrüsten, für ihre materielle Bedürfnisse zu sorgen, ohne die Königreichsinteressen zu opfern (1. Tim. 6:6-10). [201]

Hier wird im Gegensatz zur „Schulbroschüre" eine deutliche Sprache gesprochen: Weltliche, materialistische Ziele kontra Königsreichsinteressen. Dieses Schwarz-Weiß-Schema kann den Eltern und Kindern gar nicht häufig genug eingehämmert werden. Die Anweisungen im Königsreichsdienst sind, wenn man sie genau liest, ein Aufruf zur pädagogischen Unmündigkeit, sowohl für Eltern als auch für Kinder. Die Maximen, die in einem solchen Artikel ausgegeben werden, stehen im deutlichen Widerspruch zu dem scheinbar weltoffenen Eindruck, den die „Schulbroschüre" zu vermitteln versucht. Der „Königsreichsdienst" ist ein nach innen gerichtetes Disziplinierungsinstrument. Hier zeigt die Wachtturm-Gesellschaft ihr wahres Gesicht und auch ihre Zielsetzungen bezüglich der Bildung. Die

Die Schul-broschüre als Verschleie-rungstaktik

„Schulbroschüre" entlarvt sich dadurch als ein eindeutiges Repräsentationsorgan, das das wirkliche Bildungsverständnis der Zeugen Jehovas verschleiert. Ein gewisser Zynismus ist nicht zu verkennen, wenn die Wachtturm-Gesellschaft den Zeugen Jehovas empfiehlt, sich eine eigene Bibliothek anzulegen, um ihren Wissensdrang zu befriedigen. Auf allen entsprechenden Bildern der „Schulbroschüre" sind allerdings nur Zeugen abgebildet, die in der Wachtturm-Literatur „studieren".

Das, was Zeugen Jehovas und die Wachtturm-Gesellschaft für Kinder, Jugendliche und Erwachsene unter Bildung verstehen, widerspricht in allen Punkten dem Bildungsverständnis eines demokratischen Staatswesens: Förderung von Phantasie und Kreativität, Förderung einer altersgemäßen Entwicklung, Förderung der Selbstbestimmung, Förderung des Kulturverständnisses, Förderung des Selbstvertrauens und der Individualität, Förderung von Natur- und Umweltbewußtsein, Förderung des Sozialbewußtseins, Förderung von Gefühlsäußerungen, Förderung von logischem Denken ... – alles Selbstverständlichkeiten in den Bildungsansätzen in unserem gesellschaftlichen und kulturellen Kontext (man sollte hinzufügen: auch in einem christlichen Bildungsverständnis) – kommen bei den Zeugen Jehovas nicht einmal ansatzweise in den Blick. Die Wachtturm-Gesellschaft kann nur

---

201 Unser Königreichsdienst, Jg. 38, Nr. 9/September 1995, S. 7.

sich selbst sehen, und sie bildet die Menschen nach ihren inneren, organisa-
torischen Notwendigkeiten. Und da braucht sie eben funktionierende
Missionare. Aus vielen Gesprächen mit jugendlichen Zeugen Jehovas weiß
ich, daß sie keinen großen Wert auf eine Berufsausbildung oder gar ein
Studium legen. Sie machen zwar eine Ausbildung in einem handwerklichen
oder „praktischen" Beruf, setzen aber danach ihre Kraft in einem der
Vollzeitdienste der Wachtturm-Gesellschaft ein.

*Ausbildung zum
funktionierenden
Missionar*

Internet-Mission

Die Wachtturm-Gesellschaft war von Anfang an dem technischen
Fortschritt sehr zugetan. Immer schon setzte man die neuesten technischen
Errungenschaften für den Missionsdienst ein. Ob es sich um die neu entste-
hende Filmtechnologie, um erste Rundfunkgeräte, neue Druckmaschinen
oder um erste Grammophone oder Schallplattenapparate handelte: Die
Wachtturm-Gesellschaft war dabei und setzte diese neuen Mittel für ihre
Zwecke ein.

*Die Wachtturm-
Gesellschaft und
die Technik*

Besonders im Druckbereich ist der technologische Fortschritt vom
Bleisatz der 20er bis zum Fotosatz der 80er Jahre enorm gewesen. Die
Zeugen Jehovas haben diesen Fortschritt genutzt und heute weltweit die
modernsten Möglichkeiten der Literaturproduktion. Folgerichtig liegt in
dieser Linie auch der Anschluß an die Computertechnik. Am Anfang entwickelte die Wachtturm-Gesellschaft mit eigenen Programmierern geeigne-
te Computersysteme zur Unterstützung ihrer Drucksysteme.

*Somit begann eine Gruppe Zeugen Jehovas auf der Wachtturm-Farm in
Wallkill (New York), das vielsprachige Fotosatzsystem MEPS (Multilanguage
Electronic Phototypesetting System) zu entwerfen und herzustellen. Bis zum
Mai 1986 hatte das Team, das an diesem Projekt arbeitete, nicht nur MEPS-
Computer, -Fotosetzmaschinen und -Grafikbildschirme entworfen und gebaut,
sondern auch, was noch wichtiger ist, die erforderliche Software entwickelt, um
Texte für Publikationen in 186 Sprachen zu verarbeiten.* [202]

Um so mehr wunderte es mich, daß ich auf Anfrage im Zweigbüro in Selters
i. Ts. die Auskunft bekam, die Wachtturm-Gesellschaft sei nicht im Internet

---

202 Jehovas Zeugen – Verkündiger des Königreiches Gottes, aaO., S. 596.

präsent. Man sei der Meinung, eine solche Form der Mission sei zu unpersönlich. Die Zeugen Jehovas würden lieber persönlich von Haus zu Haus das Wort Jehova Gottes verbreiten. Eine solche Auskunft scheint zunächst korrekt zu sein. Doch den wahren Grund wird man in einer anderen Tatsache suchen müssen.

Was ist das Internet? Es ist eine netzwerkartig gestaltete Form elektronischer Kommunikation. Ursprünglich war diese Vernetzung von Computern für den militärischen Bereich in den USA geplant, wurde jedoch seit den 80er Jahren auch im zivilen Bereich genutzt und nimmt seit dieser Zeit eine rasante Entwicklung. Etwa alle sieben Monate verdoppelt *Chaotisches,* sich die Zahl der Nutzer. Der derzeitige Stand liegt etwa bei 7 Millionen *unkontrollier-* Anwendern. Das Internet ist, wenigstens zur Zeit noch, ein sehr vielfältiges, *bares Internet* manchmal chaotisches, auf jeden Fall ein kaum kontrollierbares Medium. Etwas nicht unter Kontrolle zu haben ist eine Vorstellung, die für die Leitende Körperschaft der Wachtturm-Gesellschaft völlig inakzeptabel sein muß. Gleichzeitig scheint aber das Internet der Kommunikationsmarkt der Zukunft zu werden. Riesige und vollkommen neue Zielgruppen werden sich mit dieser Technologie erreichen lassen. Das lockt auch die Zeugen Jehovas. Ihr klassischer Haus-zu-Haus-Dienst und das Verteilen von Gedrucktem werden auch weiterhin das Standbein ihrer Mission bleiben, aber der Internet-Markt nimmt in Zukunft an Bedeutung zu.

An der Frage der Internet-Mission drückt sich bei den Zeugen auch ein Generationskonflikt aus: Die „alten Herren" der Leitenden Körperschaft stehen dieser modernen Technologie mit höchstem Mißtrauen gegenüber, während die jüngeren Berater in der zweiten Reihe im Internet ein Chance wittern.

All meine Versuche, über normale Suchprogramme im Internet auf Originalbeiträge oder Seiten der Wachtturm-Gesellschaft zu stoßen, schlugen zunächst fehl. Es sind problemlos eine ungeheure Anzahl kritischer Artikel und Beiträge zu den Zeugen Jehovas anzutreffen, aber auf den O-Ton der Wachtturm-Gesellschaft trifft man nicht so leicht.

Die Suche nach Die Problematik bei der Suche beginnt damit, daß man nicht genau *der Wachtturm-* weiß, unter welchem Stichwort man die Wachtturm-Gesellschaft suchen *Gesellschaft im* soll. Damit die Computer im Internet miteinander kommunizieren können, *Internet* müssen sie eine eindeutig identifizierbare Adresse haben. Die Adresse im Internet besteht aus vier Zahlen zwischen 0 und 255, die durch Punkte von-

216

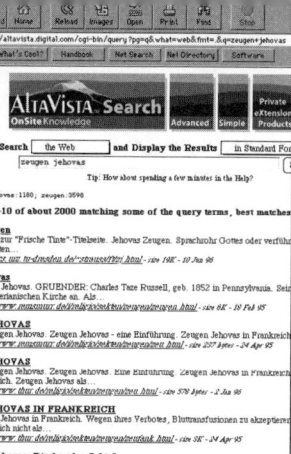

GESUCHT - GEFUNDEN:
1.180 X „JEHOVAS" IM INTERNET

einander getrennt sind. Solche Netzwerkrechner haben auch Namen, sog. Domain Names, um das Auffinden für den Anwender leichter zu gestalten. Bei den Zeugen Jehovas war mir beides nicht bekannt.

Im Internet gibt es jedoch Netzdienste wie das World Wide Web (www), das für das „Surfen" im Netzwerk ein äußerst hilfreiches Werkzeug zur Verfügung stellt. Das World Wide Web baut auf Hypertextverbindungen auf. Das sind in ein Dokument eingebaute Querverweise auf andere Dokumente. Man nennt diese auch Links oder Hyperlinks. Über solche Verbindungen kann es zu Abfragen kommen, die den gesamten Informationsbestand des „Web" erschließen. Man „hangelt" sich sozusagen von Link zu Link. Mit Hilfe zusätzlicher kleiner Hilfs- und Suchprogramme können solche Anfragen effektiver gestaltet werden. Viele meiner Abfragen bezüglich der Zeugen Jehovas im Internet blieben ohne brauchbare Resonanz. Erst die Suche nach „Watchtower" brachte den gewünschten Erfolg. Im World Wide Web werden die Quellen nach einem einheitlichen Standard, dem Uniform Resource Locator (URL) eindeutig beschrieben. Für das Stichwort „Watchtower" wurde folgende Quelle identifiziert: http://194.234.87.103/ (http: bezeichnet das Übertragungsprotokoll [=HyperText Transmission Protokoll] im World Wide Web; die danach folgende Zahl gibt die Adresse des Netzwerk-PC's an; hinter dem letzten Schrägstrich folgt dann ein Pfadname, z.B. Watchtowerorg.html). Eine solche Adresse deutet darauf hin, daß es sich dabei um einen privaten Anbieter handelt.

Steuert man die oben genannte Adresse an, dann öffnet sich eine sog. Home-Page der Zeugen Jehovas mit dem bekannten Wachtturm-Logo (siehe S. 88). Die erste Seite hat Begrüßungsfunktion und soll Interesse wecken. Die Zeugen haben in ihrer Home-Page ein „Jubelbild" plaziert. Darüber thront eine dicke Schlagzeile, selbstverständlich in Englisch, der Sprache des Internet (von mir ins Deutsche übersetzt):

217

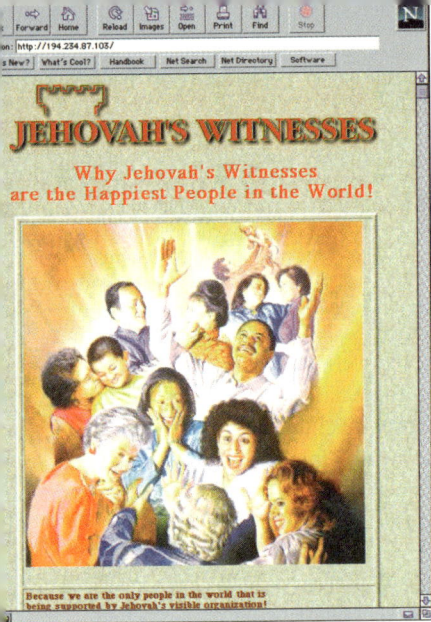

Warum die Zeugen Jehovas die glücklichsten Menschen der Welt sind!

Warum wohl? Die Erklärung folgt auf dem Fuß:

Weil wir die einzigen in der Welt sind, die von Jehovas sichtbarer Organisation unterstützt werden! Wir werden durch diese Organisation ständig mit neuem Licht ernährt, das uns durch den treuen und verständigen Sklaven dargeboten wird. Darum sind wir die glücklichsten Menschen der Erde!

Der interessierte „Surfer" erfährt auf dieser ersten Seite ebenfalls, der wievielte „Besucher" er ist. Weiter heißt es dann:

Wenn Sie der Meinung sind, daß Sie Informationen haben, die dieser Seite hinzugefügt werden sollten, oder wenn Sie spezielle Fragen haben, dann senden Sie uns bitte eine Nachricht.

Das Schicken von Nachrichten geschieht im Internet mit Hilfe von sogenannten E-Mails. Das ist „elektronische Post", die an eine E-Mail-Adresse geschickt und dort so lange gespeichert wird, bis der Empfänger sie gelesen hat. Der Zeuge Jehovas, der diese Seite gestaltet hat, spricht hier schon deutlich eine Regel für den Inhalt solcher elektronischer Nachrichten aus:

Wenn Sie der Meinung sind, mir mitteilen zu müssen, daß unsere Religion eine falsche ist, tun Sie es nicht. Ich werde solche Nachrichten löschen. Wenn Sie irgend jemand beleidigen und schikanieren wollen, tun Sie es ebenfalls nicht. Dieses „Gästebuch" ist kein Kriegsgebiet. Ich werde auch anonyme Nachrichten löschen. Wenn Sie nicht Ihren Namen und/oder Ihre E-Mail-Adresse nennen, dann haben Sie auch nichts mitzuteilen.

Auf der Home-Page findet sich auch ein Hinweis auf eine Geheimseite (Secretpage: For Jehovah's Witnesses only). Einen Zugangscode zu dieser Seite erhält man nur, wenn man Zeuge Jehovas ist und die tatsächliche Zugehörigkeit von den Zeugen Jehovas überprüft wurde.

Als letztes enthält diese erste Seite noch einen Index von Links, hinter denen sich weitere Information verbergen:

Geheimseite: nur für Zeugen Jehovas

- *Suchen Sie nach Freunden im Internet? Probieren Sie diese Such-Maschine!*
- *Suchen Sie nach Information? Benutzen Sie unsere Such-Seite!*
- *Jehovas Zeugen im Internet. WEB-Seiten – E-Mail-Adressen*
- *Was Jehovas Zeugen glauben*
- *Bezirkskongresse 1996*
- *Möchten Sie einem anderen Zeugen Jehovas im Netz schreiben? E-Mail-Adressen gibt es hier!*
- *Interessante Links, um zu erfahren, was Jehovas Zeugen glauben*
- *Die Anforderung Jehovas an uns!*
- *Jehovas Zeugen sind die tolerantesten Menschen der Welt.*
- *Jehovas Zeugen bieten Shareware an.*
- *Jehovas auserwählte Organisation*
- *Die Wachtturm Bibel und Traktat Gesellschaft ist im Internet!!!!!!*
- *Die Zerstörung Jerusalems im Jahr 607*
- *Wer hat eine Domain? Ex-Wachtturm.org*
- *Was geschieht mit der Generation von 1914?*
- *Diese Seite beklagt die Ausbreitung falscher Anschuldigungen. Was ist die Wahrheit?*
- *Das zunehmende Licht für das Verständnis der 1260 Tage in Daniel und der Offenbarung*
- *Jehovas Zeugen sind die Propheten von heute!*

Man sieht, wie umfassend man im Medium Internet über die Zeugen Jehovas informiert werden kann. Gleichzeitig kann es als Kommunikationsmedium der Zeugen untereinander genutzt werden. Jeder kritische Beitrag wird sofort gelöscht. An die wirklich internen und geheimen Angelegenheiten kommt ein Außenstehender über das Internet nicht heran. Solche neuen Kommunikationsmöglichkeiten und die damit verbundenen

Sicherheitsmaßnahmen werden auch die Leitende Körperschaft beruhigen und vom Einstieg ins Internet überzeugen.

Am meisten überrascht und interessiert hat mich in diesem Index die Zeile, die für die Zeugen Jehovas offensichtlich die wichtigste und auch sensationellste zu sein scheint, da sie mit sechs Ausrufezeichen versehen wurde: Die Wachtturm Bibel und Traktat Gesellschaft ist im Internet!!!!!!

Was geschieht, wenn man dieses Link anwählt? Zunächst erscheint wieder das bekannte Wachtturm-Logo und dann die fett herausgestrichene Schlagzeile:

Die Wachtturm Bibel und Traktat Gesellschaft von New York, Inc. ist jetzt im Internet!!!

Wir haben lange gewartet, bis es endlich soweit war, aber jetzt scheint die Wachtturm-Gesellschaft ihre eigene Web-Seite zu haben. Im Augenblick ist nichts in dieser Seite, mit Ausnahme einiger Bilder, auf die Sie ohne eine Menge Wissen über Server keinen Zugriff haben. Seltsamerweise ist eines von ihnen von der Brigham Young University (???). Aber die Adresse ist WIRKLICH die Wachtturm-Gesellschaft und nicht die Seite eines Abtrünnigen:

*Adresse: **http://www.wachtower.org***

Die Wachtturm-Gesellschaft präsentiert sich: eine leere Seite!

Die Adresse im Web ist angegeben, doch ist die betreffende Seite noch leer. Wählt man sie dennoch an, so erscheint der Hinweis:

Wir hoffen, Brüder – daß diese Seiten so schnell wie möglich ins „Laufen" kommen!!!!!

Das war eine erste Enttäuschung. Die Wachturm-Gesellschaft ist im Internet, und dann – eine leere Seite! Eins darf man jedoch aus dieser Tatsache ableiten: Alles, was man bisher im Internet antraf, war nicht von der Wachtturm-Gesellschaft autorisiert. Entweder kommt es von Privatpersonen, die als Zeugen Jehovas auf eigene Rechnung im Internet missionieren, oder von Ex-Zeugen-Jehovas, die vor der Wachtturm-Gesellschaft warnen und sich kritisch mit ihr auseinandersetzen.

Bei meiner Suche nach der Zeugen-Jehovas-Mission im Internet interessierte mich noch das Link: „Was Jehovas Zeugen glauben". Als ich es angewählt hatte, wurde mir auf vier Seiten eine Kurzfassung der Anschauungswelt der Zeugen Jehovas geboten. Unter den Stichworten „Bibel", „Gott", „Jesus Christus", „Gottes Königreich", „himmlisches Leben", „die Erde", „Tod", „letzte Tage", „getrennt von der Welt", „sich um biblischen Rat bemühen" findet sich knapp zusammengefaßt die gesamte Ideologie der Zeugen Jehovas. Es taucht nichts auf, was hier in diesem Buch nicht schon diskutiert worden wäre. Auch die Abschnitte „Wie wird das Werk der Zeugen Jehovas finanziert" und „Warum die Zeugen Jehovas im Haus-zu-Haus-Dienst tätig sind" bringen keine neuen Erkenntnisse. Besonders eindrücklich wird noch einmal die Zwei-Klassen-Gesellschaft der Wachtturm-Anhänger hervorgehoben: *Private Anbieter*

Himmlisches Leben:
Wir glauben, daß 144.000 geist-gesalbte Christen mit Christus zusammen in seinem himmlischen Königreich leben und als Könige mit ihm regieren werden. Wir glauben nicht, daß der Himmel die Belohnung für jeden darstellt, der „gut" war. Die Zahl dieser Gesalbten war 1935 vollständig.

Zum Punkt „Letzte Tage" heißt es dann weiter:

Wir glauben, daß wir seit 1914 in den letzten Tagen dieses bösen Systems der Dinge leben; daß einige, die die Ereignisse von 1914 erlebt haben, auch die vollständige Zerstörung der gegenwärtigen bösen Welt in diesem Jahrhundert sehen werden; diese Rechtschaffenen werden auf einer gereinigten Erde überleben. Wir glauben, daß 99,9% der Weltbevölkerung in Harmagedon beseitigt und daß die Zeugen Jehovas die einzigen Überlebenden sein werden.

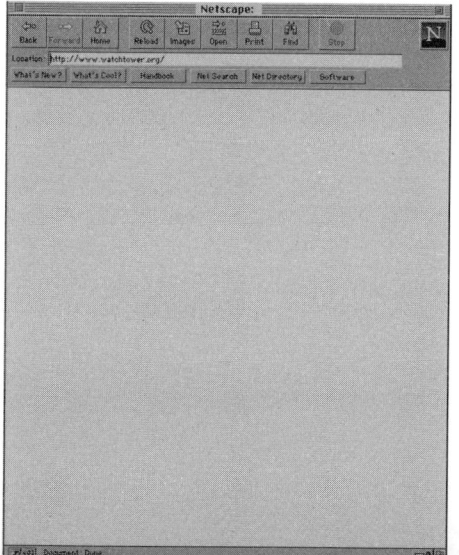

WIE SIE SEHEN,
SEHEN SIE: NICHTS!
http://www.watchtower.org

Die direkte Sprache überrascht ein wenig. Wenn es sich hier um Beiträge der Wachtturm-Gesellschaft handeln würde, wäre derselbe Sachverhalt sprachlich verklausuliert dargestellt. Ein privater Zeuge drückt die Vernichtung der gesamten Menschheit mit Ausnahme der Anhänger der Zeugen Jehovas, der Religion, die das Überleben in Harmagedon zusichert, einfach, direkt und brutal aus. Außerdem scheint es sich bis zu diesem „Missionar" noch nicht herumgesprochen zu haben, daß sich die Wachtturm-Lehre über die Generation von 1914 geändert hat. Man kann dem Autor dieses Kapitels nur empfehlen, doch einmal im Index das Link „Was geschieht mit der Generation von 1914?" anzuwählen. Hinter diesem Link verbirgt sich eine lange Erklärung darüber, daß der Generationsberiff neu verstanden werden muß. Im letzten ist damit gesagt, daß die Generation von 1914 nicht mehr als Basis der Endzeitereignisse und Endzeitberechnungen der Zeugen Jehovas herhalten kann. Eine 100%ige Veränderung der Wachtturm-Lehre! Im Internet liest sich das so:

Lehränderungen auch schon im Internet *Diese „Generation" ist jene, die den Beginn dieser „Letzten Tage" im Jahr 1914 erlebt hat. Einige davon werden noch leben, wenn das Ende kommt. Dank der Führung durch Jehovas sichtbare Organisation haben wir im Laufe der Zeit zu diesen Themen neue Erkentnis und „neues Licht" bekommen. So auch in dieser Frage.*

DIE DATENBANK RELIGIO: EINE WICHTIGE ADRESSE IM INTERNET FÜR INFOS ÜBER DIE ZEUGEN JEHOVAS http://www.informatik. unileipzig.de/zerbst/jw/jw.html

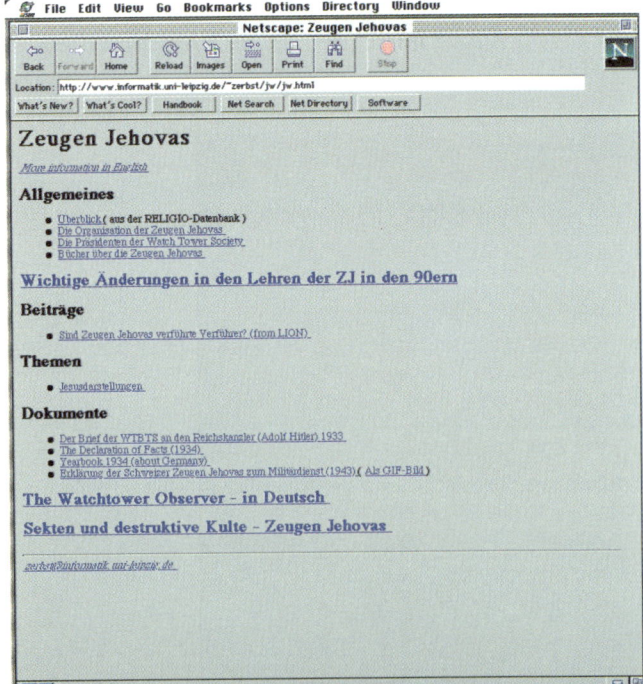

Wie soll dieses „neue Licht" aussehen? Alle Angaben, die die Wachtturm-Gesellschaft bis 1995 über die Dauer einer Generation gemacht hat, sollen die Zeugen Jehovas vergessen. Das „neue Licht" ab 1995 über die Frage, wie lange die Generation von 1914 leben wird: „undefined – unbestimmt". Auch die Angaben, die die Wachtturm-Gesellschaft über das Alter der Menschen gemacht hat, die zur Generation von 1914 gerechnet werden sollen, müssen jetzt aus den Köpfen der Zeugen Jehovas heraus. Seit 1995 gilt: „no more speculation – keine Spekulation mehr". Dieses „neue Licht", das den Generationsbegriff abschafft, wird aber zumindest unter den älteren Zeugen Jehovas den Spekulationen Tür und Tor öffnen.

Internet: ein offener Diskussionsmarkt

Man sieht an diesem Vorgang: Noch wird die Internet-Mission der Zeugen Jehovas nicht sehr professionell betrieben, sonst dürfte es nicht zu solchen offensichtlichen Widersprüchen in der Darstellung der grundlegenden Anschauungen kommen. Wenn es aber stimmt, daß die Wachtturm-Gesellschaft demnächst in das World Wide Web einsteigt, dann werden solche Pannen wohl der Vergangenheit angehören.

Das Internet wäre nicht das Internet, wenn es nicht zu diesen Pro-Meinungen auch eine stattliche Anzahl von Kontra-Meinungen gäbe. Das ist vielleicht auch der Grund, warum die offizielle Wachtturm-Gesellschaft dem Internet so reserviert gegenübersteht. Das Internet ist ein offener Diskussionsmarkt, und nichts muß die Wachtturm-Gesellschaft mehr scheuen als dies.

Eine wichtige Internet-Adresse für den deutschsprachigen Raum im Hinblick auf kritische Informationen zu den Zeugen Jehovas ist die Datenbank RELIGIO auf einem Rechner der Universität Leipzig. Die Adresse lautet: http://www.informatik.unileipzig.de/zerbst/jw/jw.html Darüber lassen sich Infos abrufen. Man kann allgemeine Informationen über die Organisation der Zeugen Jehovas, die Präsidenten der Watch Tower Society sowie einen umfangreichen Überblick über kritische Literatur zu den Zeugen Jehovas beziehen. Außerdem lassen sich lesenswerte Beiträge wie z.B. „Sind die Zeugen Jehovas verführte Verführer?" finden. Und was noch viel wichtiger ist: Über diese Adresse werden die für eine korrekte Interpretation der Zeugengeschichte wichtigen Dokumente, wie der Brief der „Watch Tower Bible and Tract Society" an den Reichskanzler Adolf Hitler (1933), für alle Interessierten zugänglich gemacht. Durch das Internet sind auch das Jahrbuch von 1934 oder die Erklärung der Schweizer

Zeugen Jehovas zum Militärdienst (1943) keine Geheimakten mehr. Weitere wichtige Seiten für Deutschland mit vielfältigsten Informationen findet man unter: http://www.rz.uni-frankfurt.de/~humberto/jw/index.html und http://www.thur.de/religio/sekten/zeugen/zeu.html

Diese für Deutschland interessanten Seiten sind nur ein Beispiel für den Diskussionsstil und die Kritikfreude im Internet. Allein durch unsystematisches Suchen habe ich einige hundert Seiten mit kritischen Hinweisen zu den Zeugen Jehovas und der Wachtturm-Gesellschaft gefunden. Viele Anbieter, besonders in den USA, weisen auf die neuesten Entwicklungen bei den Zeugen Jehovas hin. Andere berichten über ihre Erfahrungen nach der Distanzierung von der Wachtturm-Organisation. Es gibt Tips und Hinweise, wie man an den Haustüren den Zeugen Jehovas biblische Fragestellungen präsentieren kann, die diese in argumentative Verlegenheit bringen. Wieder andere Anwender suchen Kontakt zu Aussteigern, um mit ihnen ein Netz von Selbsthilfegruppen für Zeugen-Jehovas-Aussteiger aufzubauen. Sehr wichtige Beiträge liefern sogenannte Watchtower-Observer-Seiten. Sie fassen neueste Entwicklungen zusammen, bieten umfassende kritische Literaturlisten zu den Zeugen Jehovas und veröffentlichen Artikel namhafter Autoren.

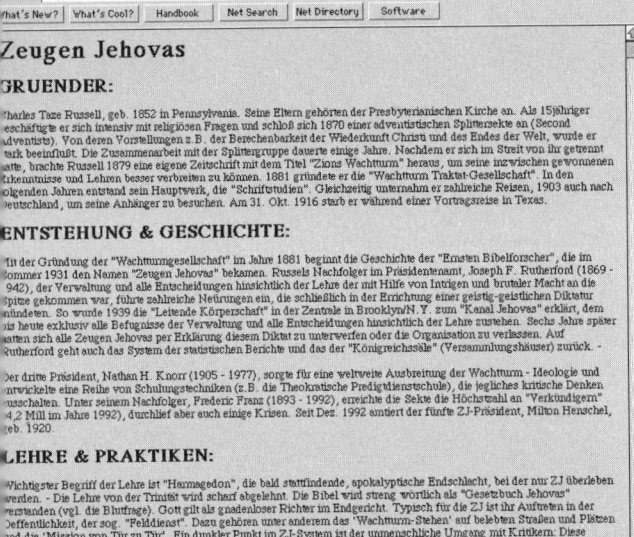

KURZ & BÜNDIG:
DAS INTERNET ALS
ZEITGEMÄSSE
INFORMATIONSQUELLE
http://www.thur.de/religio/
sekten/zeugen/zeugen.html

An diesem Sachverhalt wird nach meiner Meinung folgendes deutlich: Das Internet ist durch die Wachtturm-Gesellschaft nicht zensierbar. Der Zugang zu Informationen läßt sich hier nicht manipulieren. Das Internet stellt ein offenes Medium dar, in dem die Wachtturm-Gesellschaft die Spielregeln nicht diktieren kann. Sie wird zu einem Anbieter unter vielen und muß, genauso wie jeder andere, ihre Position in den Meinungsstreit einbringen, Argumente erörtern und sich Gegenargumente anhören. Im Internet geschieht und wird zukünftig das geschehen, was dieses Buch auf konventionelle Weise versucht: eine kritische Auseinandersetzung mit den Zeugen Jehovas.

Kritische Beiträge im Internet

225

EINLADUNG

Kommt das Ende der Welt?
Zur Auseinandersetzung mit den Zeugen Jehovas

Wir kennen sie alle aus den Fußgängerzonen oder von den Besuchen an unserer Haustür: die Zeugen Jehovas. Meist bieten sie ihre Zeitschriften „Erwachet!" und „Wachtturm" an. Die Zeugen Jehovas rechnen mit einem baldigen Untergang der Welt und der Vernichtung all der Menschen, die nicht ihrer Gemeinschaft angehören. Von daher sind ihre starken missionierenden Aktivitäten auch in unserer Gemeinde zu erklären: Sie wollen möglichst viele Menschen in ihre Gemeinschaft hineinziehen.

Bei manchen lösen die Zeugen Jehovas lediglich Erstaunen aus, andere bewundern sie und halten sie für „bibelfest". Doch viele lassen sich in ihrer Angst, so kurz vor der Jahrtausendwende, ansprechen und unter Druck setzen. Selbst aktive Christen fühlen sich im Umgang mit den Zeugen Jehovas verunsichert und überfordert. Die wenigsten jedoch wissen etwas Genaueres von den Zeugen Jehovas, und kaum jemand kennt die im Hintergrund agierende Organisation, die Wachtturm-Gesellschaft.

Die Seminarreihe möchte über die Fragestellungen, die die Zeugen Jehovas aufwerfen, nachdenken und einen Blick hinter die Kulissen werfen:

✳ Welche Organisation verbirgt sich hinter dem Namen „Zeugen Jehovas"?

✳ Wie gehen die Zeugen Jehovas mit der Bibel um?

✳ Was glauben die Zeugen Jehovas?

✳ Läßt sich das Ende der Welt berechnen?

✳ Warum verweigern die Zeugen Jehovas die Bluttransfusion?

✳ Wie sieht die Missionspraxis der Zeugen Jehovas aus?

Wenn Sie mehr über die Zeugen Jehovas wissen möchten und Interesse an Gesprächen über den christlichen Glauben haben, sind Sie herzlich zu den Gesprächsabenden im Rahmen der Erwachsenenbildung eingeladen.

ANHANG

Arbeitsblätter

Die folgenden Arbeitsblätter sind in zweifacher Weise nutzbar:

❖ Wenn das Buch dem Selbststudium dient, helfen die Arbeitsblätter, wichtige Themen des Gelesenen noch einmal zu wiederholen und zu reflektieren. Die Lösungen zu einzelnen Fragen lassen sich leicht in den entsprechenden Kapiteln des Buches finden.

❖ Die Arbeitsblätter können auch als Material und Gesprächsgrundlage in Bildungsveranstaltungen verwendet werden. Sie dienen im Bildungskontext dazu, Gespräche anzuregen und Themen zu vertiefen. Sie können aber auch zur Wiederholung oder als Einstieg am Anfang einer mehrteiligen Veranstaltungsreihe eingesetzt werden.

Ein Tip noch zur Ankündigung von Veranstaltungen in der Erwachsenenbildung. Sie brauchen eine gute Öffentlichkeits- und Pressearbeit. Erwachsenenbildungsseminare müssen gut und verständlich angekündigt sein. Für interessierte Teilnehmer muß erkennbar sein, was sie bei einer solchen Veranstaltung erwartet. Eine ansprechende Werbung für eine Veranstaltung ist häufig schon der halbe Erfolg. Als Beispiel und Anregung wird an dieser Stelle ein Einladungs- und Werbetext abgedruckt. Er wurde in einer Gemeinde, die eine Bildungsveranstaltung zum Thema Zeugen Jehovas durchführte, erfolgreich zur Ankündigung dieser Veranstaltung eingesetzt. Dieser Text kann gerne übernommen und nach örtlichen Gegebenheiten verändert werden.

Interview

Gespräch mit Marianne K. (53), die 15 Jahre Zeugin Jehovas war. Die im Gespräch gemachten Angaben zur Person wurden so verändert, daß Frau K. nicht wiedererkannt werden kann. Das Gespräch führte E. Türk.

ET: *Frau K., Sie sind vor 15 Jahren zu den Zeugen Jehovas gekommen. Können Sie einmal kurz schildern, was Sie dazu veranlaßt hat?*

MK: Mein Mann, meine Tochter und ich wohnten in einer Kleinstadt. Dort hatten wir ein kleineres Häuschen gekauft, unsere Tochter ging dort zur Schule, wir hatten dort unseren Freundes- und Bekanntenkreis. Es waren eigentlich recht glückliche Jahre. Zumindest waren es keine Jahre, in denen wir uns größere Gedanken gemacht oder irgendwelche Probleme gehabt hätten. Mein Mann war allerdings damals bei einer großen Firma stark beruflich engagiert, oft mit langen Auslandsaufenthalten. Und irgendwann wurde das Werk umstrukturiert. Mein Mann sollte in das Hauptwerk der Firma versetzt werden. Er hat sich anfänglich dagegen gewehrt, aber dann war es unumgänglich, und so zogen wir in die andere, größere Stadt um. Ich kam mir anfänglich vor, als hätte man mir

1. Wo liegen bei Frau K. die Motive zum Einstieg bei den Zeugen Jehovas?

2. Welche Phasen eines „langsamen Einstiegs" zeichnen sich bei Frau K. ab?

3. Was geschieht in den einzelnen Einstiegsphasen?

meine Wurzeln abgehackt. Ich glaube, ich hatte in dieser Phase auch eine Depression, jedenfalls hatte ich kaum Energie, mir ein neues Umfeld von Freunden aufzubauen. Irgendwie saß ich zu Hause, versorgte meine Tochter, die den Umzug etwas besser verkraftet hatte, und wartete, ich weiß nicht genau auf was. Mein Mann war genauso selten daheim wie vorher. Er hatte seine Arbeit. Ich saß da, wie gesagt, und wartete auf etwas, was ich nicht genau sagen konnte, und eines Tages klingelten zwei nette junge Frauen, etwa in meinem Alter, an der Tür und wollten mit mir über Gott sprechen und ob es ein besseres Leben für die Menschen geben könne und warum es so ungerecht in der Welt zugehe. Ich war angetan von ihrer Freundlichkeit, ich ließ sie rein, und sie hörten mir zu und beantworteten meine Fragen aus der Sicht ihres christlichen Glaubens. Ihre Glaubwürdigkeit und meine besondere Situation waren es, die mich zu den Zeugen Jehovas gebracht haben.

ET: *Wie haben diese Zeuginnen Jehovas das gemacht? Können Sie das einmal näher beschreiben?*

MK: Zunächst haben sie überhaupt nicht davon gesprochen, daß ich

Zeugin Jehovas werden sollte, sondern sie vermittelten mir ganz und gar den Eindruck, daß sie auf meine Fragen und Probleme eingehen. Sie hörten mir zu, antworteten auf meine Fragen und strahlten vor allem eine große Selbstsicherheit aus, die ich mir für mich auch so sehr wünschte. Mir imponierte, daß sie selbst auf schwierige religiöse Fragen eine klare Antwort hatten.

ET: Welche Fragen hatten Sie denn? Waren Sie, bevor Sie zu den Zeugen Jehovas gingen, irgendwie religiös interessiert?

MK: Ich war katholisch und habe eigentlich immer schon bestimmte religiöse Fragen ganz ernst und wichtig genommen. Ich nehme alles ein bißchen schwerer als normale Leute. Mein Mann und meine Eltern haben schon immer gesagt, ich sei zu idealistisch eingestellt. Damals war ich vor allem an den Fragen nach einem glücklichen Familienleben interessiert, auch wie man Kindern hilft, auf dem rechten Weg zu bleiben. Damals war das auch mit der großen Umweltverschmutzung – in der Nähe sollte eine Atommülldeponie gebaut werden, und außerdem gab es heiße Diskussionen über die Stationierung von Raketen gegen die

Russen. Solche Fragen gingen nicht spurlos an mir vorüber. In meinem Mann, der sehr selten greifbar war, hatte ich da keinen echten Gesprächspartner. Aber ich muß auch sagen, in der katholischen Kirche habe ich ebenfalls wenig Hilfe erfahren. Ich ging zwar ab und zu sonntags in die Kirche, aber eigentlich bin ich dort immer fremd geblieben. Die blieben dort immer unter sich. Offen hat einem dort niemand ein Gespräch angeboten, nicht über bestimmte Lebensfragen und schon gar nicht über den Glauben oder über Gott.

ET: Und die Zeugen Jehovas haben das getan?

MK: Ja, ich hatte den Eindruck, daß sie mir wirklich helfen wollten. Die beiden Frauen boten mir an, mit mir die Bibel systematisch zu studieren. Durch ihre freundliche Art willigte ich gerne ein, erwarb für wenig Geld eine Bibel und ein Buch, in dem mit vielen Bildern anschaulich die Bibel erklärt wurde. Wir lasen gemeinsam die Texte, und ich versuchte, die gestellten Fragen zu beantworten. Vorher hatte ich immer den Eindruck, die Bibel sei etwas für Spezialisten, aber jetzt konnte ich schon nach kurzer Zeit einiges verstehen. Ich hatte Erfolgserlebnisse mit der

Bibel. Und meine beiden Zeuginnen Jehovas waren in der Zwischenzeit so etwas wie Freundinnen für mich geworden.

ET: *Wie haben Ihr Mann und Ihre Tochter auf diese Entwicklung reagiert?*

MK: Mein Mann kam einmal nach Hause, als die beiden Zeuginnen noch da und wir gerade beim Heimbuch-Studium waren. Ich hatte ihm vorher davon erzählt. Ihm war das gar nicht recht. Er setzte sich dazu, war aber recht zynisch gegenüber den beiden Gästen und versuchte, mit ihnen über Bibelstellen zu streiten. Als die beiden gegangen waren, haben wir uns gestritten. Ingesamt schien er aber die Zeugen Jehovas als harmlos einzuschätzen. Er dachte wohl, dann hätte ich ja jemanden, mit dem ich mal reden könnte. Außerdem hat mein Mann nie viel vom Glauben gehalten. Er sagte immer, das hebe er sich für seine Pensionierung auf. Meine Tochter wunderte sich nur, daß ich jetzt manchmal mit ihr über religiöse Themen sprach. Zu ihren Freundinnen sagte sie: „Meine Mutter ist im Moment etwas schwierig." Viel drastischer waren die Reaktionen meiner Verwandten. Jahrelang hatte ich wenig von meiner Schwester

gehört. Jetzt plötzlich meldete sie sich, weil mein Mann sie wohl informiert hatte, und wollte mich vor den Zeugen Jehovas warnen. Solche Warnungen bewirkten eigentlich das Gegenteil bei mir. Ich begann in dieser Zeit auch wieder in meinem gelernten Beruf als Sekretärin zu arbeiten. Aus der Kirche auszutreten, traute ich mich damals noch nicht.

ET: *Wie lange dauerte dieses „Studieren", und was kam danach?*

MK: Nach etwa einem Vierteljahr boten mir die Zeuginnen an, an einem Sonntag doch einmal den Königreichssaal zu besuchen. Das war schon ein tolles Erlebnis. Alle waren so freundlich und nett. Sie redeten sich mit „Bruder" und „Schwester" an. Ich bekam einen Wachtturm und ein Liederbuch und hatte sogar den Mut, mich bei einer gestellten Frage zu melden und vor fast hundert Leuten eine Antwort zu geben. Die ganze Atmosphäre im Königreichssaal machte großen Eindruck auf mich. Alle schienen mit Eifer bei der Sache und das zu leben, was sie glaubten. Am Ende wurde ich sogar von einer „Schwester" nach Hause begleitet, und ich hatte den starken Wunsch: Hier willst du dazu gehören.

ET: *Haben Sie diesen Wunsch dann auch wahr gemacht?*

MK: Ja, meine Besuche im Königreichssaal wurden häufiger und regelmäßiger. Jedesmal bekam ich einen größeren Eifer, etwas Biblisches dazuzulernen und genauso gut wie die anderen zu werden. Ich studierte den Wachtturm, ich studierte die Literatur und probierte manches an meinem Mann und meiner Tochter aus. Die beiden distanzierten sich schon bald von mir, zumal ich an Geburtstagen, an Weihnachten oder an unserem Hochzeitstag nicht mehr mitfeierte, sondern z.B. an Heiligabend die Bügelwäsche machte. Verstanden fühlte ich mich nur noch bei meinen „Freundinnen" und im Königreichssaal. Und hier wurde mir auch geraten, den Kontakt zum „System Satans" möglichst gering zu halten. Die dreimal wöchentlich stattfinden den Zusammenkünfte ließen mir auch kaum Zeit für etwas anderes. Ich ging jetzt ab und zu auch im Haus-zu-Haus-Dienst mit. Das bestärkte mich in meinem Eindruck, in dieser religiösen Gemeinschaft wirklich etwas tun zu können. Die Ablehnung, die ich an den Haustüren, aber auch in meinem familären Umfeld erfuhr, führten bei mir zu dem Schluß: Ich bin auf dem richtigen Weg. Irgendwann zog ich die Konsequenz und trat aus der Kirche aus und bereitete mich auf die Taufe bei den Zeugen Jehovas vor. Die Taufe war dann der endgültige Bruch mit dieser Welt.

Fragebogen
Jehovas
Zeugen

1. Wie hießen die Zeugen Jehovas zu Beginn?

- Jehovas Zeugen
- Wachtturm Bibel- und Traktatgesellschaft
- Ernste Bibelforscher

2. Wer gab den Zeugen Jehovas ihren Namen?

- Charles T. Russell
- Joseph F. Rutherford
- Milton Henschel

3. Welches Jahr wird heute noch als ein entscheidendes im Endzeitgeschehen genannt?

- 1914
- 1925
- 1975

4. Welcher Präsident der Wachtturm-Gesellschaft ist für den „Bauboom" der Zeugen Jehovas verantwortlich?

- Joseph F. Rutherford
- Nathan H. Knorr
- Frederick W. Franz

5. Wie heißen die im Haus-zu-Haus-Dienst tätigen Zeugen Jehovas, die nicht zu den 144.000 zählen?

- Dienstamtsgehilfen
- Andere Schafe
- Königreichsdiener

6. Wie heißt die Bibelübersetzung der Zeugen Jehovas?

- Königreichs-Bibel
- Wachtturm-Übersetzung
- Neue-Welt-Übersetzung

7. Der Gottesname „Jehova" kommt im Neuen Testament ...

- vor
- nicht vor
- nur an ganz wenigen Stellen vor

8. Die Lehre von der Dreieinigkeit Gottes ist für die Zeugen Jehovas ...

- aus der Bibel mit Joh 1,1f. zu begründen
- eine willkommene Gelegenheit zum ökumenischen Dialog
- als heidnischer Vielgottglaube abzulehnen

9. Die Zeugen Jehovas
   glauben, ...

- daß es keine Hölle gibt
- daß in der Hölle alle
  Nicht-Zeugen-Jehovas sind
- daß Satan in die Hölle
  geworfen wird

10. Auf welche Bibelstelle berufen
    sich die Zeugen Jehovas bei
    ihrer Ablehnung der
    Bluttransfusion?

- 1. Mose 4:10
- Apg 15: 20
- Lukas 22:20

11. Wer darf beim Gedächtnis-
    mahl von Brot und Wein
    nehmen?

- Alle Anwesenden
- Die Überrestmitglieder
- Die 144.000 Gesalbten

12. Die Zeugen Jehovas
    verweigern ...

- den Wehrdienst
- den Zivildienst
- die Mitarbeit in politischen
  Parteien

13. Die Zeugen Jehovas haben
    sonntags ...

- einen Gottesdienst
- das Wachtturm-Studium
- den Haus-zu-Haus-Dienst

14. Was bedeutet die Rede-
    wendung „helleres Licht"
    bei den Zeugen Jehovas?

- Daß man sich in der Bibelauslegung mehr anstrengen will
- Daß die Leitende Körperschaft
  eine Lehränderung einführt
- Daß mehr Wachtturm-Literatur
  vertrieben wird

Lieder von Tod und Vollendung

Wir sind nur Gast auf Erden

1. Wir sind nur Gast auf Erden
und wandern ohne Ruh
mit mancherlei Beschwerden
der ewigen Heimat zu.

2. Die Wege sind verlassen,
und oft sind wir allein.
In diesen grauen Gassen
will niemand bei uns sein.

3. Nur einer gibt Geleite,
das ist der Herre Christ;
er wandert treu zur Seite,
wenn alles uns vergißt.

4. Gar manche Wege führen
aus dieser Welt hinaus.
O daß wir nicht verlieren
den Weg zum Vaterhaus.

5. Und sind wir einmal müde,
dann stell ein Licht uns aus,
o Gott, in deiner Güte;
dann finden wir nach Haus.

(Georg Thurmair, aus: Gotteslob, Nr. 656)

Ewiges Leben ist verheißen

1. Vollkommnes ewiges Leben
in einem Erdparadies –
dies ist kein Traum, denn
der Höchste es vor langem verhieß.
Bald ewiges Leben
wird Gott Treuen geben,
so wie er verheißen.
Sein Wort trifft stets ein.

2. Gottes Verheißung ist sicher,
machtvoll wird sie sich erfüll'n:
„Sanftmüt'ge erben die Erde."
Gott führt aus seinen Will'n.
Bald ewiges Leben
wird Gott Treuen geben,
so wie er verheißen.
Sein Wort trifft stets ein.

3. Uns schenkt Jehova Gewißheit:
Er schafft ein neues System.
Segen wird rieseln von Himmel,
reich, wie Tau angenehm.
Bald ewiges Leben
wird Gott Treuen geben,
so wie er verheißen.
Sein Wort trifft stets ein.

4. Vom Paradies sprach auch Jesus,
zeigte, es wird wiederkehr'n.
Erdenweit wird man Jehova
dann für immer verehr'n.
Bald ewiges Leben
wird Gott Treuen geben,
so wie er verheißen.
Sein Wort trifft stets ein.

(Singt Jehova Loblieder, Nr. 109)

1. Vergleichen Sie bitte die Liedtexte miteinander. Markieren Sie wichtige Begriffe!

2. Welche Rolle spielt die „Erde" bei der Vollendung?

3. Lesen Sie Phil 3,20!

234

„Gottesbild"

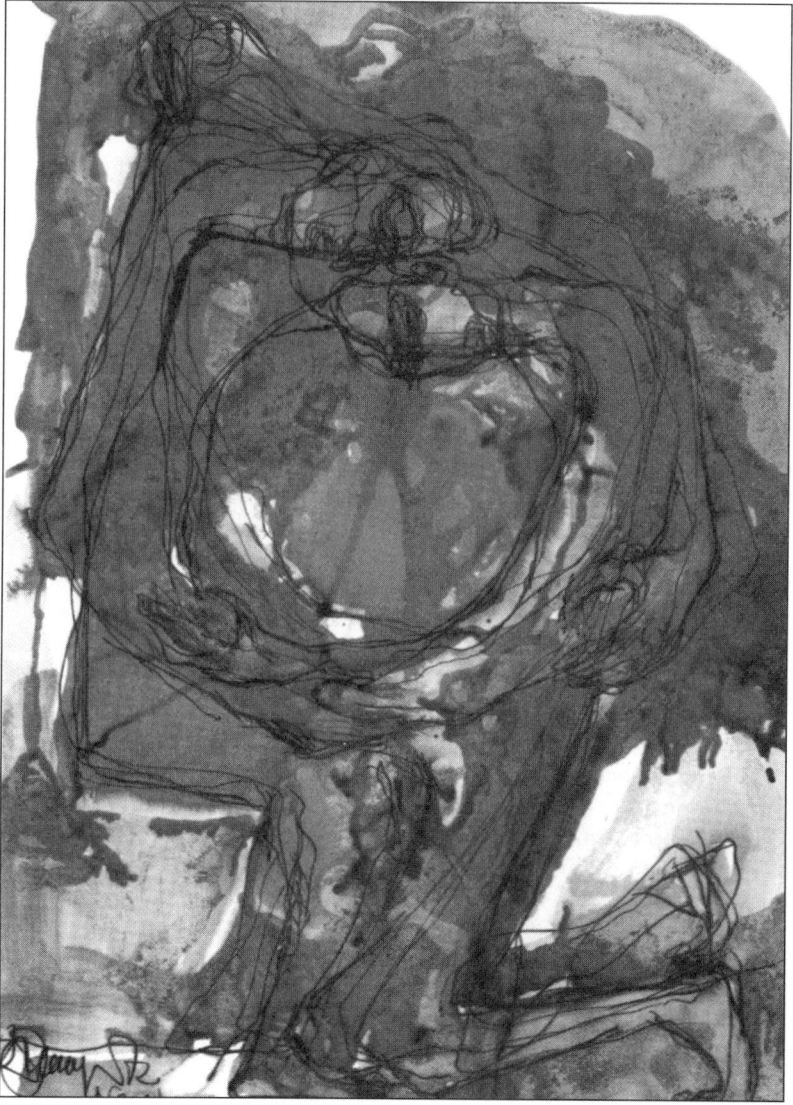

1. *Betrachten Sie bitte das Bild, und beschreiben Sie den Eindruck oder die Gefühle, die dieses Bild in Ihnen auslöst.*

2. *Sehen Sie einen Unterschied zum Gottesbild auf Seite 127? Worin liegt er?*

3. *Benennen Sie bitte Bibelstellen, das Gottesbild der Zeugen Jehovas korrigieren können.*

DER BARMHERZIGE VATER
Roland Peter Litzenburger,
1972

235

Die Neue-Welt-Übersetzung im Vergleich

1. Mose 1:20-21 (Gen 1,1-4):
Im Anfang erschuf Gott die Himmel und die Erde. Die Erde nun erwies sich als formlos und öde, und Finsternis war auf der Oberfläche der Wassertiefe; und Gottes wirksame Kraft bewegte sich hin und her über der Oberfläche der Wasser. Und Gott sprach dann: „Es werde Licht." Da wurde es Licht. Danach sah Gott, daß das Licht gut war, und Gott führte eine Scheidung zwischen dem Licht und der Finsternis herbei.

Johannes 1:1-3 (Joh 1,1-3):
Im Anfang war das Wort, und das Wort war bei Gott, und das Wort war ein Gott. Dieser war im Anfang bei Gott. Alle Dinge kamen durch ihn ins Dasein, und ohne ihn kam auch nicht ein Ding ins Dasein.

Johannes 1:18 (Joh 1,18):
Kein Mensch hat Gott jemals gesehen, der einziggezeugte Gott, der am Busen[platz] beim Vater ist, der hat über ihn Aufschluß gegeben.

Vergleichen Sie diese Übersetzung mit anderen Bibelübersetzungen (z.B. Einheitsübersetzung, Lutherübersetzung).

Achten Sie bitte beim Vergleich auf gute Lesbarkeit und Verständlichkeit. Beachten Sie auch, ob die unterschiedlichen Übersetzungen Unterschiede in der theologischen Deutung nach sich ziehen.

1. Mose 1:20-21 (Gen 1,20-21):
Und Gott sprach weiter: „Die Wasser sollen ein Gewimmel lebender Seelen hervorwimmeln, und fliegende Geschöpfe mögen an der Vorderseite der Ausdehnung der Himmel über der Erde fliegen." Und Gott ging daran, die großen Seeungetüme zu erschaffen und jede lebende Seele, die sich regt, die die Wasser hervorwimmelten, nach ihren Arten jedes geflügelte fliegende Geschöpf nach seiner Art. Und Gott sah dann, daß [es] gut [war].

Psalm 146:4 (Ps 146,4):
Sein Geist geht aus, er kehrt zurück zu seinem Erdboden; an jenem Tag vergehen seine Gedanken tatsächlich.

Lukas 23:43 (Lk 23,43):
Und er sprach zu ihm: „Wahrlich, ich sage dir heute: Du wirst mit mir im Paradies sein."

1. Timotheus 4:1-3 (1 Tim 4,1-3):
Die inspirierte Äußerung aber sagt ausdrücklich, daß in späteren Zeitperioden einige vom Glauben abfallen werden, indem sie auf irreführende inspirierte Äußerungen und Lehren von Dämonen achtgeben, durch die Heuchelei von Menschen, die Lügen reden, die in ihrem Gewissen gebrandmarkt sind, die verbieten zu heiraten und gebieten, sich von Speisen zu enthalten, die Gott geschaffen hat, damit sie mit Danksagung von denen genossen werden, die Glauben haben und die Wahrheit genau erkennen.

Harmagedon

Andere Schafe

Terminologie

Fortgesetzt Erkenntnis in sich aufnehmen

Große Volksmenge

Helleres Licht

Weltsystem dieser Dinge

Der treue und verständige Sklave

Theokratische Predigtdienstschule

Übersetzen Sie bitte die hier aufgeführten Begriffe und Redewendungen aus dem Sprachgebrauch der Zeugen Jehovas in eine allgemein verständliche Sprache.

Überrestmitglieder

Zeugnis-Geben

237

Juristisches Fallbeispiel

Sorgerecht bei Zugehörigkeit zu einer Sekte BGB §§ 1672, 1671 II

Zur Sorgerechtsentscheidung, wenn ein Elternteil einer Sekte (hier: Zeugen Jehovas) angehört und auf die Kinder entsprechend einzuwirken versucht.

OLG Frankfurt a.M. (Senat Darmstadt), Beschl. v. 2. 12. 1993 - 6 UF 105/93

Zum Sachverhalt: Das AG - FamG - hat mit Beschluß vom 31. 3. 1993 die elterliche Sorge für die drei Kinder der getrenntlebenden Eheleute für die Dauer ihres Getrenntlebens auf die Mutter, die Mitglied der Zeugen Jehovas ist, übertragen. Die Beschwerde des Vaters war hinsichtlich der beiden jüngeren Kinder erfolgreich.

1. Welche juristischen Argumente führen die Richter für ihre Entscheidung an?

2. Welche theologischen Argumente sind darin enthalten?

Aus den Gründen: ...
Die Kinder geben untereinander den Druck weiter, den sie von der Mutter erfahren. Ob dieses Erziehungsverhalten der Mutter in deren eigener Psyche angelegt ist oder ob es sich aufgrund ihrer nunmehr starken Bindung zur Religionsgemeinschaft der Zeugen Jehovas ergibt, kann dahinstehen, denn es kommt bei allem entscheidend nur auf die rein tatsächliche Auswirkung auf die Kinder an. Beim Vater, der kein Mitglied dieser Gemeinschaft ist, erfahren die Kinder dagegen einen anderen, von der heutigen Norm nicht wesentlich abweichenden Erziehungsstil.

Nicht kann aber der Senat die Augen verschließen vor einer konkreten Auswirkung dieser Religionslehre, wonach die beiden älteren Kinder beispielsweise ausnahmslos nicht an der Klassensprecherwahl teilnehmen (bzw. ungültige Stimmzettel abgeben), weil sie „politisch" sei, und die Zeugen Jehovas sich eben politisch neutral verhielten. Dies drängt die Kinder langfristig in eine Außenseiterrolle. Die Freiheit in unserem Staate, nicht wählen zu müssen, wird den Zeugen Jehovas nicht beschnitten, aber die Stigmatisierung der Kinder wird vom Senat kraft seines Wächteramtes (Art. 6 GG) nicht hingenommen. Es geht hier auch nicht darum, wie die Mutter vortragen läßt, daß ihre Religionsfreiheit durch den Senat beschnitten werde – im Gegenteil: Sie beschneidet die grundgesetzlich garantierte Freiheit der Kinder, später über die rechte Religion oder Nicht-Religion selbst befinden zu können, was diese aber nicht mehr können, wenn sie aufgrund fundamentalistischer Auffassungen und

238

Erziehungsmethoden langfristig psychisch beeinträchtigt werden. Auch hat jeder die Freiheit, Geburtstagsfeiern, Lektüre von Märchen, Fernsehen, Telefon, Bluttransfusion etc. abzulehnen oder sich ganz auf die Mitglieder in der eigenen Glaubensgemeinschaft zu konzentrieren; aber wenn dies langfristig zur Ghettoisierung der Kinder führt, hat der Senat hierfür kein Verständnis mehr. Auch haben die Zeugen Jehovas in unserem freiheitlichen Staate das Recht, die Entscheidungsschlacht von Harmagedon (Apokalypse 16,16) zu beschwören, aber abgesehen davon, daß die Offenbarung des Presbyters Johannes erst im 4. Jahrhundert vom Frühkatholizismus und erst im 9. Jahrhundert von den östlichen Patriarchen in den Kanon des Neuen Testamentes aufgenommen worden ist, also lange ohne Akzeptanz war, und noch Martin Luther zögerte, in diesem Buche wahrhaft christlichen Geist zu erkennen – es ist nicht mehr hinnehmbar, wenn schon jungen Menschen entsprechende Ängste eingeflößt werden. Es mag dahinstehen, ob in dieser Feststellung inzidenter [lat., = nebenbei enthaltend, zufällig / E.T.] eine unzulässige Religionskritik liegt. Das Verhalten der Mutter kann aber nicht deshalb tabuisiert sein, weil es sich auf eine religiöse Überzeugung stützt, während man einer anderen Mutter ihren repressiven Erziehungsstil vorhalten dürfte, nur weil er auf einem anderen Argumentationsmuster basiert.

GLOSSAR

Abtrünnige

Wer ein getaufter Zeuge Jehovas war und sich offiziell von der Wachtturm-Gesellschaft abgewendet hat oder ausgeschlossen wurde, wird als „abtrünnig" bezeichnet. Die Zeugen Jehovas müssen Abtrünnige meiden. Die Wachtturm-Gesellschaft bezieht sich bei dieser Regelung auf 2 Joh 10f.

Adventisten

Leiten ihren Namen vom lat. adventus Domini = Wiederkunft des Herrn ab. Es handelt sich dabei hauptsächlich um Angehörige der „Gemeinschaft der Siebenten-Tags-Adventisten" (STA) oder um Vertreter einer der zahlreichen Splittergruppen und Abspaltungen der STA, z.B. den Second Adventists. Die Adventbewegung wird zu der amerikanischen Erweckungsbewegung gezählt, die mit ihrer Bibelauslegung das Kommen Christi berechnen will.

Älteste

Bei den Zeugen Jehovas Bezeichnung der Leitungsgruppe von Männern, die über die jeweilige örtliche Versammlung die Aufsichtspflicht hat. Meistens haben die Ältesten verschiedene Aufseherfunktionen (z.B. Schriftstudien, Krankenhausverbindungskomitee). Man beruft sich auf verschiedene Stellen in der Apostelgeschichte (Apg 11,30; 20,17; 21,18)

Andere Schafe

Spezielle Einteilung der Zeugen Jehovas in zwei Klassen mit unterschiedlichen Heilszielen. 1935 legte J.F. Rutherford in der Auslegung von Joh 10,16 eine himmlische und eine irdische Klasse fest. Die irdische Klasse, das sind die „anderen Schafe", die Harmagedon überleben und ein Paradies auf der Erde aufbauen und darin leben werden. Die himmlische Klasse, das sind die 144.000 Gesalbten, die mit Christus im Himmel herrschen werden. Ihre Zahl war bis 1935 vollständig, so daß heute nur noch „andere Schafe" zu den Zeugen Jehovas dazukommen.

Apokalypse

(griech.) „Enthüllung, Offenbarung". Damit werden religiöse oder weltanschauliche Schriften bezeichnet, die Einsichten über das Weltende aufzeichnen. Im Alltagssprachlichen wird mit diesem Begriff häufig auch Grauen und Unheil assoziiert. Im christlichen Kontext steht Apokalypse für das letzte Buch des Neuen Testaments, das Apokalypse des Johannes (Apk) oder auch Offenbarung des Johannes (Offb) genannt wird.

Arianismus

Bezeichnung einer theologischen Richtung um 321-325 n. Chr., die auf den Presbyter Arius aus Alexandria in Ägypten zurückgeht, dem vorgeworfen wurde, er leugne die Gottheit Christi und stelle den Sohn auf die Seite der Geschöpfe. Das Konzil von Nizäa (325 n. Chr.) verurteilte diese Lehre.

Babylon, die große Hure

Für die Zeugen Jehovas das Synonym für jede falsche Religion. Die Wachtturm-Gesellschaft leitet aus Offb 17,1-18 ab, daß besonders die katholische Kirche, aber auch die UNO und das politische System des „Anglo-Amerikanismus" mit „Babylon, der Großen" zu identifizieren sind.

Baptisten

Die Baptistenbewegung ist in England und Holland im 17. Jh. entstanden. Sie orientiert sich allein an der Bibel. Lediglich erwachsene getaufte Gläubige werden in die Gemeinde aufgenommen. Baptisten praktizieren die Erwachsenentaufe durch Untertauchen und lehnen die Kindertaufe ab. Alle Mitglieder verstehen sich als Priester, und jeder Mittler außer Jesus Christus wird abgelehnt.

Bethel

(hebr.) „Haus Gottes". In der Wachtturm-Gesellschaft meint Bethel eine zentrale Verwaltungseinheit, meist ein sog. Zweigbüro, das eine Druckerei, einen Königreichssaal, Wohneinheiten und selbständige Versorgungseinheiten (Bauernhof, Wäscherei ...) umfaßt. Hier leben und arbeiten, meist unentgeltlich, die Bethelmitarbeiter, die durch ihre kostengünstige Mitarbeit den Reichtum der Wachtturm-Gesellschaft begründen.

Bezirkskongresse

Jährlich stattfindende Großveranstaltungen und Zusammenkünfte der Zeugen Jehovas, oft mit mehr als 10.000 Teilnehmern, die unter einem bestimmten Thema stehen. Für Bezirkskongresse werden häufig

Fußballstadien oder Messezentren angemietet. Hier finden auch die Taufen der Zeugen Jehovas statt.

Bibeltext

Darunter versteht man den in Handschriften, Übersetzungen und Ausgaben überlieferten Text der Heiligen Schrift, des Alten und Neuen Testaments. Obwohl die biblischen Originale (der „Urtext") verlorengingen und der heute vorliegende Text das Ergebnis eines jahrhundertelangen Überlieferungsprozesses darstellt, kann man doch, dank der biblischen Wissenschaft, davon ausgehen, einen dem Urtext sehr nahekommenden Text vor sich zu haben.

Calvinismus

Auf Johannes (Jean) Calvin (1509-1564) zurückgehende Form des Protestantismus. Calvin teilt die Grundlehren der Reformation mit Martin Luther, entfaltet darüber hinaus noch weitere theologische Konsequenzen: besonders seine Lehre von der Erwählung und vom Bund. Die Höllenvorstellungen Calvins wurden von C.T. Russell, dem Gründer der „Ernsten Bibelforscher", abgelehnt.

Dienstamtsgehilfen

Ehrenamtliche Mitarbeiter der Ältesten in den Königreichssälen. Ihnen obliegen Hilfsdienste wie das Zählen der Anwesenden beim Wachtturm-Studium, das Verteilen der Wachtturm-Literatur, die Wartung der Mikrofonanlage etc.

Einheitsübersetzung

Bezeichnung der 1957 von den deutschen Bischöfen in Auftrag gegebenen einheitlichen und ökumenischen Übersetzung der Bibel. Die Endfassung des Neuen Testaments wurde 1979 und die des Alten Testaments 1980 in Bonn durch Kardinal Höffner (kath.) und Landesbischof Lohse (ev.) vorgestellt.

Ernste Bibelforscher

Von C.T. Russell eingeführter Name seiner Bibellesegruppen. Erst 1931 wurden die Ernsten Bibelforscher zu den Zeugen Jehovas (engl.: Jehovah's Witnesses).

Eschatologie

Bezeichnung der theologischen Lehre von den „Letzten Dingen". Es handelt sich dabei um eine theologische Reflexion auf Vorgänge und Ereignisse, die am Ende der Zeiten geschehen sollen, und ihrer Bedeutung für die Gegenwart.

Exegese

(griech.) „Auslegung, Erklärung". Die biblische Exegese als theologische Disziplin will die Heilige Schrift mit wissenschaftlichen Mitteln auslegen. Dabei werden auch Interpretations- und Verstehensmethoden aus der Literaturwissenschaft angewendet.

Exil

Das Volk Israel war in seiner Geschichte mehrfach von einer Deportation durch erobernde Völker betroffen. Eine im Alten Testament immer wieder reflektierte Erfahrung war das sog. babylonische Exil. 597 v. Chr. wurde Jerusalem durch Nebukadnezzar erobert. Als König Zidkija nach Unabhängigkeit von Babylon strebte, wurde Jerusalem 587 v. Chr. – nicht 607 v. Chr., wie die Zeugen Jehovas fälschlicherweise annehmen – zerstört und große Teile des Volkes Israel in die Gefangenschaft geführt.

Falsche Religion

Alle Anschauungen außerhalb der Wachtturm-Organisation werden von den Zeugen Jehovas als falsche Religion bezeichnet. Das betrifft die beiden christlichen Kirchen (ev./kath.), alle Weltreligionen, Spiritismus, aber auch politische Anschauungen gleichermaßen. Sie alle sollen

in der Endzeitschlacht vernichtet werden.

Generation von 1914

Die Zeugen Jehovas deuten Mt 24,34: „Amen, ich sage euch: Diese Generation wird nicht vergehen, bis das alles eintrifft", auf die Generation von 1914. D. h. bevor der Letzte dieser Generation gestorben ist, muß Harmagedon gekommen sein. Neuerdings wird allerdings der Generationsbegriff umgedeutet und nicht mehr genau festgelegt.

Gesalbte

Diejenigen Auserwählten, die nach den Vorstellungen der Zeugen Jehovas mit Christus im Himmel bzw. nach Harmagedon im tausendjährigen Reich herrschen werden. Wenn sie sterben, gehen sie direkt in den Himmel. Zu Lebzeiten dürfen sie beim Gedächtnismahl von Brot und Wein nehmen. Ihre Zahl ist auf 144.000 festgelegt. Sie werden intern als „die wahren Zeugen Jehovas" bezeichnet.

Gilead-Schule

Bezeichnung der unter dem Präsidenten N.H. Knorr eingerichteten fünfmonatigen Eliteausbildung für Zeugen Jehovas, die weltweit in Entwicklungsgebiete zum Neuaufbau von Versammlungen geschickt werden. Der Name Gilead ist Mi 7,14 entnommen; die erste Gilead-Schule war in South Lansing/New York.

Große Volksmenge

Das sind die nach 1935 zu den Zeugen Jehovas Dazugekommenen. Sie werden auch als „andere Schafe" bezeichnet.

Häresie

(griech.) „nehmen, auswählen". Im frühen Christentum wurde die willkürliche Auswahl aus dem allgemein anerkannten Glaubensgut der Kirche mit Häresie und Gruppen, die von der Mehrheit abweichende religiöse Sonderlehren vertraten, als Häretiker bezeichnet. Für den Sachverhalt wurde als biblische Belegstelle Mk 13,6 angeführt.

Harmagedon

Nach Offb 16,16 der Ort, an dem Dämonen die Könige der Erde zum Kampf versammeln. Höchstwahrscheinlich ist damit der „Berg von Megiddo" gemeint, wo bedeutsame Schlachten in der Geschichte Israels stattfanden (vgl. Ri 5,19; 2 Kön 9,27; 23,29). Für die Zeugen Jehovas ist Harmagedon das Synonym für die Vernichtung aller, die nicht zu ihrer Organisation gehören.

Haus-zu-Haus-Mission

Die systematische und flächendeckende Missionierungsmethode der Zeugen Jehovas. Die Wachtturm-Gesellschaft leitet das Missionieren an den Haustüren von Apg 5,42 und Apg 20,20 ab. Die Zeugen Jehovas erhalten hierfür eine spezielle Schulung, um auf etwaige Einwände reagieren zu können. Jeder von ihnen führt über seine Hausbesuche eine Haus-zu-Haus-Notiz, in die er die für das Missionieren notwendigen Informationen über die Besuchten festhält.

Helleres Licht

Die gängige Redewendung, wenn die Wachtturm-Gesellschaft ihre Lehre umstellt und frühere Irrtümer nicht eingestehen will. Jehova Gott hat dann der Leitenden Körperschaft kurzerhand „helleres Licht" gegeben.

Heimbuchstudium

Das abschnittsweise Durchlesen eines Buches der Wachtturm-Gesellschaft von Interessierten unter Aufsicht von Zeugen Jehovas. Anschließend werden mit ihrer Hilfe die von der Wachtturm-Gesellschaft vorgegebenen Fragen beantwortet. Ein solches „Studium" soll die Wachtturm-Lehre vertiefen und auf die Taufe vorbereiten.

Inspiration

Vom lat. inspirare = einhauchen. Meint eigentlich die ideelle Eingebung, die sich von rational-distanzierendem Denken unterscheidet und deren Inhalte nicht durch bewußte Produktion entstehen. In der christlichen Theologie wird der Ursprung der biblischen Schriften durch Inspiration angenommen, d.h. die Selbstmitteilung Gottes kommt nicht durch menschliches Wunschdenken zustande.

Jehova

Hierbei handelt es sich um eine falsche, etwa um 1100 n. Chr. aufgekommene, nur unter den Christen gebräuchliche Lesart des hebräischen Gottesnamens Jahwe. Zu diesem Mißverständnis kam es durch die Fehldeutung der Überlieferung des hebräischen Bibeltextes: Da man im Judentum den Gottesnamen JHWH nicht aussprechen wollte, hatte man ihn mit den Vokalen von Adonaj (= Herr) versehen.

Katechese

(griech.) „mündlich unterrichten". Darunter wird die Vermittlung des Evangeliums und der daraus resultierenden kirchlichen Lehre an noch nicht Getaufte oder religiös noch unmündige Christen verstanden.

Kongregationalismus

Bezeichnung einer in der englischen Reformation entwickelten Form der Kirchenordnung. Der Begriff wurde abgeleitet von gathered church (= congregation). Dabei ist die Autonomie und Unabhängigkeit jeder Ortsgemeinde das wichtigste Merkmal. Im Selbstverständnis des Kongregationalismus soll das Priestertum aller Gläubigen verwirklicht werden. Viele Freikirchen haben eine solche Kirchenverfassung.

Körperschaft öffentlichen Rechtes

Rechtsfähige Vereinigung von Personen um bestimmter Gemeinschaftsaufgaben willen. Körperschaften öffentlichen Rechtes sind mit hoheitlichen Befugnissen zur Erfüllung staatlicher Zwecke ausgestattet. Kirchen und staatlich anerkannte Religionsgemeinschaften nehmen einen Sonderstatus ein.

Königreichssaal

Der örtliche Versammlungsraum, in dem sich die Zeugen Jehovas zum öffentlichen Vortrag, zum Wachtturmstudium und zur Theokratischen Predigtdienstschule treffen. Jeder Königreichssaal besitzt eine Bühne mit einem Stehpult, ist mit Stuhlreihen bestückt und hat die Möglichkeit einer Literaturausgabe. An der Wand befindet sich eine biblische Losung. Außerdem gibt es meist kleinere Diensträume und eine Bibliothek der Wachtturm-Literatur. Für den Bau und den Unterhalt ist die örtliche Versammlung selbst verantwortlich.

Leitende Körperschaft

Gremium aus 12 Männern, das seit 1975 die Zeugen Jehovas leitet. Der Vorsitzende ist der Präsident der Wachtturm-Gesellschaft. Von den Zeugen Jehovas wird die Leitende Körperschaft als Sprachrohr und direktes Vollzugsorgan Gottes gesehen.

MEPS

Das „Multilanguage Electronic Phototypsetting System" ist ein von den Zeugen Jehovas selbständig entwickeltes und mit entsprechender Software ausgestattetes vielsprachiges Fotosatzsystem, das auch simultan übersetzen kann.

Milleniarismus

(Millennium, lat. mille = tausend, annus = Jahr) Die Erwartung eines tausendjährigen Reiches, in dem Christus noch vor dem eigentlichen Weltende mit bereits zum Leben Auferweckten herrschen wird. Man bezieht sich biblisch hierbei auf Offb 20,1-6.

Neue-Welt-Übersetzung

Bezeichnung der in den Jahren von 1950 bis 1960 von den Zeugen Jehovas herausgebrachten, eigenen Bibelübersetzung. 1971 wurde eine deutsche Ausgabe veröffentlicht. Die Neue-Welt-Übersetzung widerspricht modernem Sprachempfinden und verändert den Urtext im Sinn der Wachtturm-Ideologie.

Pioniere

Verkündiger der Zeugen Jehovas, die den größten Teil ihrer Zeit im Predigtdienst stehen. Die Mindestverpflichtung beträgt 90 Stunden im Monat. Häufig werden Pioniere durch ihre Familienangehörigen finanziert oder verdienen ihr Geld in Teilzeitbeschäftigung.

Presbyterianer

Große Gruppe innerhalb der englischen Reformation, die theologisch auf Calvin zurückgeht. Abgeleitet wird der Name vom griech. presbyteros = der Älteste. Presbyterianisch meint eine von den Ältesten verwaltete Kirche. Die Presbyterianer sind davon überzeugt, daß ihre Kirchenordnung im Einklang mit der Heiligen Schrift steht.

Spiritismus

Vom lat. spiritus = Hauch, Geist. Weltanschauung, die davon ausgeht, daß es Geister (z.B. Seelen von Verstorbenen) gibt, die mit Hilfe bestimmter Medien (Vermittlungshilfen, wie Karten, Pendel, Gläser, Horoskope oder Personen) kontaktiert werden können, um von ihnen Auskünfte, Voraussagen, Heilungen etc. zu erreichen.

Synoptiker
Bezeichnung für die drei ersten Evangelisten des Neuen Testaments (Matthäus = Mt, Markus = Mk, Lukas = Lk). Aus den übereinstimmenden und unterschiedlichen Textausprägungen ihrer Evangelien können Rückschlüsse über deren Ursprung, Art und Datierung gezogen werden.

Theokratie
Bezeichnung einer Herrschaftsform, in der die Handlungsvollmacht direkt auf Gott zurückgeführt wird. Gott übt seine Herrschaft durch die von ihm berufenen Stellvertreter aus. Im Fall der Wachtturm-Gesellschaft ist das die Leitende Körperschaft und der Präsident. In der Theokratie sind Weltliches und Religiöses nicht zu trennen.

Theokratische Predigtdienstschule
Das unter der Präsidentschaft N.H. Knorrs entwickelte Trainingsprogramm zur Verbesserung der An-

sprachen, Predigten und Missionsbemühungen der Zeugen Jehovas. Mit Hilfe bestimmter Übungen und Rollenspiele lernen die Zeugen Jehovas bei einer wöchentlichen Zusammenkunft im Königreichssaal, ihre Ansprache von Menschen effektiver zu gestalten. Die Übungen werden von Aufsehern begutachtet.

Transzendenz
(lat.) „das Überschreiten". Bezeichnung des jenseits des Meß-, Zähl-, Wägbaren und jeder sinnlichen Erfahrung Liegenden. Transzendenz meint das Jenseitige und wird häufig synonym zu Gott gebraucht.

Treuer und verständiger Sklave
Synonym für die Leitende Körperschaft der Wachtturm-Gesellschaft in Brooklyn/New York.

Trinität
Die Lehre von der Dreifaltigkeit oder Dreieinigkeit ist ein Zentralsatz der in der Alten Kirche entwickelten Gotteslehre. Die Trinitätslehre ist durch die Berufung auf neutestamentliche Zeugnisse entstanden. Sie will denkerisch zum Ausdruck bringen, daß das Grundproblem der christlichen Gotteslehre, der Anspruch der Selbstmitteilung Gottes, nur in einer Bewegung Gottes zu Gott, des Vaters zum Sohn im

Heiligen Geist lösbar ist. Daß Jesus „wahrer Mensch und wahrer Gott" war, läßt sich nur in einem dreieinigen Beziehungsbegriff widerspruchsfrei aussagen. Die Trinitätslehre ist keine Aussage über das Wesen Gottes, sondern eine über die Denkbedingungen des Menschen.

Tun-Ergehen-Zusammenhang
Eine Vorstellung, die davon ausgeht, daß für jede Tat des Menschen ein gerechter Ausgleich erfolgt. Für gute Taten erfolgt eine Belohnung, für schlechte Taten eine Bestrafung. Diese Vorstellung findet man nicht nur in jüdisch-christlichem Kontext, sie liegt auch asiatischen Karma-Vorstellungen zugrunde.

Überrestmitglieder
Der heute noch lebende „Überrest" von den 144.000 geistgesalbten Zeugen Jehovas. Weltweit gibt es etwa noch ca. 8.000 Überrestmitglieder. Da es sich um hochbetagte Personen handelt, dürfte die Anzahl in den nächsten Jahren drastisch zurückgehen.

Wachtturm Bibel und Traktat-Gesellschaft (engl. Watch Tower Bible and Tract Society Inc.)
Verlag, Druckerei und Geschäftsfirma der Zeugen Jehovas. Sie trägt in den USA den Zusatz „Inc.", der „incorporated" bedeutet und auf die Haftungsbeschränkungen einer amerikanischen Aktiengesellschaft hinweist. Die Wachtturm-Gesellschaft stellt das wirtschaftliche und organisatorische Zentrum der Zeugen Jehovas dar.

Weltsystem dieser Dinge
Darunter verstehen die Zeugen Jehovas alle staatlichen und gesellschaftlichen Angelegenheiten außerhalb der Wachtturm-Organisation. Dieses Weltsystem betrachten sie als von Satan eingerichtet.

Zone
Die Wachtturm-Gesellschaft teilt die Welt in 12 Hauptmissionsgebiete, in sog. Zonen ein. Für jede Zone ist ein Zonenaufseher zuständig.

Zweigbüro
Nach der Zone stellt der Zweig die zweite Organisationsebene der Wachturm-Gesellschaft dar. Jede Zone hat ca. 10 Zweige, die vom jeweiligen Zweigbüro aus geleitet werden. Das deutsche Zweigbüro ist in Selters i. Ts. angesiedelt. Bei ca. einem Drittel der Zweigbüros ist auch eine Druckerei angeschlossen.

KOMMENTIERTE LITERATURLISTE

Bergmann, Jerry R.: *Jehovas Zeugen und das Problem der seelischen Gesundheit, München (Ev. Presseverband e.V., gekürzte deutsche Ausgabe) 1994.*

Jerry Bergmann ist der führende US-Experte zu Fragen der Psychologie der Zeugen Jehovas. Bergmann stellt Fallgeschichten seiner Forschungsarbeit vor. Er ist sich gleichzeitig der Problematik einzelner Fallbeispiele bewußt. Bergmann nennt die Faktoren in den Anschauungen der Zeugen Jehovas, die zu den psychischen Erkrankungen führen können. Er gibt gleichzeitig einen Einblick in das psychische Leben eines Angehörigen dieser religiösen Gruppierung. Das Kapitel über die „Rolle der Frau" und das Schlußkapitel „Wie man eine Trennung von den Zeugen heil übersteht" sind sehr aufschlußreich.

Deissler, Alfons: *Was wird am Ende der Tage geschehen? Biblische Visionen der Zukunft, Freiburg (Herder) 1991.*

Deissler geht der Frage nach, ob biblische Texte geeignet sind, apokalyptische Kollektivhysterien und endzeitliche Katastrophenstimmungen anzuheizen. Dabei betrachtet er die Zukunftsschau in den Heilstraditionen Israels von den Vätern über die Königszeit bis hin zu den Propheten der Exils- und Nachexilszeit. Ein eigenes Kapitel befaßt sich mit der Messiaserwartung in Israel. Deissler versucht den riesigen biblischen Reichtum an „Voraus-Bildern" zu erschließen.

Dormeyer Detlev / Hauser, Linus: *Weltuntergang und Gottesherrschaft, Mainz (Matthias-Grünewald-Verlag) 1990.*

Das Buch bietet eine kleine Geschichte der Apokalyptik und apokalyptischer Vorstellungen von der Antike über jesuanische Vorstellungen, apokalyptische Visionen der Urgemeinde und in der Offenbarung des Johannes, bis hin zur Apokalyptik in der modernen Wissenschaft und der New-Age-Bewegung. Interessant ist ein Exkurs über „Weltuntergänge in Adolf Hitler: ‚Mein Kampf‘".

Dorn, Klaus / Wagner, Harald: *Zum Thema: „Eschatologie". Tod, Gericht, Vollendung, Paderborn (Bonifatius) 1992.*

Drei Hauptkapitel gliedern die Themen: A. Biblische Grundlagen, B. Theologische Grundlegung, C. Anregungen für die Praxis. Der biblische Teil bietet eine eschatologische Skizze von den vorexilischen Propheten bis zur Apokalypse des Johannes. Teil B reflektiert den biblischen Befund im Hinblick auf eine systematische Eschatologie (Problemlage, Tod, Auferstehung, Gericht, Vollendung). Das Buch wird abgerundet durch konkrete religionspädagogische Überlegungen, Seminar- und Unterrichtsmodelle für Erwachsenenbildung und Schule.

Franz, Raymond: *Der Gewissenskonflikt. Menschen gehorchen oder Gott treu bleiben? Ein Zeuge Jehova berichtet, München (Claudius Verlag) 1988.*

Ein wichtiges Buch. Da R. Franz Mitglied der Leitenden Körperschaft der Zeugen Jehovas war, gibt es Einblick in die Struktur und Denkungsart des Führungskaders dieser Organisation. Wie gefährlich das Buch von der Wachtturm-Gesellschaft eingeschätzt wird, sieht man daran, daß sie die Versammlungen auffordern, diese Literatur eines Abtrünnigen zu vernichten.

Haack, Friedrich Wilhelm: *Jehovas Zeugen, München (Ev. Presseverband f. Bayern)* [14]*1992.*

Wenn man einmal von der Tatsache absieht, daß sich in der Zwischenzeit einige Fakten im Bezug auf die Zeugen Jehovas geändert haben (z.B. daß sie ihre Literatur verschenken), so gibt die Broschüre von F.W. Haack immer noch einen guten Einblick in die Machenschaften des Wachtturm-Konzerns.

Huth, Werner: *Flucht in die Gewißheit. Fundamentalismus und Moderne, München (Claudius Verlag) 1995.*

Fundamentalismus als Fehlform des allgemein menschlichen Glaubensbedürfnisses wird in diesem Buch in seinen unterschiedlichen Schattierungen analysiert: protestantischer Fundamentalismus, katholischer Fundamentalismus, islamischer Fundamentalismus, jüdischer Fundamentalismus, Fundamentalismustendenzen in Asien, grüner Fundamentalismus. Die Schlußkapitel versuchen den Fundamentalismus als theologische Herausforderung zu begreifen und die Alternative Glaube – Wissenschaft als eine falsche zu erweisen.

Kaiser, Eva-Maria / Rausch, Ulrich: *Die Zeugen Jehovas. Ein Sektenreport, Augsburg (Pattloch Verlag) 1996.*

Das Buch macht dem Anspruch eines Sektenreports alle Ehre. Was es heißt, Zeuge Jehovas zu sein, und die möglichen Schwierigkeiten bei der Loslösung werden sehr anschaulich durch zahlreiche Erfahrungsberichte und Fallstudien dokumentiert. Durch das ganze Buch zieht sich ein sehr hilfreiches Glossar, das die Sprache der Zeugen Jehovas verstehbarer macht.

Knarrer, Martin / Micheel, Rosemarie u.a.: *Unfaßbares entdecken. Visionen aus der Offenbarung des Johannes, Neukirchen-Vluyn (Aussaat Verlag) 1994.*

Die Broschüre stellt eine Arbeitshilfe im guten Sinne dar. Sie enthält eine allgemeine Einführung in die Offenbarung des Johannes und deren Wirkungsgeschichte. Einzelne Abschnitte werden ausgelegt und sind mit Gesprächsimpulsen versehen. Schließlich werden Literatur- und Medienempfehlungen gegeben. Den Abschluß bilden Bilder von Fe Kolb mit Meditationen von Jörg Meuth. Die Bilder können durchaus in Kontrast zu den Bildern der Zeugen Jehovas gesetzt werden.

Klauck, Hans-Josef (Hrsg.): *Weltgericht und Weltvollendung. Zukunftsbilder im Neuen Testament, Freiburg (Herder)1994.*

Können die Vorstellungen von einem kosmischen Weltende und vom göttlichen Gericht über die Menschen direkt aus der Bibel abgeleitet werden? Dieser Frage gehen die Autoren des 150. Bandes der Quaestiones disputatae nach. Die Beiträge reichen vom Frühjudentum bis zur aktuellen Gegenwartsliteratur. Besonders herauszuheben ist eine feministische Interpretation von Offb 21/22. In allen Überlegungen wird deutlich, warum die neutestamentlichen Texte über Ende und Gericht im Evangelium stehen, was ja bekanntlich „Frohbotschaft" bedeutet.

Kramer, Margret: *Apokalypse Now. Seminarmodell der Erwachsenenbildung, hrsg. v. Bildungswerk der Erzdiözese Freiburg, Freiburg 1993.*

Das Heft greift das Thema Apokalyptik in vier Schritten auf: 1. Religionsgeschichtliche Einführung, 2. Apokalyptik-Markt der Gegenwart, 3. New Age und Christentum, 4. Johannes-Apokalypse. Auf 64 Seiten wird umfangreiches Material geboten, das sich leicht als Arbeitsmaterial oder Overhead-Folien kopieren und einsetzen läßt.

(Bezug: Bildungswerk der Erzdiözese Freiburg, Landsknechtsstraße, 79102 Freiburg)

Mußner, Franz: *Was lehrt Jesus über das Ende der Welt?, Freiburg (Herder) 1987.*

Mußner analysiert Jesu Rede von der Endzeit im 13. Kapitel des Markusevangeliums. Er arbeitet die Verheißungsbotschaft der Endzeitrede Jesu heraus. Das Buch enthält auch zwei Adventsbesinnungen, die den Fragen nachgehen, was die Kennzeichen des nahen Endes sind und was beim Endgericht zur Sprache kommen wird.

Pape, Günther: *Ich war Zeuge Jehovas, Augsburg (Pattloch Verlag).*

Trotz der x-ten Auflage immer noch der Klassiker unter den Aussteigerberichten. Günther Papes Bericht ist insbesondere für die Geschichte der Zeugen Jehovas in der deutsch-deutschen Situation interessant. Außerdem enthält das Buch einen Katalog von Verhaltensregeln im Umgang mit den Zeugen Jehovas. Auf neuere Entwicklungen kann das Buch nicht eingehen.

Rogerson, Allan: *Viele von uns werden niemals sterben. Geschichte und Geheimnis der Zeugen Jehovas, Hamburg (Furche Verlag) 1971.*

Das Buch besitzt historischen Wert. Heute ist es nur noch in Büchereien zu haben. Vollkommen unpathetisch werden die Geschichte und die Lehrentwicklung der Zeugen Jehovas unter den Präsidenten Russell und Rutherford beschrieben. Es bietet kaum theologische Ansatzpunkte, jedoch genaue Schilderungen der Berechnungen der Endzeitdaten.

Sauter, Gerhard: *Einführung in die Eschatologie, Darmstadt (Wissenschaftl. Buchgesellschaft) 1995.*

In dieser Eschatologie ist in vernünftiger Reflexion vom „Grund der Hoffnung" die Rede. Die zentralen Kapitel handeln von Jesus von Nazaret als dem „Hoffnungsträger", von Gottes Handeln in der Geschichte und seiner die Zukunft bestimmenden Macht. Das Buch findet seinen Abschluß in ökumenischen und kirchlichen Perspektiven. Sauter arbeitete vor allem die interkonfessionelle Situation in den USA und in Lateinamerika in seine Überlegungen mit ein. Eine Eschatologie, die alles andere ist als düstere Stimmungsmache.

Silbermann, Alphons: *Propheten des Untergangs. Das Geschäft mit den Ängsten, Bergisch Gladbach (Gustav Lübbe Verlag) 1995.*

Silbermann analysiert das Phänomen der Angst im Zeitalter der Massenkommunikation. Der Soziologe und gläubige Jude spricht verschiedene kulturelle und gesellschaftliche Bereiche (Werbung, Kunst, Religion, Umwelt ...) an. Dies ist kein Buch zu den Zeugen Jehovas, sehr wohl aber zu den Mechanismen, deren sich auch die Zeugen Jehovas bedienen. „Alles was aus Angst geschieht, trägt auch das Gepräge davon."

Stuhlhofer, Franz: *„Das Ende naht!" Die Irrtümer der Endzeit-Spezialisten, Gießen (Brunnen Verlag) ²1993.*

Die Folgen sogenannter Demnächst-Erwartungen werden von Stuhlhofer skizziert. Er schätzt sie als verheerend für den christlichen Glauben ein. Er kritisiert die Fehler im Umgang mit biblischen Endzeitaussagen nicht nur bei den Zeugen Jehovas, sondern auch für den evangelikalen Raum, dem er wohl selbst angehört. Stuhlhofer arbeitet die gemeinsamen Argumentationsstrukturen der unterschiedlichsten Endzeitautoren heraus.

Stuhlhofer, Franz: *Charles T. Russell und die Zeugen Jehovas. Der unbelehrbare Prophet, Bernek (Schwengeler-Verlag) ³1994.*

Ein kämpferischer und apologetischer Grundton zieht sich durch das gesamte Buch. An vielen Stellen wird sonst schwer zugängliches Quellenmaterial zitiert. Während sich Stuhlhofer in den ersten vier Kapiteln den Ungereimtheiten in der Biographie Russels zuwendet, geht er in Kapitel 5 bis 13 auf die widersprüchliche Geschichte der Wachtturm-Gesellschaft ein. Das Buch klingt aus mit der Frage: Was blieb von Russell?

Thiede, Werner: *Die Johannesapokalypse in der Deutung christlicher Sekten, EZW-Texte Information Nr. 130, Stuttgart 1996.*

Apokalyptisches Bewußtsein und Sektierertum scheinen fast zwangsläufig zusammenzugehören. Jedenfalls gehört bei vielen Sekten und neureligiösen Gruppen der Weltuntergang zum Hauptteil ihrer Botschaft. Soweit es sich dabei um Gruppen aus christlichem Kontext handelt, wird hierbei auch auf das letzte Buch der Bibel, die Offenbarung des Johannes, zurückgegriffen. Thiede geht zunächst auf die generelle Gestalt apokalyptischen Bewußtseins ein. Danach spezifiziert er die Auslegung und Aneignung der Johannesapokalypse für folgende Gruppen: Mormonen, Zeugen Jehovas, Christliche Wissenschaft und Universelles Leben. Damit gibt er einen guten Einblick in das Denken dieser „Apokalyptiker". Es verwundert nicht, daß die Lesart der Johannes-Apokalypse solcher Gruppen letztlich in sektiererische und weltflüchtige Absonderung führt.

Twisselmann, Hans-Jürgen: *Jehovas Zeugen – die Wahrheit, die frei macht?, Gießen (Brunnen Verlag) ²1992.*

Twisselmann schreibt für den suchenden und fragenden Zeugen Jehovas, der an der Richtigkeit der Wachtturm-Ideologie seine Zweifel hat. Insofern setzen manche Argumentationen ein bestimmtes Vorverständnis voraus. Twisselmann verfolgt eine durchweg biblische und theologische Argumentationsweise, ohne daß immer deutlich wird, von welchem Anschauungshintergrund er denn die heutigen Sachverhalte sieht.

Waß, Barbara: *Leben in der Wahrheit. 12 Jahre Zeugin Jehovas, Salzburg (Otto Müller Verlag) 1989.*

Frau Waß war von 1968-1980 Zeugin Jehovas. In ihrem Erfahrungsbericht schildert sie die Anfangsphase, auch die Fehler, die ihre Umgebung gemacht hat und die zu einem Beitritt zu den Zeugen Jehovas geführt haben. Sie und ihr Mann wurden immer stärker in die Lehre und Organisation der Wachtturm-Gesellschaft eingebunden. Ihr Mann wurde sogar Ältester und die Familie damit einer ständigen sozialen Kontrolle ausgesetzt. Erst die persönliche Beziehung zu einer Frau, die missioniert werden sollte, und enttäuschte Endzeitberechnungen brachten für Familie Waß die Möglichkeit des Ausstiegs.

Weber, Herbert / Valentin, Friederike: *Die Zeugen Jehovas. Zwischen Bewunderung und Befremdung. Ein Ratgeber, Freiburg (Herder) 1994.*

Das Buch ist sehr gut als Einführung in die Fragestellungen zu den Zeugen Jehovas geeignet. Vieles wird aus der persönlichen Erfahrungsgeschichte ehemaliger Zeugen Jehovas abgeleitet. Es werden die Motive des Beitritts, der Konversionsprozeß und die Beweggründe eines Ausstiegs angesprochen. Der Hauptteil enthält zu allen entscheidenden Themen Argumentationshilfen für das Gespräch mit den Zeugen Jehovas.

Weis, Christian: *Zeugen Jehovas – Zeugen Gottes? Eine Hilfe zur kritischen Auseinandersetzung mit der Lehre der Wachtturm-Gesellschaft,* Salzburg (Otto Müller Verlag) [2]*1985.*

Im Buch werden das Bibelverständnis, das Gottesbild, die Christologie, die Endzeitvorstellung, das Menschbild der Zeugen Jehovas und verschiedene Einzelfragen, wie z.B. die Bluttransfusion und die Wehrdienstverweigerung behandelt. Der Ton der Ausführungen ist ruhig, sachlich und argumentativ. Eine wirkliche Argumentationshilfe.

Wunderlich, Gerd: *Jehovas Zeugen. Die Paradies-Verkäufer,* München (Claudius Verlag) [3]*1992.*

Wunderlich, der selbst einmal Zeuge Jehovas war, beschreibt hier seinen eigenen Weg in der Wachtturm-Gesellschaft. An seinem persönlichen Schicksal werden die unmenschlichen Strukturen dieses Systems deutlich. Das Buch enthält einige Orginalmaterialien, die sich gut bei Bildungsveranstaltungen einsetzen lassen.

BERATUNGSADRESSEN

Die angegebenen Beratungsstellen, Selbsthilfegruppen, kirchlichen Dienststellen und Hilfsorganisationen können Ihnen regionale Hilfsangebote vermitteln.

Zentralstelle Pastoral der Dt. Bischofskonferenz
Dipl.-Theol. Hans Gasper
Kaiserstraße 163
53113 Bonn
☎ 0228/103230

Kath. Sozialethische Arbeitsstelle
Dipl.-Theol. Harald Baer
Ostenallee 80
59071 Hamm
☎ 02381/98020-50

EZW Evangelische Zentralstelle für Weltanschauungsfragen
Auguststraße 80
10117 Berlin
☎ 030/28395-190

Arbeitskreis Relig. Gemeinschaften der VELKD
Terrassenstraße 16
14129 Berlin
☎ 030/8018001

Aktion Psychokultgefahren
Ellerstraße 11
40227 Düsseldorf
☎ 0211/721066

KIDS e.V. (Kinder in destruktiven Sekten) c/o Jutta Birlenberg
Bogenstraße 11
51375 Leverkusen
☎ 0214/55760

EBI Eltern- und Betroffeneninitiative gegen psychische Abhängigkeit f. geistige Freiheit e.V.
Heimat 27
14165 Berlin-Zehlendorf
☎ 030/8183211

SINUS e.V.
(Sekten-Information und Selbsthilfe Hessen – Thüringen) c/o EAW
Saalgasse 15
60311 Frankfurt a.M.
☎ 069/91399981

Österreich:

Referat für Weltanschauungsfragen beim Pastoralamt der Erzdiözese Wien
Dr. Friederike Valentin
Stephansplatz 6/VI
A – 1010 Wien
☎ 01/51552367

Schweiz:

Ökumen. Arbeitsgruppe „Neue religiöse Bewegungen in der Schweiz"
Kaplan Joachim Müller
Wiesenstraße 2
CH – 9436 Balgach
☎ 071/7223317